WITHDRAWN
UTSA Libraries

Dieter Zimmermann, geboren 1940 in Bad Kreuznach, ist seit 1975
...sor für Neuere Deutsche Literaturgeschichte an der Universität
...furt/Main. Veröffentlichungen: *Die politische Rede. Zum Sprachge-
...h Bonner Politiker* (1969); Herausgeber von *Comic Strips. Vom
... der Superhelden* (1973) und (zusammen mit A. Rucktäschel) von
...alliteratur* (1976).

...r vorliegende Band will, wie sein Untertitel ankündigt, »Vorberei-
...e Bemerkungen zu einer Theorie der literarischen Kommunikation«
...rn, die es dem Leser ermöglichen, an den hier erörterten Problemen
...terzuarbeiten. Der Autor legt sich und den Lesern scheinbar naive
...gen vor: Was ist ein literarischer Text? Wie sehen kommunikative
...nationen aus? Was unterscheidet die »schöne« Literatur von wissen-
...aftlicher Literatur? Solche Fragen machen das vordergründig Selbst-
...ständliche wieder »fremd«; sie verhelfen zum erneuten Nachdenken
...er Autorität und Geltung von Texten, mit denen jeder von uns beinahe
...gtäglich und zumeist bewußtlos zu tun hat.

...»Nicht aus der Autorität ihres Autors kommt die Geltung der Texte,
...ndern aus der Konfrontation mit unserer Lebensgeschichte. Hier sind
...ir Autor, denn jeder ist der Autor seiner Lebensgeschichte.«

Hans Dieter Zimmermann
Vom Nutzen der Literatur

Vorbereitende Bemerkungen zu einer Theorie
der literarischen Kommunikation

LIBRARY
The University of Texas
At San Antonio

Suhrkamp Verlag

Für Hans Mayer

edition suhrkamp 885
Erste Auflage 1977
© Suhrkamp Verlag, Frankfurt am Main 1977. Erstausgabe. Printed in Germany.
Alle Rechte vorbehalten, insbesondere das der Übersetzung, des öffentlichen Vor-
trags und der Übertragung durch Rundfunk und Fernsehen, auch einzelner Teile.
Satz, in Linotype Garamond, Druck und Bindung bei Georg Wagner, Nördlingen.
Gesamtausstattung Willy Fleckhaus.

Inhalt

I. Wozu Literatur 9
II. Die Aktualität der Frage 12
III. Die Schwierigkeit der Antwort 18
IV. Affirmation und Negation 25
V. Der Erwerb der Sprache 33
VI. Das Ich und das Selbst 37
VII. Das symbolische Spiel 41
VIII. Das innere und das äußere Sprechen 45
IX. Die literarische Übersetzung 50
X. Das Phantasieren des Autors 54
XI. Die Entwicklung der Identität 61
XII. Instrumentales und kommunikatives Handeln 67
XIII. Die Biographie des Autors 72
XIV. Disposition und Motivation 79
XV. Die Konstruktion des Textes 88
XVI. Gelegenheitsdichtung 92
XVII. Literatur als kommunikatives Handeln 97
XVIII. Typen und Gattungen 105
XIX. Symbole und Zeichen 116
XX. Die Fiktionalität des Textes 129
XXI. Reproduktion und Rezeption 139
XXII. Wort und Bild 152
XXIII. Leser und Kritiker 159
XXIV. Lebensgeschichte 168

Nachwort 173
Anhang: Günter Eich
Der Schriftsteller vor der Realität 175

Bibliographie 177
Anmerkungen 181

»Spottet nimmer des Kinds, wenn noch das alberne
Auf dem Rosse von Holz herrlich und viel sich dünkt,
O ihr Guten! auch wir sind
Tatenarm und gedankenvoll!

Aber kommt, wie der Strahl aus dem Gewölke kommt,
Aus Gedanken vielleicht, geistig und reif die Tat?
Folgt die Frucht, wie des Haines
Dunklem Blatte, der stillen Schrift?«

                              Hölderlin, *An die Deutschen*

I. Wozu Literatur

Die Frage nach dem Sinn der Literatur ist lange nicht gestellt worden. Wohl wurden einzelne Formen, selbst Gattungen, zumindest als sie neu waren, in Frage gestellt, aber niemand ging über die Literatur hinaus, um jenseits von ihr zur Frage nach ihrem Sinn zu kommen.

»Was heißt schreiben? Warum schreibt man? Für wen?« fragt Jean-Paul Sartre in *Was ist Literatur?* und konstatiert: »Tatsächlich scheint sich nie jemand diese Frage gestellt zu haben.«[1] Sartre schrieb seinen Essay 1947, als nach den Erschütterungen des Zweiten Weltkrieges die französischen Intellektuellen die Kultur ihres Landes einer kritischen Revision unterzogen.

In Deutschland, in dessen westlichem Teil, kam die Frage spät, als Ende der sechziger Jahre in der Rebellion der Studenten, die von West-Berlin ausging, bisherige Selbstverständlichkeiten überprüft wurden. Diese neue Generation – jedenfalls ihre Wortführer – entdeckte in dem nach allzu kurzer Phase der Selbstbesinnung mit Hektik begonnenen Wiederaufbau nach dem Kriege den Prozeß der Verdrängung der entscheidenden Probleme. Die wirtschaftliche Prosperität war durch das Profitstreben eines Kapitalismus erreicht worden, der nach der Zerschlagung der Arbeiterbewegung stärker als je in Deutschland war; die politische Diskussion war durch die krampfhafte Konzentration auf die deutsche Teilung um ihre rationale Dimension gebracht worden. So wirkten auf dem wirtschaftlichen Sektor die alten Firmen unter den alten Bedingungen wie vor und nach 1933, und auf politischem Gebiet wußte eine Partei, die sich christlich nannte, sozialpsychologische Mechanismen zu gebrauchen, die vor und nach 1933 verhängnisvolle Wirkungen gehabt hatten. Nach dieser Einsicht mußten für diese Generation die kulturellen Werte, die ihr von den Lehrern vorgetragen wurden, jede Glaubwürdigkeit verlieren und ihr nur als notdürftige ideologische Verbrämung unangenehmer Tatsachen erscheinen. Und dies um so mehr, als diese Generation, die erste nicht direkt vom Nationalsozialismus beschädigte, deutlich erkannte, daß die gepriesene deutsche

Kultur von der Mehrheit der Deutschen voll Begeisterung für die faschistische Barbarei hingegeben worden war, die ohne Beispiel in der Geschichte ist.

So fiel der Ideologieverdacht ganz und gar auf diese Kultur, selbst auf deren zurückliegende Blütezeit, die deutsche Klassik um 1800, wobei in verständlicher Empörung zunächst nicht differenziert wurde zwischen dem Werk der klassischen Autoren und dessen späterer Verwendung, gegen die diese sich nicht wehren konnten. Das hat sich inzwischen insofern geändert, als zum einen die klassischen Autoren durchaus nicht mehr so weltabgewandt und unpolitisch gesehen werden, wie man sie immer haben wollte. Die starken demokratischen Tendenzen der deutschen Literatur, die lange unterdrückt wurden, werden wieder herausgearbeitet. Zum andern fällt der Blick auf die ideologische Verwendung der Autoren durch ein Besitzbürgertum, das nach seiner Unterwerfung unter die preußische Monarchie 1866 sie nur noch als erhabene Rechtfertigung seines kommerziellen Alltags betrachtete. Da die Kenntnis der Literatur das Sozialprestige erhöhte, wurde die Literatur zum Luxus, der sie ihrer sozialen Funktion beraubte.

Die Germanistik, die deutsche Literaturwissenschaft in Schule und Hochschule, war ein Wortführer dieser bürgerlichen Ideologie, auf die hier nur hingewiesen werden kann.[2] Das zeigte sich nach 1933, als die führenden deutschen Schriftsteller emigrierten, während die führenden Germanisten, die in der Regel diese Schriftsteller ignorierten, bis auf wenige Ausnahmen im Lande blieben – viele von ihnen als offene oder heimliche Fürsprecher des Faschismus. Und es zeigte sich nach 1945, als die jungen Schriftsteller der Gruppe 47 eine betont demokratische und antifaschistische Position vertraten, während die Germanistik sich auf die Interpretation der angestammten Texte zurückzog, ohne ihre eigenen ideologischen und wissenschaftlichen Grundlagen zu reflektieren. So ist die Krise der Literatur, von der in den letzten Jahren die Rede war, keine Krise der Literatur, sondern eine Krise der Literaturkritik, eine Krise des kulturellen Selbstverständnisses der deutschen Intellektuellen, das sich in und an der Literatur artikuliert, der westdeutschen Intellektuellen, denn in der DDR walten andere Verhältnisse.

Die DDR knüpfte bewußt an die sozialistischen und demokratischen Traditionen Deutschlands an und beseitigte die faschistischen. Mit der Etablierung des »Arbeiter- und Bauern-Staates« galten alle grundlegenden Probleme als bewältigt und alle wichtigen Fragen als beantwortet. Und wenn solche Fragen gleichwohl auftauchten, z. B. die Frage nach den demokratischen Möglichkeiten des Sozialismus oder die Frage nach der blutigen Vergangenheit der vorbildlichen kommunistischen Partei der Sowjetunion, wurde auf sie mit rigorosen Verwaltungsmaßnahmen reagiert. Erst in den letzten Jahren nach der Festigung des Staates und zum Teil herausgefordert durch westdeutsche Marxisten beginnt ein langsamer Prozeß der Reflexion in der DDR den der Verdrängung abzulösen. In der Literaturwissenschaft wenigstens wird der dogmatische »sozialistische Realismus« durch eine differenziertere Sehweise ersetzt, jedoch kaum in der Literaturkritik der Massenmedien. Im übrigen hat man in der DDR ein betont ungebrochenes Verhältnis zu den überlieferten Werken der deutschen Kultur, die als »kulturelles Erbe« deklariert werden und zur Legitimation benutzt werden. Denn lange Jahre war die DDR dem stärkeren westdeutschen Staat und der eigenen Bevölkerung gegenüber in Legitimationsnot, so daß sie zur bürgerlichen Kultur eine ähnliche Haltung einnimmt, wie das vergangene Bürgertum: Die Kultur dient der Rechtfertigung eines Machtanspruchs. Mit Hilfe des »kulturellen Erbes« will die DDR sich zum legitimen Erben der deutschen Kultur machen.

Das westdeutsche Bürgertum bedarf keiner Kultur als Legitimation mehr. Das nackte Streben nach Geld, das ihm den wahllosen Kauf von nützlichen und unnützen Gütern erlaubt, ist ihm Rechtfertigung genug. Es hat seine kulturelle Attitüde in Faschismus und Krieg aufgegeben und ist auf einen kleinbürgerlichen Geschmack heruntergekommen, der ihm notdürftig seinen öden Alltag verschönt. Eine »gebildete Klasse«, die eine kulturelle Tradition aufrechterhält, gibt es in der Bundesrepublik nicht mehr, so ernsthaft auch einzelne Versuche, eine Kontinuität herzustellen, gedacht sein mögen.

II. Die Aktualität der Frage

Pierre Bourdieu gibt Anhaltspunkte für den Gegensatz von »gebildeter Klasse«, von selbstbewußter kultureller Elite, die nicht nach der Legitimation ihrer Kultur fragt, die ihr selbstverständlich ist, und »ungebildeter Klasse«, die nach der Berechtigung dieser Kultur fragt, die sie kaum versteht.[3]

Wohlerworbene Bildung läßt den Gebildeten die Mühe des Erwerbens vergessen, Bildung wird ihm zur zweiten Natur. Er meint, seine »Kunstkompetenz«, die es ihm ermöglicht, Kunst zu verstehen und zu genießen, sei nicht so sehr durch Erziehung als durch Natur entstanden. Es fällt ihm schwer, über seine Kunstkompetenz und deren Bedingungen zu reflektieren, ja die Qualität seiner Kunstkompetenz zeigt sich gerade darin, daß sie ihm selbstverständlich geworden ist.

Die »ungebildete Klasse« steht der Kunst oft gegenüber wie der Europäer den Bräuchen eines ihm unbekannten afrikanischen Volkes: er versteht sie nicht. Wenn er nicht die Möglichkeit hat, die nötigen Voraussetzungen zum Verständnis zu erwerben, wird er resignieren; aber seine Unsicherheit kann auch zur Aggression führen, wofür es zahlreiche Beispiele gibt.

Die »ungebildete Klasse« fordert von der Kunst, was sie aufgrund ihrer sozialen Erfahrungen mit Recht verlangen kann, nämlich daß sie deutlich designativ ist, also eine Information trägt, die innerhalb des bekannten sozialen Erfahrungshorizonts bleibt, daß sie sich »nützlich« macht. Wo das nicht der Fall ist, wird sie geduldet, wenn sie die vertrauten ästhetischen Formen und deren ideologischen Gehalt reproduziert. Abweichungen von der erwarteten Norm werden als Irritation abgelehnt. Sie werden ignoriert oder bekämpft.

Jeder erwartet die Bestätigung des schon Bekannten, an dem er sich weiterhin orientieren will. Bleibt diese Bestätigung aus, wird das Bekannte radikal durch Unbekanntes ersetzt, so tritt Unruhe ein, die um so größer ist, je weniger der Irritierte in sich gefestigt ist. Doch nur wenn Unbekanntes, mit dem wir zunächst noch nichts anzufangen wissen, uns entgegentritt, lernen wir. Die Erfahrungen, aus denen wir lernen, sind überwiegend negative.

Diese Bereitschaft zum Lernen mangelt natürlich nicht nur der »ungebildeten Klasse«, sondern ebenso der »gebildeten«, allerdings auf unterschiedliche Weise, worauf Bourdieu nicht eingeht. Die gebildete Klasse wird die ihrer eingeübten kulturellen Attitüde entsprechenden künstlerischen Erfahrungen verlangen; durch diese Attitüde, die ihre zweite Natur ist, ist sie weitgehend festgelegt. Und nur wo das Neue innerhalb der vertrauten Sehweise bleibt, wird sie dieses Neue goutieren. Es muß im Rahmen bleiben.

Demgegenüber ist die ungebildete Klasse zunächst im Nachteil, da sie die Fähigkeit zum Wahrnehmen von Kunstwerken nicht geübt hat, nicht üben konnte wegen ihrer unzureichenden Schulbildung. Das literarische Kunstwerk zeichnet sich dadurch aus, daß die Strukturen des normalen Sprachgebrauchs von sekundären Strukturen überlagert sind. Manfred Bierwisch definiert das so: »Insofern nun poetische Texte linguistische Strukturen enthalten, vermag jeder Sprecher der entsprechenden Sprache sie zu verstehen, sofern sie aber poetische Strukturen sind, wird er sie nur in dem Maße verstehen, in dem er das ihnen zugrundeliegende System erworben hat.«[4]

Der »Ungebildete« hat dieses System nicht erworben, der »Gebildete« verfügt darüber. Der Ungebildete steht außerhalb des Systems, hat damit aber die Chance, dieses System deutlicher zu erkennen, als der darin stehende Gebildete. Nicht eo ipso, dazu braucht es die Kraft des Lernens, um sich das System anzueignen. Diese Chance ist um so bedeutungsvoller, je mehr wir damit rechnen müssen, daß unsere Gesellschaft raschen und tiefgreifenden Veränderungen gewachsen sein muß. Diese würden kaum von einer in traditionellen Formen erstarrten Intelligenz bewältigt werden, da es neue Formen zu entwickeln gilt, sondern eher von einer »unverbildeten« Intelligenz, die jedoch über das traditionelle Wissen verfügen muß, ohne sich von dessen Wertvorstellungen festlegen zu lassen. Wenn sie dieses Wissen nicht hat, wird sie nur pragmatisch flexibel sein und sich den jeweiligen Gegebenheiten anpassen, wie dies die »technokratische Intelligenz« tut, die nicht über ihre Situation reflektiert.

Bildung ist noch so weit vorhanden, daß sie von der »ungebildeten Klasse« übernommen werden kann, d. h. von deren lernbegierigen Kindern, die an die Universitäten strömen. Da sie für diese aber nicht selbstverständlich ist, wird sie von ihnen in Frage gestellt und letztlich einer Reflexion unterzogen. Diese Reflexion wird zeigen, was von dieser Bildung bleiben kann, was nicht. Das ist in gewisser Weise ein normaler Prozeß im Laufe der Ablösung der Generationen, der in Westdeutschland aus den erwähnten Gründen allerdings schwieriger ist.

Dieser Prozeß ist nicht leicht zu beschreiben, auch dann nicht, wenn man – wie hier – nur *einen* Aspekt herausgreift. Natürlich gibt es in der jungen Intelligenz verschiedene Tendenzen, auch in der Einstellung zur Kunst, die uns hier interessiert. Die überwiegende ist wohl Ignoranz; eine relativ seltene ist der Versuch der unbefragten Übernahme der bürgerlichen Kultur, was diese vollends zur lächerlichen Parodie macht. Eine ebenfalls seltene, aber die wichtigste, ist die Auseinandersetzung der linken Intelligenz mit dieser Kultur, die mit großem Ernst geführt wird. Sie ließe sich so kennzeichnen:

– Kunst, die keine deutlich außerkünstlerische, also politisch-soziale Botschaft trägt, wird abgelehnt. Sie gilt als esoterisch, was sie ja in der Tat für die ist, die sie nicht verstehen. Sie könnten dieses Verständnis lernen, es fehlt ihnen aber die Motivation dazu, da Kunst nicht in ihrem sozialen Erfahrungshorizont unterzubringen ist.

– Man fordert und fördert eine Kunst, die entweder eine deutliche politische Funktion hat (Kunst der Revolution etc.) oder einen deutlich illustrativen Charakter, die also verbildlichen kann, was die politischen Thesen meinen (Kafka als Zeuge des Klassenkampfes etc.). Da unter dem ersten Aspekt nur wenige Werke unterzubringen sind, wird der Rest unter dem zweiten Aspekt eingeordnet. So bemühen sich viele ästhetische Untersuchungen darum, den mehr oder weniger illustrativen Charakter der Kunst nachzuweisen.

– Auf diese Weise wird Kunst zweitrangig, denn entscheidend ist die politische Intention, zweitrangig auch insofern, als die schwierige Frage nach der ästhetischen Qualität der Werke nebensächlich wird, also auch diese Qualität nebensächlich wird. Deshalb wird auch ästhetisch zweitrangige Kunst wie die Trivialkunst interessant, denn sie hat eine soziale Bedeutung: sie wird von vielen gelesen und hat ideologischen Charakter.

Wir sehen den Nachteil, daß auf diese Weise das Kunstwerk mißverstanden und auf einen falschen Zweck hin interpretiert wird. Dies ist übrigens ein Nachteil, dem kein Kunstwerk bisher in der Geschichte der Kritik sich entziehen konnte.

Wir sehen den Vorteil: Das Kunstwerk wird auf seine soziale Bedeutung hin betrachtet, also dem gesellschaftlichen Zusammenhang, in dem es entsteht, zurückgegeben. Das ist, wenn der »Nutzen« nicht eng politisch oder parteipolitisch definiert wird, ein wichtiger Fortschritt, der das Kunstwerk dem allgemeinen sozialen Prozeß wieder verbindet, von dem das Bürgertum des 19. Jahrhunderts es abzuspalten versucht hat.

Die Untersuchungen der jüngeren Literaturwissenschaftler, die diesen Gesichtspunkt vertreten, haben bei all ihren Mängeln einen wesentlichen Fortschritt für die Literaturwissenschaft dadurch gebracht, daß sie ihren Gegenstand nicht mehr isoliert begreifen, sondern in der Totalität des menschlichen Lebens in der Gesellschaft. Das hat die erhebliche Konsequenz, daß die Literaturwissenschaft auf den sozialen Prozeß mit ihrer Kritik aufklärend einwirken will und sich so ihrer sozialen Verantwortung, auch und gerade den »Ungebildeten« gegenüber, wieder bewußt wird; diese Verantwortung hatte sie lange der Unterwerfung unter die herrschende Ideologie geopfert – auch dies ganz im Gegensatz zu den meisten hervorragenden Schriftstellern deutscher Sprache.

Die hier skizzierte Entwicklung ist vor einiger Zeit durch die Auseinandersetzungen um die Rahmenrichtlinien für das Schulfach Deutsch, die der Kultusminister des Landes Hessen vorlegte, in einen exemplarischen Konflikt getreten, der uns die verschiedenen Positionen deutlich machen kann: die konservative, die reformwillige und eine marxistische. Die konservative Position wird am besten durch ein Zitat des Historikers Golo Mann belegt:

»Man zeige den Schülern die Quelle; trinken müssen sie selber. Noch erinnere ich mich des ersten langen Gedichtes von Ernst und Zauber, das ich, elfjährig, in einer Münchener Schulklasse vorzutragen hatte: Lenaus ›Postillon‹. Damit fing es an. Später brauchte ich die Lehrer nicht mehr sehr dringend und fand, was mir gut tat, auf eigene Faust. Das Schlechte durchschaut man. Ein Gedicht von Paul Heyse – ›Über ein Stündlein‹, ›Dulde, gedulde dich fein‹ . . . – war in seiner süßlich beschwichtigenden Art schon dem Zehnjährigen widerlich. Dazu bedarf es gar keiner langjährigen kritischen Übungen, das kann jeder halbwegs intelligente Junge von alleine.«[5]

Dies ist die Haltung des Gebildeten, dem seine Bildung zur Natur geworden ist, so daß er folgert, jeder »halbwegs intelligente Junge« müsse von Natur aus ebenso weit kommen wie er. Das ist in diesem Falle nicht ohne Ironie, da Golo Mann als Sohn Thomas Manns eine kulturelle Erziehung in einem kulturgesättigten Elternhaus erhielt, wie sie nur selten einem »halbwegs intelligenten Jungen« zuteil wird.

Die reformwilligen Kritiker jener Richtlinien für den Deutschunterricht argumentieren ebenfalls, wie wir es nach dem bereits Gesagten erwarten dürfen.[6] Sie wenden sich gegen bisherige Bildungsschranken, die es zu überwinden gilt; sie verlangen die Einordnung literarischer Texte in ihren sozialen Zusammenhang; sie wollen die Untersuchung auch auf Gebrauchsliteratur und Sachliteratur ausdehnen. Es wird also der designative Charakter der Literatur betont, der innerhalb des bekannten sozialen Horizonts, auf den er verweist, seinen Nutzen zeigt, und deshalb wird Literatur, die diese Information trägt und nur diese Information, also Sach- und Gebrauchsliteratur, ebenfalls wichtig.

Auch der dritte Standpunkt, der marxistische, muß kurz angedeutet werden. Die der DDR nahestehenden Kommunisten sehen durchaus die fortschrittlichen Ansätze der Richtlinien, zweifeln aber an deren Realisierung. Dagegen kritisiert eine radikale kommunistische Gruppe sowohl den konservativen als auch den reformwilligen Standpunkt als »zwei Linien bürgerlicher Politik«, die der kapitalistischen Gesellschaft angehören und deshalb verurteilt werden müssen.[7] Eine solche radikale Position wird von einer verhältnismäßig kleinen Gruppe von Intellektuellen vertreten. Diese halten an einem Kommunismus fest, der unbeirrt westliche und östliche Staaten kritisiert und sein Vorbild meist im Maoismus oder Trotzkismus hat. Eine unerbittlich richtende Haltung der Realität gegenüber führt sie in eine »elitäre« Isolation, die an die alte gebildete Elite erinnert. Die verlorengegangene Sicherheit der kulturellen Tradition suchen sie mit Heftigkeit in der neuen Lehre, die ihnen alles erklären soll. Die Mehrzahl der jungen linken Intelligenz jedoch bindet sich an kompromißbereite Parteien wie SPD und DKP, weil sie in diesen Parteien sowohl Orientierung und Rückhalt findet als auch die Möglichkeit, sich mit den vorhandenen Realitäten zur Not einzurichten.

III. Die Schwierigkeit der Antwort

Die einleitenden Bemerkungen haben auf die historische Entwicklung hingewiesen, durch die die Frage nach dem Sinn der schöngeistigen Literatur aktuell wurde, und sie haben den gesellschaftlichen Prozeß angedeutet, der das Gewicht dieser Frage betont. Sie ist keine nebensächliche Frage, die nur eine Gruppe von Fachleuten interessiert, sondern eine, in der sich ein allgemeines Unbehagen an der Kultur äußert. Die Literatur scheint prädestiniert, diese Frage auf sich zu ziehen, da sie die Verbalisierung und die Reflexion allgemeiner Probleme leistet. Im Unterschied zu den Wissenschaften erreicht die Literatur breitere Bevölkerungsschichten und reagiert unmittelbarer auf die Situation dieser Schichten.

Der Deutschunterricht in den Schulen dient wie kaum ein anderes Fach weniger der Vermittlung von Wissensstoff als vielmehr der Reflexion, und nicht so sehr der Reflexion dieses Wissensstoffs als vielmehr der Reflexion der Lage des Einzelnen und der Gruppe in der Gesellschaft.

Die Literatur bringt diese Lage zur Darstellung und Reflexion, die Literaturkritik hat anhand der Literatur zur Verständigung über die Lage beizutragen, zu unserer Verständigung mit uns selbst und mit anderen. Die Literaturkritik lenkt jedoch durch ihr selbstbezogenes Reden in Zeitungen und Zeitschriften, in Funk und Fernsehen von dieser sozialen Funktion der Literatur ab, die fragwürdig geworden ist, und tut so, als sei alles wie eh und je, oder als sei alles anders und schon beantwortet.

Die Literaturwissenschaft hat deshalb die Aufgabe, unbeeinflußt von den Moden des Feuilletons, aber bewegt vom allgemeinen Interesse, die Frage nach der sozialen Funktion, also nach dem Nutzen der Literatur zu stellen und eine Wandlung dieser Funktion in Erwägung zu ziehen. Die Antwort auf die Frage, mit der diese Arbeit sich beschäftigen will, ist nicht leicht; und so wird hier zunächst einmal auf die Schwierigkeit der Antwort hinzuweisen sein, sodann auf unzureichende Versuche, eine Antwort zu geben, schließlich auf die Möglichkeit einer zureichenden Antwort, die allerdings nicht im herkömmlichen Feld von Literatur und Ästhetik allein zu finden ist. So wie die Frage nach dem Nutzen der Literatur über die Literatur hinausgeht, so wird auch die Antwort auf diese Frage über die Literatur hinausgehen, d. h. sie wird die Literatur nicht nur nach innerliterarischen Kriterien beurteilen, sondern sie wird sie als eine besondere Form der Kommunikation mit den anderen Formen von Kommunikation in Beziehung setzen und in diesem Beziehungsfeld die der Literatur eigentümliche Aufgabe erkennen.

Deshalb werden auch andere Wissenschaften als nur die Literaturwissenschaft herangezogen werden müssen: es sind dies die Psychologie und die Soziologie, insofern sie die innersubjektive Kommunikation, die des Subjekts mit sich selbst, und die intersubjektive Kommunikation, die des Subjekts mit anderen Subjekten, zum Gegenstand ihrer Untersuchungen machen. Es versteht sich, daß die Ergebnisse, die für unsere Überlegungen in Betracht kommen, nur soweit umrissen werden können, als sie in unsere Überlegungen einbezogen werden können. Für eine ausführlichere Diskussion dieser Ergebnisse ist hier nicht der Platz; hier kommt es auf den Zusammenhang an, der sich aus den verschiedenen empirischen Ergebnissen und theoretischen Ansätzen für den Gegenstand unserer Überlegungen ergibt. Dieser Zusammenhang soll das Feld anzeigen, auf dem dann eine Theorie der literarischen Kommunikation zu erstellen wäre. Das meint ja der Untertitel dieser Arbeit. Die Bemühungen verschiedener Literaturwissenschaftler gehen in die nämliche Richtung: die Literatur im gesellschaftlichen Ablauf zu sehen und die Literaturwissenschaft mit den anderen Gesellschaftswissenschaften in Verbindung zu setzen. Daß die Frage nach dem Sinn der Literatur nicht im Rahmen der traditionellen Poetik und Ästhetik erörtert werden kann, ist allenthalben deutlich geworden.

Das ist auch an einer neueren Arbeit abzulesen, die noch einmal die Anstrengung macht, eine umfassende ästhetische Theorie zu entwickeln: an Theodor W. Adornos bedeutendem Versuch einer Ästhetik in einer Zeit, in der eine Ästhetik im traditionellen Sinne nicht mehr möglich ist.[8] Das weiß Adorno, davon geht er aus. Die frühe Einleitung in seine *Ästhetische Theorie* beginnt er damit: »Philosophische Ästhetik geriet in die fatale Alternative zwischen dummer und trivialer Allgemeinheit und willkürlichen, meist von konventionellen Vorstellungen abgezogenen Urteilen.«[9] Was Adorno hier polemisch bezeichnet, wäre auf der einen Seite eine philosophische Verallgemeinerung, die an der Kunst vorbeigeht, da die Kunst gerade bestrebt ist, sich vorhandenen Kategorien zu entziehen und sich jeweils neue zu setzen. Es wäre auf der anderen Seite das willkürliche Geschmacksurteil über einzelne Werke. Hegels Lösung, »nicht von oben her zu denken, sondern den Phänomenen sich zu überlassen«[10], will er nicht gelten lassen, da Hegels Ästhetik »ihrer klassizistischen Komponente gemäß, weit mehr an abstrakten Invarianten bewahrte, als mit der dialektischen Methode vereinbar war.«[11]

Gerade darin aber sieht Peter Szondi einen »der genialsten Züge der Hegelschen Ästhetik«: »daß sie trotz ihrem Standort in einem System der Philosophie dem Kunstwerk, das sie wie die Philosophie selbst als Ausdruck des Göttlichen versteht, gerecht wird, indem sie dessen spezifische Beschaffenheit berücksichtigt. Möglich wird das freilich nicht trotz, sondern dank der Philosophie Hegels, die auf die Vermittlung von Allgemeinem und Besonderem, von Abstraktem und Konkretem abzielt und nicht, wie die Philosophie früherer Zeiten, auf die Subsumtion des Besonderen unter das Allgemeine, des Phänomens unter den Begriff.«[12] Gerade mit Hilfe dieser dialektischen Methode gelingt es Hegel, das Dilemma der Ästhetik – hier systematisierende Kategorien, dort willkürliches Geschmacksurteil – zu überwinden: das Besondere des Kunstwerks kann er erkennen und zugleich als Ausdruck eines Allgemeinen deuten und einordnen; dies in seinem umfassenden System, das sich alles zu erklären anheischig macht. Hier stehen Kunst, Religion und Philosophie nebeneinander, d. h. nacheinander; in der historischen Entwicklung folgt die Religion der Kunst und die Philosophie der Religion. Hegel bezeichnet seine eigene Zeit, also die, in der er philosophiert, als diejenige, in der die Philosophie die Kunst »als Ausdruck des Göttlichen« ablöse. Dies ist der umstrittenste Gedanke der Hegelschen Ästhetik, nämlich daß für uns die Kunst ein Vergangenes sei.

Adorno greift diesen Gedanken auf, wenn er die zweite

Schwierigkeit der Ästhetik heute bezeichnet, die aus ihrem Gegenstand kommt: aus der Kunst, die in ihrer Existenzberechtigung umstritten sei. So kann die Ästhetik nicht mehr von der Kunst als von einem gesicherten Faktum ausgehen. Kunst selbst ist problematisch geworden, sie kann der Ideologie verfallen, sie kann sich dem Konsum kaum verweigern, meint er.

Adorno übernimmt die Hegelsche Konzeption von der Kunst als einer historischen Erscheinung, als einer Erscheinung also, die ihre Geschichte hat, und die nur innerhalb dieser Geschichte und aus ihrem Verhältnis zur allgemeinen Geschichte zu bestimmen ist. Dies ist der Grund für Hegels Urteil, daß »die Kunst nach der Seite ihrer höchsten Bestimmung für uns ein Vergangenes« ist.[13] Der Grund liegt in der Historisierung der Kunst, die der Kunst Anfang, Höhepunkt und Ende einer Entwicklung zuspricht; der Grund liegt weiterhin darin, daß Hegel gleichzeitig an einem Kunstbegriff festhält, der ihn auf die »ideale« Kunst der griechischen Antike festlegt. Hier steht der Widerspruch, der zu seinem Urteil führt – »es ist der Widerspruch zwischen der radikalen Historisierung der Kunst einerseits und dem historischen Ursprung und der Fixierung von Hegels Kunst-Begriff andererseits.«[14] So sieht Hegel einerseits einen dynamischen geschichtlichen Prozeß der Entwicklung der Kunst und andererseits hält er an einem starren Kunstbegriff fest, der sich nicht entwickelt. So muß die Entwicklung von der antiken Kunst weg zugleich eine Entwicklung über die Kunst hinaus sein. Es ist, wie Szondi an anderer Stelle schreibt, ein »systembedingter Pessimismus«.[15]

Wenn dieser Hegelsche Pessimismus bei Adorno auch noch mitschwingt, so gelingt es ihm doch, eine neue ästhetische Position zu beziehen – in Auseinandersetzung mit den voraufgegangenen. Er sieht die Leistungen der Hegelschen Ästhetik: ihre bedeutenden Einsichten, die dialektische Methode. Er findet allerdings, daß Hegel in seiner Ästhetik dieser dialektischen Methode nicht gerecht geworden sei, was ihn, der »klassizistischen Komponente gemäß«, zu unstatthaften Abstraktionen bewogen habe. »Klassizistische Komponente«: Darin würde wohl Szondi mit Adorno übereinstimmen, denn »klassizistisch« wäre die Fixierung ans klassische Ideal der

Griechen zu nennen, eine rückwärtsgewandte Orientierung, die Hegel zu dem von Szondi angeführten Widerspruch gebracht hat.

Wenn auch Adorno, darin Hegel folgend, an der Reflexion als der der Kunst übergeordneten Tätigkeit der Philosophie festhält, so führt ihn dies doch nicht zu dem gleichen Verdikt über die Kunst, zu dem es Hegel geführt hat. Hegel: »Der Gedanke und die Reflexion hat die schöne Kunst überflügelt.«[16] Adorno sieht die Möglichkeit der Vereinigung von Reflexion und Kunst im Kunstwerk und zitiert dazu Beispiele aus der Kunst der jüngsten Vergangenheit. Die Kunst müsse sich demnach die Reflexion »einverleiben«, so daß diese nicht mehr ein ihr Äußerliches sei. Der reflektierende Künstler, das reflektierte Kunstwerk: diese Möglichkeit hat bereits Friedrich Schlegel aufgezeigt, worauf Szondi hinweist. In einer »progressiven Universalpoesie« erblickt Friedrich Schlegel eine solche Vereinigung von Philosophie und Dichtung.[17]

Wir finden in Adornos Überlegungen eine weitere, nicht ausdrücklich erwähnte Ähnlichkeit mit Friedrich Schlegel, was verständlich machen könnte, warum Adorno seiner *Ästhetischen Theorie* ein Fragment Schlegels als Motto voransetzen wollte.[18] Was Adorno als heute mögliche und nötige Ästhetik vorschlägt, erinnert uns an die romantische Kunstkritik, wie sie von Friedrich Schlegel etabliert worden ist.[19] Adorno: »Ästhetische Theorie, ernüchtert gegen die apriorische Konstruktion und gewarnt vor der aufsteigenden Abstraktion, hat zum Schauplatz die Erfahrung des ästhetischen Gegenstands.«[20] Sie geht also auf das einzelne Kunstwerk ein, sie geht von dem einzelnen Kunstwerk aus. Nicht die ästhetische Erfahrung allein, »erst der mit ihr gesättigte Gedanke« ist dem Werk angemessen. Es geht also nicht lediglich um eine Beschreibung der ästhetischen Erfahrung und um deren Beurteilung. Die ästhetische Erfahrung bedarf des Gedankens, und dieser bedarf gleichermaßen ihrer; erst der Gedanke sieht das Werk »im Zusammenhang von Geist und Gesellschaft«.

Hier muß Adorno seine ästhetische Theorie scharf von der Philologie und deren Methoden der Interpretation und der Kritik trennen, an die sie erinnert. Adornos Anspruch geht wesentlich höher als derjenige der Philologie, er setzt die Reflexion als Ästhetik über das Kunstwerk, darin Hegel und

Friedrich Schlegel folgend, die allerdings einen unterschiedlichen Begriff von Reflexion haben. An der Ästhetik, die ihr keine Normen vorschreiben könne – hier wendet sich Adorno gegen die normative Ästhetik, die es seit der Aufklärung nicht mehr gibt –, soll die Kunst »die Kraft der Reflexion« bilden, »die sie allein von sich aus kaum zu vollbringen vermag«.[21] Er fordert das reflektierte Kunstwerk – ähnlich wie Schlegel –, das durch die Ästhetik zur Fähigkeit der Reflexion gebracht werden soll. Das abgeschlossene Werk verlangt dann noch dringlicher nach der Hilfe der ästhetischen Reflexion, denn erst durch diese kann »der Wahrheitsgehalt« der Werke ans Licht gelangen, nicht jedoch durch die Werke selbst: »Sie [Kommentar und Kritik] bleiben aber schwächlich, solange sie nicht den Wahrheitsgehalt der Werke erreichen. Dazu werden sie fähig nur, indem sie zur Ästhetik sich schärfen. Der Wahrheitsgehalt eines Werkes bedarf der Philosophie.«[22]

Damit hat Adorno den Primat der philosophischen Reflexion, den Primat der Philosophie und ihrer Disziplin »Ästhetik« aufrechterhalten und zugleich die Möglichkeit von Kunst heute als reflektierter Kunst eingeräumt. Seine *Ästhetische Theorie* rechtfertigt ästhetische Theorie als Höchstes: als Ausgang und Ziel der Kunst. Als Ausgang übt sie die Kunst in die Kraft der Reflexion ein (Adorno betont ausdrücklich am Beispiel der Oper, daß aus purer Theorie Kunst entstehen könne), als Ziel bringt sie deren Wahrheitsgehalt in der Reflexion zum Ausdruck.

Allerdings zeigt uns dieser Begriff der Reflexion, wenn wir ihn an den von Hegel und Friedrich Schlegel halten, die Problematik von Adornos ästhetischer Theorie sehr deutlich. Schlegel sieht in der Kunstkritik eine »Bewußtseinssteigerung«[23] des Werks selbst, in der Kritik kommt das Werk zu sich selbst. Nicht ein Betrachter reflektiert über das Werk in der Kritik, sondern das Werk ist selbst das Subjekt der Reflexion, das Werk reflektiert über sich selbst. Walter Benjamin schreibt dazu: »Sofern Kritik Erkenntnis des Kunstwerkes ist, ist sie dessen Selbsterkenntnis; sofern sie es beurteilt, geschieht es in dessen Selbstbeurteilung.«[24] So ist auch der fragmentarische und unsystematische Charakter dieser Reflexion erklärlich, sie kommt aus der Individualität der jeweiligen Werke.

Das ist es, was uns an Adornos Aufgabenstellung für die Ästhetik erinnert: sich auf das einzelne Werk einzulassen und es zu seinem Wahrheitsgehalt zu bringen. Allerdings kann Adorno die romantische Auffassung von der »Selbsterkenntnis« des Kunstwerks in der Reflexion nicht übernehmen. In seinem »Wahrheitsgehalt« kommt das Kunstwerk nicht zu sich selbst, sondern zu einem anderen: es weist über sich hinaus auf etwas anderes. Die Kunstwerke stellen etwas vor, »was sie nicht selbst sind«.[25] Adornos Begriff der Reflexion ist also eher an dem Hegels orientiert. Freilich kann er nicht Hegels philosophisches System übernehmen, in dem die Reflexion ihren bestimmten hohen Platz hat: den Geist zu sich selbst zu bringen. So fragt sich, von welchem »Geist« bei Adorno die Rede ist, von welchem »Wahrheitsgehalt« und von welcher »Reflexion«. Seine Ästhetik hat in ihrem unsystematischen, sich auf das einzelne Kunstwerk einlassenden Charakter, in der Wertschätzung ihrer selbst, in der erst der »Wahrheitsgehalt« der Werke sich entfalte, eine Ähnlichkeit mit Schlegels romantischer Kunstkritik, kann aber durchaus nicht den romantischen Begriff der Reflexion beibehalten. Sein Begriff der Reflexion, an Hegel geschult, nach der Bedeutung in dessen System gesetzt, kann jedoch nicht mehr durch das System, in dem er bei Hegel steht, gehalten werden, so daß er sozusagen in der Luft hängt. Um wieder auf den Boden zu kommen, muß Adorno unabdingbar an der Historisierung der Kunst, wie Hegel sie eingeführt hat, festhalten und in dieser Historisierung allein die Möglichkeiten der Kunst erklären: als historische.

Allerdings führt auch das seine ästhetische Theorie in eine grundlegende Schwierigkeit, der sie sich nicht entziehen kann. Hans Robert Jauß, der selbst eine Theorie der Literaturgeschichte vorgelegt hat, macht darauf aufmerksam.[26] Von Jauß' Auseinandersetzung mit Adornos Ästhetik muß noch die Rede sein; seine Überlegungen leiten über zu dem, was in diesem Essay vorzubringen ist.

IV. Affirmation und Negation

Adorno sieht zwei Seiten des Kunstwerks, die einander bedingen[27]: nach der einen Seite ist das Kunstwerk »fait social«, Produkt einer Gesellschaft, in der es entsteht; nach der anderen Seite ist das Kunstwerk bestrebt, über die Bedingungen seiner Entstehung hinauszugelangen und seine ihm eigene Gesetzlichkeit zu erfüllen in seiner Autonomie. So ist Kunst gesellschaftlich und autonom zugleich, und dies ist kein Widerspruch, sondern das eine kommt aus dem andern.

Gesellschaftlich ist Kunst nicht allein durch ihre Entstehung, in der »die Dialektik von Produktivkräften und Produktionsverhältnissen sich konzentriert«, gesellschaftlich ist sie nicht allein durch »die gesellschaftliche Herkunft ihres Stoffgehalts«.[28] Gesellschaftlich ist sie auch und gerade durch ihre Gegenposition zur Gesellschaft. Adorno: »Indem sie sich als Eigenes in sich kristallisiert, anstatt bestehenden gesellschaftlichen Normen zu willfahren und als ›gesellschaftlich nützlich‹ sich zu qualifizieren, kritisiert sie die Gesellschaft, durch ihr bloßes Dasein, so wie es von Puritanern aller Bekenntnisse mißbilligt wird. Nichts Reines, nach seinem immanenten Gesetz Durchgebildetes, das nicht wortlos Kritik übte, die Erniedrigung durch einen Zustand denunzierte, der auf die totale Tauschgesellschaft sich hinbewegt: in ihr ist alles nur für anderes. Das Asoziale der Kunst ist bestimmte Negation der bestimmten Gesellschaft.«[29]

Gerade in ihrem Asozialen zeigt sich also das Soziale der Kunst: als bestimmte Negation der Gesellschaft, in der sie entstanden ist. Mit dieser Dialektik gelingt es Adorno, sowohl die gesellschaftliche Bindung der Kunst als auch ihre Autonomie zu befestigen. Hierin liegt, wie Jauß sagt, »die Stärke der Unentbehrlichkeit von Adornos ästhetischer Theorie«.[30] Allerdings setzt Jauß auch hier mit seiner Kritik an dieser Theorie ein.

Auch unsere Bedenken erheben sich an diesem Punkt, wobei sie anknüpfen an das im vorhergehenden Kapitel Gesagte. Unsere Frage ist, ob denn Adorno selbst – das war sein Vorwurf gegen Hegel – seiner dialektischen Methode ganz gerecht wird. Das gemäß seinem eigenen Gesetz durchgebildete Kunstwerk zeigt in seiner Gestalt nicht nur seine immanente – ästhetische – »Stimmigkeit«, sondern in dieser Stimmigkeit zugleich auch seinen – metaästhetischen – »Wahrheitsgehalt«. Was aber ist sein Wahrheitsgehalt? Er ist auf jeden Fall metaästhetisch, weist also über das Werk hinaus auf etwas anderes, das nicht das Werk ist. Dies scheint uns der entscheidende Punkt: Das Werk dient also doch einem anderen Zweck, seine Autonomie ist zwar in Negation der bestehenden Gesellschaft entstanden, sie zeigt aber mehr als ihre eigene ästhetische Gesetzlichkeit; sie weist wiederum auf Gesellschaft hin, in deren Dienst sie steht. Das ist nicht die Gesellschaft, aus der das Werk kommt, deren Unvollkommenheit negiert es ja, das ist eine vollkommene Gesellschaft, die es noch nicht gibt, aber geben sollte: eine zukünftige. Diese zukünftige Gesellschaft visiert das stimmige Kunstwerk an, es enthält eine »promesse de bonheur«, ein Glücksversprechen, »promesse de bonheur« heißt mehr, als daß die bisherige Praxis das Glück verstellt: Glück wäre über der Praxis. »Den Abgrund zwischen der Praxis und dem Glück mißt die Kraft der Negativität im Kunstwerk aus.«[31]

Wir sehen hier wieder Adornos Schwierigkeit, im Rahmen der Philosophie eine Ästhetik zu entwickeln und gleichwohl die Systematik vergangener Philosophien abzulehnen, innerhalb deren die Wahrheit ihren Platz haben könnte: sei es als eine Wahrheit, die ein Jenseitiges meint, sei es als eine »zeitlose« platonische Wahrheit, die in jedem vollkommenen Kunstwerk enthalten ist. Die Wahrheit, die Adorno akzeptieren kann, kann nur eine historische sein. Da das Kunstwerk in seiner Negativität über seine Zeit hinausweist, kann seine Wahrheit nur auf eine andere Zeit hingehen: auf die Zukunft. Das ist die einzige Möglichkeit, innerhalb der linearen Geschichtsvorstellung die vergangene und die gegenwärtige Misere zu überschreiten: Die Utopie ist das glückverheißende Jenseits der Geschichte.

Die Negativität, die das autonome Kunstwerk ermöglicht, müßte nicht notwendig auf eine zukünftige Gesellschaft ausgehen. Sie könnte auch ihr Genügen darin finden, das Kunstwerk von den Bedingungen der Gesellschaft, in der es entsteht, freizumachen, damit es seine eigenen Gesetze, die zuvörderst ästhetische sind, erfüllen kann. Soweit wäre die bestimmte Negation der Autonomie des Kunstwerks dienlich, damit es seine Stimmigkeit finden kann. Doch nun tritt bei Adorno als weiteres Moment der Wahrheitsgehalt hinzu. Dieser Wahrheitsgehalt geht über das Kunstwerk hinaus, er tangiert seine Autonomie, denn er weist auf eine metaästhetische Wahrheit. Adorno: »Die immanente Stimmigkeit der Kunstwerke und ihre metaästhetische Wahrheit konvergieren in ihrem Wahrheitsgehalt. Er fiele vom Himmel wie nur die Leibnizsche prästabilisierte Harmonie, die des transzendenten Schöpfers bedarf, diente nicht die Entfaltung der immanenten Stimmigkeit der Werke der Wahrheit eines An sich, das sie nicht selbst sein können. Gilt die Anstrengung der Kunstwerke einem objektiv Wahren, so ist es ihnen vermittelt durch die Erfüllung ihrer eigenen Gesetzlichkeit.«[32]

Die Wahrheit fällt nicht vom Himmel, sie kommt zwar aus der immanenten Stimmigkeit der Werke, aber sie weist über das Werk hinaus. Sie »dient«, wie es hier ausdrücklich heißt, einem »An sich«, das die Werke nicht sind. Die Wahrheit fällt nicht vom Himmel, den transzendenten Schöpfer gibt es nicht mehr, also kann die Wahrheit, die über das Werk hinausgeht, auch nicht zum Himmel hinaufsteigen. Sie muß wieder auf die Gesellschaft zurückfallen. So bleibt den Werken nichts anderes übrig, als Affirmation oder Negation zu leisten. Daß die diffizilen Überlegungen Adornos in dieses einfache Schema münden, hat seinen Grund in seiner Hegelschen Geschichtsauffassung, der jedoch der »Geist« entschwunden ist: Es muß alles Geschichte in der Geschichte bleiben, dafür oder dagegen sein.

Dieses einfache Schema scheint die Behauptung zu unterstützen, die in der Diskussion der letzten Jahre von der jungen linken Intelligenz vorgebracht wurde, wir haben sie zitiert: Kunst sei entweder gesellschaftlich negativ oder affirmativ. Diese Behauptung erhält durch Adorno ihre philosophische Weihe, wenngleich wohl gegen seine eigene Intention, die die Autonomie des Kunstwerks verteidigen wollte.[33] Adornos Position ist – das entspricht seiner Geschichtsauffassung – eine historische; er geht ausdrücklich von der Situation seiner Zeit aus. Er greift die Kulturindustrie an, die Kunst nur als Affirmation oder als billige Unterhaltung gelten läßt. Gegen diese

Kulturindustrie verteidigt er die Autonomie der Kunst heute: Nur in bestimmter Negation dieser Gesellschaft kann die Kunst zu ihrer Entfaltung gelangen. Durch die Verallgemeinerung seines Urteils über die zeitgenössische Situation hinaus kommt er in Schwierigkeiten, wenn er die Kunst anderer Zeiten beurteilen muß, nämlich die vor dem Zeitalter der autonomen bürgerlichen Kunst. Diese nichtautonome Kunst muß ihm letztlich als Affirmation im heutigen Sinne erscheinen, was sich z. B. darin äußert, daß er den Aristotelischen Begriff der Katharsis an der heutigen Kulturindustrie mißt und deshalb verwerfen muß.[34]

Hier geht Adorno gänzlich unhistorisch vor; wir sehen bei ihm den nämlichen Widerspruch, den Szondi bei Hegel sah: Es ist der Widerspruch von dynamischem Prozeß der historischen Entwicklung von Kunst und unhistorischem verfestigten Kunstbegriff. Freilich ist der Kunstbegriff Adornos nicht an der Antike gewonnen, sondern an der Moderne. Und wenn Adorno Hegels Auffassung mit Recht klassizistisch genannt hat, so können wir mit dem gleichen Recht die seinige modernistisch nennen.

Hier setzt die Kritik von Hans Robert Jauß ein, die wir in zwei Punkten zusammenfassen. Einmal: Der Begriff der Negativität bezeichnet nur unzureichend den Charakter des geglückten Kunstwerks. Auch Werke, die bei ihrer Entstehung durch ihre Negativität wirkten, können im Laufe der Tradition »klassisch« werden und damit ihre Negativität verlieren, so daß neue Werke wiederum den vorhergehenden ihre Negativität entgegensetzen müssen. Das dürfte sogar der normale Prozeß der Entwicklung sein. Hier formuliert Jauß seine eigene Konzeption der Rezeptionsästhetik: Ein Kunstwerk entsteht innerhalb eines zeitgenössischen Erwartungshorizonts, es versucht, diesen Horizont zu überschreiten, wenn es den Innovationscharakter hat, den Jauß großer Kunst zuspricht. Dieser Innovationscharakter erinnert an Adornos Negativität. Durch Horizontwandel kann das Neue des Kunstwerks wieder zum Alten werden.

Adorno berücksichtige nicht hinlänglich diesen Horizontwandel, meint Jauß, und weiterhin: Negativität bezeichne nicht den Charakter der vorautonomen Kunst, die aber nicht zur Gänze als affirmativ eingeschätzt werden könne. Hier trifft Jauß allerdings auch seine eigene Konzeption, wie er sie in seinem Aufsatz *Literaturgeschichte als Provokation der Literaturwissenschaft* vorgelegt hat;[35] am Ende seiner Auseinandersetzung mit Adorno gesteht er das zu.[36] Auch Jauß hat nämlich – wie Adorno – seinen Begriff von Kunst der modernen autonomen Kunst entnommen. Nur diese hat den horizontüberschreitenden Drang zum Neuen. Die ältere Kunst Europas, auch die Kunst anderer Kulturen, hat ihr Ziel meist darin, das Alte, Bekannte einzulösen, eine bestimmte Erwartung zu erfüllen – und doch kann man ihr den Kunstcharakter nicht schlechthin absprechen.

Hier hilft der zweite Punkt von Jauß' Kritik an Adorno weiter. Adorno habe die ästhetische Erfahrung – die er als grundlegend in der frühen Einleitung noch setzte – aus dem Blick verloren und deshalb die kommunikative Leistung der Kunst nicht erkennen können. »Dem Modernismus in Adornos Ästhetik der Negativität wird ineins mit der kommunikativen Kompetenz der Kunst auch die ganze Sphäre ihrer Rezeption und Konkretisation geopfert«, was zur Folge habe, »daß Adorno den dialogischen Prozeß zwischen Werk, Publikum und Autor ignorieren« müsse.[37] Adorno vernachlässigt, ja unterdrückt die primäre Ebene der ästhetischen Erfahrung zugunsten der höheren Ebene ästhetischer Reflexion. Die breite kommunikative Leistung der Kunst kann er deshalb nicht anerkennen; was Kunst leisten kann, reduziert er auf der Ebene seiner Reflexion zu Affirmation und Negation.

Erst auf der primären Ebene ästhetischer Erfahrung kann die Leistung der Kunst erkannt und beurteilt werden. In ihrem Kommunikationszusammenhang zeigt sie ihre Funktion. Von hier aus kann erst eine Theorie der Kunst, eine Theorie der Literatur entwickelt werden. Das führt unsere Überlegungen aus der Luft der hohen ästhetischen Reflexion auf die Erde herunter. Hier unten ist die Frage nach dem Nutzen der Literatur entstanden, hier unten muß sie beantwortet werden. Die *Ästhetische Theorie* Adornos zeigt uns die Schwierigkeiten von ästhetischer Theorie heute; das wußte Adorno selbst. Die jahrelange Arbeit an seiner Ästhetik, die postum in einer Fassung veröffentlicht wurde, die Adorno so nicht vorgelegt hätte, belegt das. Die Herausgeber des Fragments sagen es in ihrem Nachwort: »Adornos Ästhetik wird

durch ihren philosophischen Gehalt zur Form der paratakti-
schen Darstellung bestimmt, diese Form ist indessen apore-
tisch; sie fördert die Lösung eines Problems, an dessen letztli-
cher Unlösbarkeit im Medium der Theorie für Adorno kein
Zweifel bestand.«[38]

Wenn wir uns zutrauen, einen Ansatz zur Beantwortung der
Frage nach dem Nutzen der Literatur zu zeigen, so geschieht
dies nicht, weil wir meinen, wir könnten eine ästhetische
Theorie liefern. Wir zweifeln daran, ob das im üblichen Sinne
überhaupt möglich ist. Unser Versuch ist bescheidener: Wir
wollen den Ansatz einer Kommunikationstheorie begründen;
das ist etwas anderes. Hier sind uns die Bemerkungen, die
Jauß an seine Einwände gegen Adorno anschließt, hilfreich,
wenn er auch noch zwischen beiden steht: zwischen ästhetischer Theorie und Theorie der Kommunikation. Darin hat
seine Arbeit aber auch ihr Gutes: sie stellt die Verbindung her
zwischen den älteren und den neueren Überlegungen. Jauß
nimmt die alten Begriffe wie Poeisis, Aisthesis und Katharsis
wieder auf und definiert sie neu aufgrund der neuen Sicht,
neuer Erfahrungen, neuer Kenntnisse.[39] So zeigt er, daß die
alten Begriffe durchaus ihre Berechtigung hatten und daß die
neuen Erkenntnisse in den alten Begriffen ihre Bestätigung
finden. Allerdings darf das Alte mit dem Neuen nicht verwechselt werden, als sei alles beim alten geblieben oder als
hätten die Alten nichts anderes gemeint als wir heute. Der
Unterschied ist eminent. Und die Ähnlichkeit ist evident.
Diese *beiden* Gesichtspunkte sind grundlegend. Zum einen:
Es ist eine historische Entwicklung zu beobachten, die sowohl
die jeweilige Funktion der Künste verändert als auch die
jeweilige Theorie der Künste, was voneinander abhängt, und
zwar entsprechend der allgemeinen Geschichte. Zum andern:
In allen Geschichtsepochen – auch in anderen Kulturen – erfüllen die Künste eine elementare Aufgabe in der Verständigung des Menschen mit sich selbst und den anderen, eine
kommunikative Aufgabe. Die Künste gehören zum kommunikativen Grundbestand des Menschen. Dieser Grundbestand
ist allerdings nicht als solcher faßbar, sondern immer nur in
seiner jeweiligen historischen Konkretion. Die Geschichte
verändert diesen Grundbestand, bringt ihn aber nicht zum
Verschwinden, so daß wir eine bestimmte historische Konkre-

tion mit diesem Grundbestand nicht verwechseln dürfen. Gleichwohl können wir diesen Grundbestand nur in seinen historischen Konkretionen studieren. Es geht um das »Immergleiche«, das sich im »Immerneuen« äußert, um zwei Bezeichnungen von Walter Benjamin zu gebrauchen.[40] So muß unser Blick auf beides gleichermaßen gerichtet sein: auf das Immergleiche und auf das Immerneue.

Auf diese Weise gelingt es uns, die totale Historisierung der Kunst zu überwinden. Es gelingt uns auf ähnliche Weise, den »systembedingten Pessimismus« Hegels hinter uns zu lassen, wie es bereits Hegels Zeitgenossen Schelling gelungen ist. Peter Szondi hat darauf aufmerksam gemacht: »Weil Schelling weniger als Hegel die Dialektik des Geistes mit dem historischen Prozeß verknüpft hat, letztlich also undialektisch denkt – und Hegel wird ihm das in der Phänomenologie zum Vorwurf machen –, kann er auf jeder Stufe der Entwicklung dem Menschen die Chance einräumen, seine Besonderheit zum Allgemeinen hin zu öffnen. Nichts anderes versteht er unter der Schaffung einer Mythologie. Bemerkenswert ist nun aber der Umstand, daß es ihm, im Gegensatz zu Hegel, gelingt, auf Grund der Dialektik des Besonderen ein Kunstprinzip der Moderne zu formulieren, das heute noch, und heute in besonderem Maß, gültig ist. Schelling sagt: ›Universalität, die nothwendige Forderung an alle Poesie, ist in der neueren Zeit nur dem möglich, der sich aus seiner Begrenzung selbst eine Mythologie, einen abgeschlossenen Kreis der Poesie schaffen kann‹. Genau dies ist der Grund, aus dem die Romane eines Proust oder Kafka, wie persönlich bedingt sie auch sein mögen, denselben Universalitätsanspruch der Kunst befriedigen können wie die Werke der Antike.«[41]

Auf jeder Stufe der Entwicklung hat der Mensch die Chance, seine Besonderheit zum Allgemeinen hin zu öffnen; das ist der erste Satz, den wir aus diesem Zitat festhalten wollen. Der zweite: Auch aus der individuellen Begrenzung heraus ist es möglich, eine »Mythologie« zu schaffen, ja nur aus dieser Begrenzung kann in neuerer Zeit der Künstler eine »Mythologie« schaffen. Der zweite Satz verweist auf die Individualität des Künstlers, auf die des Autors. Wenn wir hier weitergehen, kommen wir von der Individualität des Autors zu seinem Werk und von dem Werk zu der Individualität des Lesers; wir haben so den Prozeß der Kommunikation im Blick, als einen sozialen Prozeß, in einer historischen Entwicklung. Innerhalb dieses Prozesses wollen wir die Funktion der Literatur entdecken. Wir entfernen uns so von einer abstrakten Begrifflichkeit und nähern uns dem, dessen Tätigkeit die Begriffe doch nur meinen können, denn nur in Verbindung mit diesem sind sie sinnvoll: dem Einzelnen – in der Gruppe – in der Gesellschaft. Dieser Einzelne – als Gattungswesen, als Gesellschaftswesen – ist es, der im Mittelpunkt unserer Überlegungen steht. Er ist das Subjekt, das handelt, denkt, spricht, arbeitet, wahrnimmt, Kunstwerke schafft und rezipiert. Die von Jauß wiederaufgenommenen Begriffe bezeichnen seine künstlerische Tätigkeit: Poeisis als das Hervorbringen von Kunst, in der eine Erkenntnis zu erlangen ist, die Wissenschaft und zweckgebundene Praxis nicht leisten; Aisthesis als die Erneuerung der durch Gewöhnung abgestumpften Wahrnehmung; Katharsis als Identifikation unterschiedlicher Art und Intensität mit dem im Werk Dargestellten.

Daß wir dieses Subjekt in den Mittelpunkt unserer Überlegungen stellen, kennzeichnet unseren eigenen historischen Standort. Nur in diesem Subjekt und seiner Tätigkeit, nur in der innersubjektiven und der intersubjektiven Kommunikation ist uns so viel Gewißheit, daß wir darin Aufschluß über die Funktion der Literatur erlangen können – freilich nicht *der* Literatur, sondern einer bestimmten Literatur: der »subjektiven« bürgerlichen Literatur der letzten 200 Jahre. In der Eigenart dieser Literatur hoffen wir freilich auch etwas vom Grundbestand jeder Literatur zu finden.

Unserem Standort entsprechend ziehen wir die Wissenschaften zu Rate, die uns über die Entwicklung des Individuums in der Gesellschaft berichten und über die Rolle, die darin die Kommunikation spielt; es sind Psychologie und Soziologie. Wir wollen unsere Überlegungen von unten her aufbauen und dieses Subjekt, die Vielfalt und die Einheit seiner Tätigkeiten, nicht aus den Augen verlieren. Den Punkt, an dem die ästhetische Spekulation einsetzt, erreichen wir früh genug. Fangen wir klein an.

V. Der Erwerb der Sprache

Die literarische Kommunikation ist eine Form der sprachlichen Kommunikation unter anderen, und die schöngeistige oder fiktionale Literatur ist eine Form der literarischen Kommunikation unter anderen. Die schöngeistige Literatur muß als spezielle Form der literarischen Kommunikation von den anderen unterschieden werden und innerhalb des gesamten Bereichs sprachlicher Kommunikation den Platz erhalten, der ihre Funktion bezeichnet. Von der sprachlichen Kommunikation wollen wir ausgehen, um aus ihr die spezielle Funktion der schöngeistigen Literatur, auf die wir uns konzentrieren, abzuleiten. Wir fragen zunächst: Welche Rolle spielt die Sprache in der Entwicklung des Einzelnen? Diese Entwicklung soll ihn ebenso zur Eingliederung in die Gesellschaft führen wie zur Differenzierung seiner Individualität, so daß er beides – gesellschaftlichen Anspruch und individuelle Bedürfnisse – in der Identität zusammenbringen kann. Diese Identitätsfindung ist am besten an Kindheit und Jugend zu erläutern, wo die Entwicklung sich in übersichtlichen Stufen vollzieht. Deshalb wollen wir mit einer Erläuterung des Spracherwerbs im Kindesalter beginnen. Hier zeigen sich früh und im Nacheinander überschaubar getrennt die verschiedenen Funktionen der Sprache, die später beim Erwachsenen miteinander verbunden sind und ein höchst kompliziertes Geflecht von Denken und Sprechen bilden.

Der Psychologe Jean Piaget unterscheidet drei Stadien der intellektuellen Entwicklung des Kindes: den Aufbau der senso-motorischen Schemata, den Aufbau der semiotischen Funktionen, das sich entwickelnde formale Denken.[42] Auf das zweite Stadium richten wir unsere Hauptaufmerksamkeit, nämlich auf den Aufbau der Vorstellung und der intersubjektiven Beziehungen, durch den das Kind die Aktionsschemata der ersten Stufe verinnerlicht, indem es »sie auf dieser neuen Ebene der Vorstellung rekonstruiert und überholt, bis das System der konkreten Operationen und der Kooperationsstrukturen ausgebildet ist«.[43] Die semiotischen Strukturen entwickeln sich aus der kindlichen Nachahmung, die zum

»symbolischen Spiel« führt, in dem das Kind mit eigenen Symbolen, die dem Wahrgenommenen nachgeahmt sind, seine Erfahrungen vollzieht und sich aneignet. Auch die Zeichnung entsteht aus der Bemühung um Nachahmung des Wirklichen, wie das symbolische Spiel kennzeichnet sie ebenfalls funktionelle Lust und starke Selbstbezogenheit. Es ist wichtig zu beachten, daß in dieser frühen Zeit das Kind »realistische« Zeichnungen anfertigt, die ein symbolisches Bild festhalten für das, was es von dem Abzubildenden weiß, wohlgemerkt: weiß, nicht was es an ihm wahrnimmt. Die Zeichnung weist bereits auf die »inneren Bilder« und die Vorstellung hin. Die »inneren Bilder« sind verinnerlichte Symbole, die eine, wenn auch schematisierte Ähnlichkeit mit den symbolisierten Gegenständen haben. Im Gegensatz zu den sprachlichen Begriffen, die keine Analogie zur Wahrnehmung haben, entfaltet sich in den »inneren Bildern« ein symbolisches Zeichensystem, das sich auf die vergangene Wahrnehmung direkt bezieht und neue sinnliche Wahrnehmungen beeinflußt.

Diese symbolischen semiotischen Funktionen werden etwa zur gleichen Zeit wie die verbalen der Sprache erworben; beide sind mit der Entstehung des Gedächtnisses eng verknüpft. Hier unterscheidet Piaget zwei Gedächtnistypen: das Wiedererkennen bekannter Gegenstände, das bereits sehr früh da ist, und das Evokationsgedächtnis, das den abwesenden Gegenstand durch eine Erinnerung hervorzurufen vermag. Das Evokationsgedächtnis entsteht erst mit den »inneren Bildern« und mit der Sprache.

Und hier wird die ungeheure Bedeutung der Sprache evident. Noch stärker als die symbolischen semiotischen Funktionen macht das verbale Zeichensystem unabhängig vom gerade Wahrgenommenen und erlaubt, weit darüber hinauszugreifen. Die Sprache kann – dank ihren Möglichkeiten der Beschreibung und der Evokation – Beziehungen mit hoher Geschwindigkeit herstellen, sie kann sich auf umfassende raumzeitliche Zustände erstrecken und sich vom Unmittelbaren lösen, sie kann schließlich das Denken zu gleichzeitigen Gesamtvorstellungen führen. Die Entwicklung des Vorstellungsdenkens ist das Ergebnis der Gesamtheit der semiotischen Funktionen: Dieses Vorstellungsdenken löst schließlich das Denken vom Handeln ab, mit dem eng verknüpft es sich herausgebildet hat, und verleiht ihm dadurch erst seine souveräne Kraft.

Der Psychologe Lew Semjonowitsch Wygotski hat, die Ergebnisse Piagets aufgreifend, sich auf die Entwicklung des Denkens und Sprechens im Kindesalter konzentriert, und damit auf die Entwicklung des Individuums, das zu denken und zu sprechen beginnt.[44] Er ging aus von Piagets Beobachtung, daß vier- bis sechsjährige Kinder beim Spiel nicht nur Informationen austauschen und Fragen stellen, sondern auch eine Art lauten Monolog mit sich führen, der offensichtlich nicht auf einen Partner angewiesen ist. Jedes Kind redete für sich, ohne den anderen anzuhören, allerdings schien es sehr wohl die Anwesenheit des anderen in seinen Monolog mit einzubeziehen. Dieses selbstbezogene Sprechen nennt Piaget die »egozentrische Sprache«. Weitere Untersuchungen haben die Beobachtungen bestätigt; sie haben auch gezeigt, daß bereits diese »egozentrische Sprache« weitgehend vom sozialen Milieu abhängig ist. Wo Interventionen der Erwachsenen ins kindliche Spiel stärker eingreifen, ist sie seltener als dort, wo das Spiel freien Lauf nehmen kann.

Das egozentrische, also selbstbezogene, handlungsbegleitende, in Ansätzen handlungsreflektierende Sprechen – es dient auch der Lösung von Problemen – geht gewöhnlich mit dem Eintritt in die Schule zurück, bis es schließlich schwindet. Wygotski konnte nun feststellen, daß es keineswegs verschwindet, sondern immer mehr nach innen genommen wird, ein lautloses Sprechen wird, bis es das ist, was er die »innere Sprache« nennt, also die Sprache, in der wir lautlos denken, erinnern, vorstellen, reflektieren. Piaget hat dem später zugestimmt. Wygotski sagt: »Die Sprache für den Sprechenden selbst entsteht durch die Differenzierung der ursprünglich sozialen Funktion der Sprache für andere. Nicht die allmählich von außen in das Kind hineingetragene Sozialisierung, sondern die allmähliche Individualisierung, die auf der Grundlage seines sozialen Wesens entsteht, ist der Weg der kindlichen Entwicklung. [...] Die Funktion der egozentrischen Sprache ist nach unseren Experimenten der Funktion der inneren Sprache verwandt: Sie ist nicht eine Begleitmusik, sondern eine selbständige Melodie, eine selbständige Funktion mit dem Zweck der geistigen Orientierung, der Bewußtmachung, der Überwindung von Schwierigkeiten und Hindernissen, die als eine Sprache für den Sprechenden selbst dem Denken des Kindes dient.«[45]

Das zeigt sich auch noch im lauten »egozentrischen« Sprechen, in dem die Anwesenheit eines anderen vorausgesetzt wird, wenn er auch nicht als Partner in einen Dialog einbezogen wird. Wir haben also hier durchaus die Einseitigkeit des Monologs, aber gleichzeitig ist der zweite als Zuhörer, später im »inneren« Sprechen als fiktiver Zuhörer präsent.

Der andere, mit dem und durch den das Kind die Sprache und die Welt kennenlernt, durch den es sprechen lernt, ist also auch dann weiterhin vorhanden, wenn das Kind ihn nicht mehr ausdrücklich anspricht. Auch er wird verinnerlicht als Gesprächspartner. Das hat eine vielfältige Bedeutung: Einmal werden dadurch die sozialen Verhaltensweisen, die durch den und die anderen gelernt werden, internalisiert, zum andern wird die partnerschaftliche Rolle und Kontrolle verinnerlicht, und schließlich wird der andere zu einem inneren Bestandteil des Selbst, auch von dessen sozialen Normen und Verhaltensweisen. Der »andere« wird zum »Selbst«.

Dies geschieht, es sei betont, in der Interaktion, in einem sozialen Vorgang, der das Individuum nicht isoliert, sondern integriert, indem er das Individuum zu einem selbständigen Glied der Gesellschaft macht. So wie wir uns im anderen sehen und den anderen in uns, uns vorstellend, daß es ihm ähnlich gehe wie uns, daß es uns ähnlich zumute sei, wie er es uns zu verstehen gibt, so lernen wir uns selbst sehen und erkennen in diesem inneren Selbstgespräch, in diesem »inneren« Sprechen, wie Wygotski es nennt.

VI. Das Ich und das Selbst

Dieses innere Sprechen entsteht also nicht aus einer sozialen Isolation, sondern es geht im Gegenteil gerade aus einer Interaktion hervor, in die das Ich eingebunden ist, die sich im inneren Sprechen fortsetzt und es dem Ich ermöglicht, auch mit sich selbst zu sprechen und über sich nachzudenken. Dadurch entfernt es sich zunächst von den anderen, um mit sich selbst Rücksprache zu halten. Doch da es sich selbst im Rahmen des von anderen Gelernten sieht und überprüft, führt dieses Selbstgespräch wie von selbst wieder in die Interaktion zurück. Interaktion ist in vollem Umfang erst dann zwischen zwei Partnern möglich, wenn beide ein Bewußtsein ihrer selbst und des anderen haben und ein Bewußtsein des Bewußtseins, das der andere von ihnen hat.

Die Untersuchungen von Wygotski, die auf die Problematik der Ich-Identität hinauslaufen, werden von Überlegungen des amerikanischen Sozialpsychologen George Herbert Mead unterstützt, der selbständig und auf anderem Weg zu ähnlichen Ergebnissen kam.[46] Wir sehen hier eine wichtige Bestätigung, wenn wir auch nicht mit der mechanischen Auffassung Meads übereinstimmen, der den Einzelnen zu sehr als Summe der von anderen erlernten Verhaltensweisen begreift, so seine Abhängigkeit, die niemand leugnen wird, totalisiert und dem Einzelnen den relativen Spielraum nimmt, der es ihm erlaubt, trotz allen Konformitätsdrucks doch eine wie auch immer beschaffene unverwechselbare Individualität auszubilden.

Mead unterscheidet »I« und »Me«, was wir Ich und Selbst nennen. Das Ich ist das Subjekt des Handelns, Denkens, Fühlens, das Selbst ist das Objekt, über das das Ich reflektiert. Die Unterscheidung ist nicht leicht zu treffen, da dieses Ich jederzeit zum Selbst werden kann, da jederzeit über jede gerade begangene Handlung des Ich nachgedacht werden kann. Während so das Ich als Akteur, als Fühlender, Wollender, ja selbst als Instanz, die reflektiert, schwer faßlich ist, weil sie in dem Moment, in dem man sie in Begriffe zu fassen versucht, zum Selbst wird, ist dieses Selbst als Objekt der Betrachtung trotz seiner Vielfalt leichter zu fassen. Denn alles kann zum Objekt der Reflexion werden, was vom Ich getan, gedacht, gefühlt wurde, und all das ist insoweit Selbst. Natürlich ist das Selbst nicht nur das gerade zum Objekt Genommene – das unterscheidet es vom Ich, das das gerade zum Subjekt Gewordene ist –, sondern es hat eine Kontinuität, die im Gedächtnis des Ich aufbewahrt ist. Denn gerade dazu dient die Selbstbeobachtung: einerseits der Integration der widerstreitenden Strebungen und Interessen in das Selbst im Einklang mit den gültigen sozialen Normen, andererseits der Kontinuität eines Verhaltens, das die Integration über längere Zeit bewahrt und Wandlungen allmählich sich vollziehen läßt, damit kein Bruch der Identität entsteht. Im Selbst stellt also das Ich seine Identität her.

Aber wirkt auf diese Weise das Selbst nicht auch auf das Ich zurück? Wenn bestimmte Handlungen dem Selbst geboten oder verboten sind, wird dies auch auf das jeweils handelnde Ich sich auswirken, so daß es zu einem guten Teil auch als Selbst handelt; auch die Kontrolle kann schließlich nicht nur nachträglich zur Handlung, sondern ebensowohl gleichzeitig mit der Handlung ausgeübt werden. So ist eine Verschränkung von Ich und Selbst anzunehmen, die gerade die Gewähr dafür bietet, daß das entsteht, was wir die Identität nennen; diese verhindert, daß die Persönlichkeit auseinanderfällt.

Meads Definition lautet: »Das *Ich* tritt nicht in das Rampenlicht; wir sprechen zu uns, aber wir sehen uns nicht. Das *Ich* reagiert auf die Identität, die sich durch die Übernahme der Haltungen anderer entwickelt. Indem wir diese Haltungen übernehmen, führen wir das *Selbst* ein und reagieren darauf als ein *Ich*.«[47]

Mead gibt dann das Beispiel des Ballspielers, der die sportlichen Regeln kennt, die Haltungen und Erwartungen der Mitspieler und Zuschauer; die Übernahme dieser organisierten Regeln sei in diesem Falle das *Selbst*, dies sei die Identität, deren der Spieler sich bewußt sei und auf die er als Ich reagiere. Wie diese Reaktion beschaffen sei, ob er nun den Ball gut werfe oder nicht, sei unbestimmt. Und diese Unbestimmtheit mache das handelnde Ich aus. Solche Unbestimmtheit kennzeichnet natürlich ebenfalls das reflektierende Ich, denn auch hier ist der Gang der Reflexion nicht genau vorhersehbar.

Wir übernehmen Meads Begriffe nicht in seiner Definition, denn für ihn ist das *Selbst* fast identisch mit den von anderen übernommenen Verhaltensweisen, und das *Ich* bezeichnet nur die individuellen Abweichungen, die vorkommen. Dagegen ist für uns, wie gesagt, dieses Selbst das ehemalige Ich, es enthält also auch die von den konventionellen Normen abweichenden individuellen Verhaltensweisen und die Strebungen und Interessen, die nicht zu Wort und Tat kommen konnten, gleichwohl aber da waren, auch noch da sind und wirken; und gerade diese zu integrieren, ist die dringliche Aufgabe des Ich.

Piaget sieht darin den wichtigen Anstoß zum Spiel des Kindes, das ständig gezwungen ist, sich an eine Gesellschaft anzupassen, die ihm noch fremd ist und die es noch kaum versteht, so daß es ihm nicht gelingt, die affektiven und intellektuellen Bedürfnisse seines Ich in diesen Anpassungen zu befriedigen. Zur Erhaltung seines Gleichgewichts benötigt es deshalb einen Tätigkeitsbereich, »dessen Motivation nicht die Anpassung an das Wirkliche, sondern im Gegenteil die Anpassung des Wirklichen an das Ich ist, ohne Zwang und Sanktionen«.[48] Dies bietet ihm das Spiel, in dem es die Wirklichkeit nach den Wünschen des Ich transformieren kann. Hier haben wir deutlich die Spannung zwischen dem Anspruch, den die gesellschaftliche Realität an das Ich macht, und den starken Bedürfnissen dieses Ich, die nach Befriedigung drängen. Diese Spannung muß auch von der Identität des Erwachsenen zusammengehalten werden, der, wie Piaget an dieser Stelle meint, seine Bedürfnisse »mehr oder weniger vollständig« in den Anpassungen an die Realität befriedigen kann. Mit diesem »mehr oder weniger« ist die Spannung gekennzeichnet, die in seiner Identität zu bewältigen dem Einzelnen die Gesellschaft erleichtern, aber auch erschweren kann.

Was beim Kind im Spiel seinen Ausweg sucht, findet beim Erwachsenen in den inneren Bildern der Vorstellung und in den Gedanken der inneren Sprache seine Entlastung und Bewältigung. Doch wird er im Tagtraum nicht nur Ersatzbefriedigungen suchen, sondern zugleich auch Entwürfe für eine bessere Bewältigung der Realität.

In seiner Identität versucht also das Ich sich selbst zu verwirklichen, was nur in seiner sozialen Umwelt geschehen kann, die ihm diese Selbstverwirklichung nicht nur erschweren, sondern unter Umständen auch unmöglich machen kann. Dies führt beim Einzelnen zu Neurosen oder gar Psychosen, gesellschaftlich führt es zur Unterdrückung und Deformation einer Klasse.

Die Entwicklung des Einzelnen wird zunächst von der nächsten Umgebung, also von der Familie beeinflußt, in der er heranwächst und auf die er ganz angewiesen ist. Die Familie wiederum ist ihrem sozialen Milieu verhaftet und dem soziokulturellen Zusammenhang der Gesellschaft, in der sie lebt.

VII. Das symbolische Spiel

Bevor wir diese sozialpsychologischen Überlegungen für unsere Zwecke zusammenfassen, müssen wir noch auf zwei Punkte eingehen, die wir bisher nur angedeutet haben: Das sind die Formen des kindlichen Spiels, und das ist die Eigenart der inneren Sprache.

Piaget nennt vier Hauptkategorien des Spiels: Die erste, noch auf der senso-motorischen Stufe, ist das »Übungs-Spiel«, die Wiederholung von Tätigkeiten aus Vergnügen, z. B. das Schaukeln eines Gegenstandes; die zweite ist das für uns bedeutsame »symbolische Spiel«, in dem das Kind ein System von Symbolen in Nachahmung der Wirklichkeit selbst entwickelt, sie unterliegen seinem Willen und dienen der Assimilation der Realität an das Ich.

Das Kind ahmt auf seine Weise bestimmte Handlungen, Tiere, Menschen, auch Gegenstände nach in einer auf sein Ich konzentrierten Weise. So kann es das ausdrücken, was ihm in seiner Erfahrungswelt entgegentritt und was es nicht allein mit den bereitstehenden Mitteln der Sprache formulieren und assimilieren kann. Diese auf das Ich zentrierte Symbolik drückt oft unbewußte oder halbbewußte Konflikte aus und hat Verwandtschaft mit der Bildsymbolik des Traums, auch darin, daß diese Symbolik außerhalb des begrifflichen Zeichensystems der Sprache bleibt.

Piaget sieht hier seine Feststellungen durch die Psychoanalyse bestätigt, rügt aber deren einseitige und mangelhaft kontrollierte Interpretation von Verdrängungs- und Zensurmechanismen.

»Nur hat die Psychoanalyse die Traumsymbolik (gar nicht zu sprechen von den vielleicht unvermeidlichen Übertreibungen, die eine Interpretation der Symbole enthält, wenn man über keine ausreichenden Kontrollmittel verfügt) lange als eine Art Verstellung durch Verdrängungs- und Zensurmechanismen interpretiert. Die unscharfen Grenzen zwischen dem Bewußtsein und dem Unbewußten, für die das symbolische Spiel der Kinder zeugt, lassen eher vermuten, daß die Traumsymbolik analog der Spielsymbolik ist, denn der Schlafende verliert gleichzeitig den bewußten Gebrauch der Sprache, den Sinn für die Wirklichkeit und die deduktiven oder logischen Werkzeuge seiner Intelligenz: er befindet sich also ungewollt in derselben Situation symbolischer Assimilation, die das Kind für sich selbst sucht. C. G. Jung hat richtig gesehen, daß diese Traumsymbolik eine Art ursprüngliche Sprache darstellt, was dem entspricht, was wir soeben beim symbolischen Spiel gesehen haben, und ihm kommt das große Verdienst zu, daß er die Allgemeinheit bestimmter Symbole studiert und aufgezeigt hat. Doch ohne jeden Beweis (die Unbekümmertheit um Kontrolle ist in der Jungschen Schule noch ausgeprägter als in den Freudschen Schulen) hat er von der Allgemeinheit auf Angeborenheit geschlossen und die Theorie der erblichen Archetypen aufgestellt.«[49]

Wir sehen hier wiederum, daß wir an der kindlichen Entwicklung einen Vorgang studieren können, den wir in anderer Gestalt beim Erwachsenen wieder antreffen. Was für das Kind im symbolischen Spiel ausgelebt werden kann, wird beim Erwachsenen in einem »inneren« symbolischen Spiel, also in der Vorstellung des Wachenden und des Träumenden ausgelebt. Und so wie wir in den Symbolen des kindlichen Spiels gewisse Gesetzmäßigkeiten entdecken, die in der individuellen Variation erhalten bleiben, so im Traum.

Als dritte Kategorie des Spiels führt Piaget das »Regel-Spiel« an, das an das symbolische Spiel anschließt. Hier werden die Regeln des Spiels und des Wettkampfs von Kind zu Kind weitergegeben, gelernt und deren Einhaltung kontrolliert. Die Regeln des sozialen Verhaltens werden an überschaubaren Beispielen eingeübt, die mehr der Übung der Notwendigkeit von Regeln als dem jeweiligen Inhalt der Regeln dienen. Daß man sich an Regeln halten muß, ist wichtig, zunächst noch nicht, an welche.

Als vierte Kategorie schließlich haben wir das »Konstruktionsspiel«, das sich aus dem symbolischen Spiel entwickelt. Das Konstruktionsspiel tendiert zu wirklichen Adaptionen, z. B. mechanischen Konstruktionen, also zur Lösung von wirklichen Problemen und zu intelligenten Schöpfungen. In ihm erkennen wir jede produktive und kreative menschliche Tätigkeit.

Halten wir die Bedeutung des Spiels für die Identität fest,

auf die es ankommt, so sehen wir, daß die zweite und dritte Kategorie wesentlich zu deren Bildung beitragen. Im symbolischen Spiel übernimmt das Kind nacheinander die Positionen seiner Umgebung, nicht nur der Menschen, auch der Tiere und Dinge, um sie in ein Verhältnis zu sich zu setzen. Im Regelspiel mit anderen Kindern werden Rollen festgelegt und getauscht, der Einzelne lernt auf den anderen einzugehen, sich ihm anzupassen und ihn sich anzupassen.

Wir wollen eine Situation des Spiels erwähnen, die wir nicht ausdrücklich bei Piaget finden, obwohl sie unter dessen »symbolische Spiele« einzuordnen wäre, auch nicht bei Mead, der ebenfalls nächst der Sprache in Spiel und Wettkampf (»Regel-Spiel«) die Mittel zur Ausbildung der Identität sieht. Die Situation, die wir meinen, ist die allein, auch zu zweit oder mehreren geschaffene Modellsituation mit Hilfe symbolischer Gegenstände wie Figuren aus Holz, Puppen etc. Mit diesen Symbolen wird eine komplexe, aber überschaubare Situation erzeugt, sagen wir »Kaufhaus« oder »Bauernhof« oder »Fabrik«.

Das Kind spielt auf zwei Ebenen, einmal im Spiel selbst, indem es einzelne Rollen übernimmt als Kaufmann, Bauer oder Arbeiter, zum andern über dem Spiel stehend, die gesamte Situation überblickend, regelnd, ja sogar schaffend, jeweils das Besondere in das Allgemeine einordnend. Dies ist eine wichtige Situation, denn sie übt diesen zweifachen Blick, den des Beteiligten und den dessen, der darüber hinaussieht und das Geschehen schon einordnet. Hier also haben wir wieder einen Ansatz der Selbstbeobachtung des Ich. Und wir haben den anderen, auf den das Ich sich als Partner einläßt, nicht nur als Einzelnen, sondern auch als das allgemeine Andere. Dieses allgemeine Andere ist nicht mehr eine individuelle Haltung, sondern eine gesellschaftliche Haltung, vielmehr die Gesamtheit der gesellschaftlichen Haltungen, an der wir uns orientieren. Dies nennt Mead das »verallgemeinerte Andere«: »Wir sagten, daß das innere Gespräch des Einzelnen mit sich selbst mit Hilfe von Wörtern oder signifikanten Gesten [wir denken an unsere Symbole; der Verf.] – das Gespräch, das den Prozeß oder die Tätigkeit des Denkens auslöst – vom Einzelnen vom Standpunkt des ›verallgemeinerten Anderen‹ aus abgewickelt wird. Je abstrakter dieses Gespräch ist, desto abstrakter wird auch das Denken sein, desto weiter entfernt der verallgemeinerte Andere von jeder Verbindung mit bestimmten Individuen. Besonders beim abstrakten Denken, heißt das, wird das betreffende Gespräch vom Einzelnen mit dem verallgemeinerten Anderen und nicht mit irgendeiner bestimmten Person abgehalten.«[50]

Dieses abstrakte Denken, das sich nicht an einem andern, sondern am »verallgemeinerten Anderen« orientiert, sich derart sachlich motiviert, sein Interesse auf die Lösung eines Problems richtet, das von allgemeiner Wichtigkeit ist, setzt ganz ohne Zweifel eine ausgebildete Identität voraus, die so weit in sich gefestigt ist, daß sie über sich hinausgelangt. Deshalb gehen das »symbolische Spiel« und das »Regel-Spiel« in der Entwicklung notwendig dem »Konstruktionsspiel« voraus.

VIII. Das innere und das äußere Sprechen

Mit dem Spielen verbunden ist das Sprechen, das dem Appell des anderen antwortet, schließlich der Einbeziehung des anderen in das eigene Spiel dient, schließlich der begleitenden Verbalisierung des Handelns, denn für das Kind ist das Spiel ernstes Handeln.

Gerade in der handlungsbegleitenden Verbalisierung und der beginnenden Reflexion sieht Wygotski die Funktion der »egozentrischen« Sprache, die sich nach und nach in die »innere« verwandelt. Die »innere« Sprache ist eine Sprache für den Sprechenden selbst, in der er mit sich spricht; die »äußere« Sprache ist diejenige, in der er mit den anderen spricht. Natürlich hängen beide miteinander zusammen, sie gehen beide aus dem anfänglichen Sprechen des Kindes hervor, indem sie sich nach ihrer jeweiligen Funktion gliedern und entwickeln. So wie die Interaktion mit den anderen das innere Gespräch des Individuums beeinflußt, so wirkt auch weiterhin die »äußere« Sprache auf Wortschatz und Art der »inneren«, die beide in lebhafter Wechselbeziehung stehen, da ja auch aus der »inneren« in die »äußere« übersetzt werden muß, damit die Bewußtseinsprozesse des Individuums der Kommunikation mit den anderen zugänglich werden.

Wygotski hat den sozialen Charakter der Sprache in ihrem individuellen und den individuellen in ihrem sozialen Charakter sichtbar gemacht und damit die in Piagets Begriff »egozentrisch« anklingenden Bedeutungen von »ichbezogen«, »isoliert«, ja »autistisch« als unangebracht beiseite geschoben. Nicht durch die ungenügende Sozialisierung einer ursprünglich individuellen Sprache, wie Piaget erst meinte, sondern durch die ungenügende Individualisierung einer ursprünglich sozialen Sprache entsteht das »egozentrische« Sprechen nach Wygotskis Untersuchungen.

Die soziale Sprache, also die der Sprachgemeinschaft, in die das Kind geboren wird, mit der es durch seine Erzieher konfrontiert wird, muß es sich nach und nach aneignen, zu seiner eigenen Sprache machen, damit sie seinen individuellen Bedürfnissen dienlich wird. Wenn diese Aneignung und Differenzierung für das Individuum gelungen ist, ist der Vorgang des »egozentrischen« Sprechens in den des »inneren« übergegangen. Dann ist die Individualisierung der sozialen Sprache weitgehend gelungen und das Individuum zugleich weitgehend sozialisiert, also an die soziale Sprache, die jetzt seine eigene und die der anderen ist, angeschlossen.

Wie haben wir uns diese »innere« Sprache vorzustellen? Auch dazu gibt Wygotski Anhaltspunkte, die er aufgrund seiner Beobachtungen des zurückweichenden »egozentrischen« Sprechens gewonnen hat. Die innere Sprache ist nicht einfach die lautlose äußere, sie hat eine andere Qualität, eine andere Syntax, was ihrer anderen Funktion entspricht. So glaubt man, von einer scheinbaren Zusammenhanglosigkeit, einem fragmentarischen Charakter und einer Reduktion ausgehen zu können. Die Reduktion besteht darin, daß nicht mehr volle Sätze zur Verständigung nötig sind, da das Individuum mit sich selbst spricht, also weiß, wovon die Rede ist. Das führt zu dem »prädikativen« Charakter der Sprache, die jeweilige Tätigkeit wird genannt, nicht aber wie, wann und wo sie stattfindet, weil das bekannt ist. Daraus erklärt sich z. B. die Bruchstückhaftigkeit, denn nun genügen Satzteile, einzelne Worte, um eine ganze Fülle von Assoziationen beim mit sich selbst Sprechenden zu evozieren. Auch die Verbindung dieser einzelnen Fragmente muß nicht erst verbal hergestellt werden, sie stehen scheinbar zusammenhanglos nebeneinander, haben jedoch ihre Einheit in einem Bild, einer Erinnerung, einer Assoziation des Sprechenden. Einen guten Beleg für die Art dieser Sprache hat Ruth Hirsch-Weir geliefert in den Tonbandaufnahmen ihres 2jährigen Sohnes Anthony, der sich noch im Alter des »egozentrischen« Sprechens befand.[51] Sie hielt seine abendlichen, für Kinder nicht ungewöhnlichen Sprechübungen fest, die er vor dem Einschlafen, wenn er sich allein glaubte, im Bett spielerisch absolvierte. Wir haben hier ein eindrucksvolles Beispiel für die Art der »inneren« Sprache und der »Traum-Sprache«, wie Roman Jakobson bestätigt, das nicht nur Fragmente von Sätzen und Satzteilen, sondern auch von Worten liefert, also etwa »Antho« anstatt »Anthony«, da das »Antho« schon genügt, um den Begriff »Anthony« herbeizurufen.

Jakobson schreibt: »Eine typische Eigenheit der Kinder-

Sprache ist die enge Verbindung zweier Funktionen – der metalinguistischen und der poetischen – die in der Erwachsenen-Sprache völlig getrennt sind.«[52] Und in der Tat fallen in den dokumentierten Texten diese beiden Funktionen auf – einmal die aus dem Phonetischen oder aus dem Semantischen sich ergebenden Assoziationsketten, die ähnlich klingende Wörter aneinanderreihen, dazwischen Erinnertes an Mutter, Katze, was sich in der Regel dem anderen einfügt, und zum andern das unablässige Üben der Sprach-Strukturen, also Satzbaupläne, Wortschatzübungen wie nach dem Lehrbuch, nur sehr viel lustiger. Da Jakobson selbst uns das Stichwort »poetisch« gegeben hat, können wir hier festhalten, daß in diesem frühen Stadium der poetische Gebrauch der Sprache, der nach dem Reiz des Klangs ein Spiel mit den Bedeutungen der Wörter ist, allmählich dem streng designativen Gebrauch der Sprache weicht. Aber wahrscheinlich bleibt dieser spielerische poetische Gebrauch in der inneren Sprache erhalten im Unterschied zu der Einübung der Sprachstrukturen, die beim Erwachsenen entfallen dürfte. Wenn wir »poetisch« nicht im strengen Sinne, sondern in dem von Jakobson angedeuteten entfalten, merken wir, wie wichtig es ist – dann nähert es sich nämlich der Sprache des Traums und des Tagtraums, die von den Gesetzen der Syntax und den Kontrollen des sozialen Lebens nicht frei, aber doch in gewissem Umfang entlastet ist, und die Erinnertes und Erwünschtes in verbalen und bildlichen Assoziationen bindet, wobei der Reiz des assoziierten Bildes oder Wortes in eben diesem liegt und in dem, was es hervorruft. Die Poesie versucht, etwas von dieser relativen Freiheit und Schönheit der »inneren« Sprache in die »äußere« zu übersetzen und zu retten.

Die »innere« Sprache erinnert uns zu Recht an die »inneren« Bilder, die wir erwähnt haben; diese haben sich aus den wahrgenommenen Bildern entwickelt zu einer eigenen Art mit eigener Syntax. Wir werden ähnlich dem Visuellen auch eine dem Akustischen entsprechende »Verinnerung« annehmen müssen, wohl auch, obschon in geringerem Umfang, solche der anderen Sinneswahrnehmungen. Aber diese drei – Sprache, Bild und Ton – sind die in der menschlichen Kommunikation wichtigen und deshalb auch die für die Künste konstituierenden Vorstellungs- und Mitteilungsformen; unter den dreien die wichtigste ist die Sprache.

Der komplexe Prozeß der Vorstellung in seiner Verflechtung von Wort, Bild und Ton, wobei das eine auf das andere einwirkt, dieses jenes hervorruft, getragen von dem Wunsch oder dem Gedanken des Vorstellenden, versucht der Sprechende in der »äußeren« Sprache wiederzugeben, wenn er mit einem Partner darüber kommunizieren will. Die »innere« Sprache, bei aller Unterschiedlichkeit zur »äußeren« dieser nahe verwandt, ist ihm die Hilfe dabei, liefert ihm allerdings nur die Vorlage, die es dann in die »äußere« Sprache zu übersetzen gilt, damit der »innere« Vorgang kommunizierbar wird.

In der »äußeren« Sprache unterscheidet Wygotski das mündliche Sprechen vom »schriftlichen«. Das mündliche Sprechen setzt den Partner voraus, an den man sich wendet und der einem antwortet. Zwischen den Partnern entspinnt sich der Dialog, in Rede und Gegenrede, der in der Regel von gewissen Voraussetzungen ausgeht, die nicht in Frage gestellt werden – dies ist das Einverständnis der Redner über ihre Identität, ihre Absicht, ihren Gesprächsgegenstand, Ort und Zeit ihres Gesprächs. Auch dies alles kann natürlich, wenn es fraglich ist, zum Gegenstand des Dialogs werden, dann dürfte darüber Einverständnis bestehen, damit das Gespräch in Gang gesetzt werden kann. Mimik, Gestik, Intonation der Stimme tragen dazu bei, der Rede Bedeutungen zu geben, die nicht verbal ausgedrückt zu werden brauchen.

Dies alles entfällt natürlich beim Schreiben, so daß die schriftliche Sprache die »wortreichste«, exakteste und entwikkeltste Form der Sprache (Wygotski) ist, weil sie am meisten zu leisten hat, somit aber auch den höchsten Grad an Freiheit hat, alles und jedes zum Ausdruck zu bringen. Wygotski spricht vom »monologischen« Charakter der schriftlichen Sprache[53], was wir mit großen Einschränkungen aufnehmen; gewiß dürfte diese »monologische« Form die in der Entwicklung späteste und komplizierteste Form sein, wie er sagt, aber nach unseren bisherigen Feststellungen müssen wir darauf bestehen, daß auch diese Sprachform letztlich eine dialogische ist wie jede, wenn sie sich auch nicht im mündlichen Dialog zwischen zwei Sprechern entfaltet. Das ist der Punkt, auf dem wir – gerade aufgrund der Arbeiten Meads, Piagets, Wygot-

skis u. a. – beharren wollen. Das »innere« Sprechen des Individuums entsteht aus dem Dialog des Kindes mit seinen Erzie-
hern und Spielkameraden, und es bleibt insofern Dialog, als es
den Dialog des Ich mit seinem Selbst trägt und damit den
Dialog des Ich mit seiner Umwelt befördert, der daraus
hervorgeht und darauf zurückwirkt, also den Dialog des
»mündlichen« Sprechens.

Auch das »schriftliche« Sprechen hat diesen dialogischen
Charakter, insofern jeder im schriftlichen Text das zuvor im
»inneren« Sprechen mit sich selbst Bedachte zu Papier bringt,
und zwar in der Regel nicht für sich selbst, sondern für den
anderen, sei es ein Freund oder Briefpartner, sei es eine
Gruppe von Hörern oder Lesern, sei es ein fiktiver oder
ungewisser Adressat.

IX. Die literarische Übersetzung

Wir haben nunmehr den Punkt erreicht, von dem aus wir die Funktion der Literatur erörtern können, der schöngeistigen Literatur, der hier unser Interesse gilt. Sie versucht die komplexen Vorstellungen in die innere Sprache zu fassen und aus dieser in die äußere schriftliche Sprache zu übersetzen, und zwar auf eine Weise, die es dem Leser des Textes ermöglicht, den inneren Vorgang nachzuvollziehen als einen eigenen inneren. Dies verlangt vom Autor die schwierige Arbeit, Nichtgesagtes, Nichtsagbares, nämlich Empfindungen, Vorgestelltes, Gedachtes, das in der inneren Sprache schon andeutungsweise erfaßt wird, ausführlich zu beschreiben und in der schriftlichen Sprache festzuhalten. Die schriftliche Sprache muß so komplex und differenziert sein, daß sowohl das »Übersetzte« auf dem Weg der Übersetzung erhalten bleibt als auch der Leser als der Adressat des Textes das Übersetzte versteht.

Da dieses Verstehen den gleichen, umgekehrten Prozeß beim Leser einleitet, wirkt der Autor auf den Leser, der ähnliche Arbeit an der Rückübersetzung leistet wie der Autor an der Übersetzung; der Leser wird also auch zu einer Verbalisierung eigener innerer Vorgänge angehalten.

Wir haben auf diese Weise dem herkömmlichen Modell der Kommunikation, das mit dem Sender (Autor), der Botschaft (Text) und dem Empfänger (Leser) bezeichnet wird, eine Ergänzung hinzugefügt, die dem Vorgang der inneren Kommunikation bei Autor und Leser ein Modell gibt. Es müßten also die Sender und Empfänger jeweils wiederum unterteilt werden in Ich und Selbst, die in der inneren Sprache miteinander kommunizieren. Dies ist gerade für die Literatur als besondere Form der allgemeinen Kommunikation wichtig, weil sie an dieser Grenzstelle von intersubjektiver Kommunikation und innersubjektiver Kommunikation steht. Sie unterdrückt nicht die Kommunikation, die das Individuum mit sich hat, zugunsten der äußeren, sie absorbiert sie nicht unter bereitstehende Zwecke, sondern sie läßt sie in ihrem Recht bestehen und ist ihr behilflich, den Wechselverkehr zwischen Reden und Ansprüchen der anderen und eigenem Reden und eigenen Ansprüchen zu regeln, so daß die einen nicht geleugnet, die anderen nicht unterdrückt werden. Sie dürfte sogar eher Partei für die Seite der verdeckten oder offenen subjektiven Wünsche und Gedanken nehmen, wie sie in den Vorstellungen des Individuums sich zeigen, ihnen behilflich sein, zu Worte zu kommen. Und zwar nicht dadurch, daß diese gleich auf Begriffe gebracht werden und in ein abstraktes System, das sie ordnet und damit domestiziert, sei es ein wissenschaftliches oder ideologisches, sondern indem sie diese auf angemessene Weise selbst zum Ausdruck bringt, ohne sie sogleich zu reglementieren.

Da die innere Sprache wenig logischen Zusammenhang zu haben scheint, auch Widersprüche in ihr bestehen bleiben, muß das sich auch in der äußeren Sprache der Literatur zeigen, was sie nicht immer leicht kommunizierbar macht. Sie sucht deshalb analoge sprachliche Symbole für das schwierig Auszusprechende, in der Regel solche, die bereits bekannt sind. Sie greift auf einen vorhandenen und verbreiteten Vorrat analoger Symbole (Worte, Sentenzen, Motive, Bilder, Vergleiche) zurück, der allgemein verstanden wird. Sie wird aber auch neue Symbole schaffen müssen, wo die alten nicht ausreichen für das, was ihr als neu und einmalig erscheint. So arbeitet sie an der Erhaltung und Erweiterung eines Symbolvorrats, der zur allgemeinen Verständigung bereitsteht.

Aber nicht nur aus der inneren Sprache gilt es zu übersetzen, sondern auch aus einer von außen an den Menschen herantretenden, aus der Sprache der Dinge, der Natur, der Welt. Auch diese muß verbalisiert werden, d. h. ihre Bedeutung, die sie für uns als das sie betrachtende Subjekt hat, muß in Worte gebracht werden. Walter Benjamin schreibt in seinem Aufsatz *Über Sprache überhaupt und über die Sprache des Menschen*: »Es gibt kein Geschehen oder Ding weder in der belebten noch in der unbelebten Natur, das nicht in gewisser Weise an der Sprache teilhätte, denn es ist jedem wesentlich, seinen geistigen Inhalt mitzuteilen.«[54] Dies, was es uns mitteilen will, was es uns bedeuten will, gilt es in unsere Sprache zu fassen. Richtunggebend ist also die Bedeutung der Umwelt für das Subjekt, nicht die Erfassung der Umwelt unter allgemeinen wissenschaftlichen Gesichtspunkten. Bei Karl Philipp Moritz lesen wir: »Auf die Weise wird alles, was uns umgiebt, zum

Zeichen; es wird bedeutend, es wird zur Sprache.«[55]

So begleitet also die Literatur einen doppelten Prozeß, den der Übersetzung aus der inneren Sprache in die äußere bzw. der Rückübersetzung aus der äußeren in die innere, und sie übersetzt aus der Sprache der Dinge und der Welt in die menschliche Sprache. Dabei macht sie das Individuum und die Welt der menschlichen Kommunikation zugänglich und leitet zur Deutung des Selbst und seiner Position in der Welt hin. Darin besteht ihr immenser sozialer Beitrag: daß sie außerhalb der allgemeinen Kommunikation Liegendes in diese Kommunikation einführt und daß sie in der Kommunikation unzumutbar Festgelegtes in Frage stellt und neu zu bestimmen sucht.

Dies ist zumindest ihre Intention. Literatur kann auch versuchen, sich der allgemeinen Kommunikation zu entziehen. Das dürfte die Ausnahme sein, die unter bestimmten historischen Umständen entsteht. Die Literatur spricht dann in verschlüsselten Symbolen, die nur schwer zu decodieren sind. Aber selbst dies zielt in der Regel auf die allgemeine Kommunikation hin, deren übliche Symbole entleert sind. Indem sie diese entleerten Symbole übergeht und zu neuen zu kommen sucht, die dem, was gesagt werden soll, besser entsprechen, leistet die Literatur auf diese Weise ihren Beitrag zur allgemeinen Kommunikation. Als Regel können wir annehmen, daß der Autor die innere Zwiesprache mit sich selbst in die Symbole der äußeren Sprache faßt, um sie damit anderen zugänglich zu machen. Selbst das hermetische Gedicht, wenn es in Druck gegeben wird, spricht diesen Wunsch nach Kommunikation mit anderen aus – und sei es nach Kommunikation mit wenigen anderen, den »Kennern«. Auch der Affront gegen die Leser ist noch als Akt der Kommunikation zu verstehen.

Wenn ein Autor sein Werk, nachdem er es geschrieben hat, zerstört, ist dies eine Ausnahme, die für die extreme Situation des Autors zeugt, für seinen Wunsch zu kommunizieren und zugleich nicht zu kommunizieren, woraus eine außerordentliche psychische oder soziale Belastung spricht. Wir denken an Franz Kafka, der seine unveröffentlichten Werke nach seinem Tod vernichten lassen wollte. Oder wir denken an den bedeutenden ungarischen Lyriker Vörosmarthy Mihály, der nach

der mißlungenen Revolution von 1848 nichts mehr veröffent-
lichte, aber – wie berichtet wird – jeden Abend bei der Kerze
saß und Gedichte schrieb, die er zum Schluß über der Kerze
verbrannte.[56] Auch das war ein symbolischer Akt, in dem er
die Unterdrückung seines Volkes darstellte.

X. Das Phantasieren des Autors

Unsere bisherigen Überlegungen berühren sich in zwei Punkten mit denen von Sigmund Freud in seinem Aufsatz *Der Dichter und das Phantasieren*.[57] Der erste Punkt: Auch Freud sucht die dichterische Tätigkeit dadurch zu erklären, daß er sie als eine allgemeine, jedem Menschen mögliche Tätigkeit annimmt. Was der Dichter macht, ist demnach nicht etwas, das nur er machen kann, sondern etwas, das jeder Mensch machen kann und macht, wenn dies auch der Dichter auf seine besondere Weise tut. Diese Tätigkeit nennt Freud das Phantasieren; das wäre der zweite Berührungspunkt.

Phantasieren hat Ähnlichkeit mit dem, was wir »innere Sprache« und »innere Bilder« nannten. Auch Freud betont die Nähe zum kindlichen Spiel und entwickelt das Phantasieren aus dem Spiel des Kindes. Es ist das Spiel der Erwachsenen, das nicht mehr an Gegenstände der »wirklichen Welt« angelehnt ist, sondern sich frei davon, eben in der Phantasie, entfalten kann. Freud sieht jedoch nicht, daß das Spiel nicht nur die Vorstufe zum Phantasieren, sondern auch die zum Arbeiten ist, was auf den Zusammenhang beider hinweist. Im Spiel des Kindes drückt sich vor allem der Wunsch aus, erwachsen zu werden; es ahmt die Erwachsenen nach und wird dadurch allmählich zu einem Erwachsenen. Der Erwachsene kennt vor allem zwei Wünsche, sagt Freud, die seine Phantasie antreiben: dem Wunsch nach Erhöhung der eigenen Persönlichkeit und den erotischen Wunsch. Da er sich schäme, solche Wünsche zu äußern, verberge er sein Phantasieren als »kindisch« und als »unerlaubt«. Das Phantasieren liefere ihm einen Ersatz für die mangelnde reale Befriedigung der Wünsche: »Man darf sagen, der Glückliche phantasiert nie, nur der Unbefriedigte. Unbefriedigte Wünsche sind die Triebkräfte der Phantasien, und jede einzelne Phantasie ist eine Wunscherfüllung, eine Korrektur der unbefriedigenden Wirklichkeit.«[58]

Hier sind wir anderer Ansicht als Freud. Bereits die Frage, in welchem Maß Phantasieren als »kindisch« und »unerlaubt« abgelehnt wird, dürfte nicht eindeutig zu beantworten sein.

Wir nehmen an, daß ein lebhaft phantasierender junger Mann in einer oberen sozialen Schicht eher die Chance hat als begabter Mensch eingeschätzt zu werden, den man fördert, als ein ebensolcher junger Mann es in einer unteren Schicht hat, die stärker unter dem ökonomischen Druck der Reproduktion des Lebens steht. In dieser unteren Schicht wird man ihm das Phantasieren als unnütz ausreden oder verbieten. Wir sehen also, daß hier Freud – wie auch an anderen Stellen – dazu neigt, bestimmte soziale oder historische Konstellationen, die er kennengelernt hat, als allgemein menschliche einzuschätzen. Im Grunde ist das auch mit seiner Ansicht von der »Ersatzbefriedigung« der Fall. Auch darin äußert sich die strenge Sicht eines ehrgeizigen und aufstrebenden Bürgertums, das alles, was sich nicht der Arbeit des Tages einordnet, geringschätzte oder als Luxus betrachtete, als unnötigen Luxus, den man sich mitunter auch dann leisten konnte, wenn man es schon zu etwas gebracht hatte. Hieraus entstand ja die Beurteilung von Literatur und Kunst als eines schmückenden Luxusartikels.

Auch in der Ansicht Freuds, der ein so unerschrockener Kritiker seiner Zeit war, zeigt sich diese zeitgenössische Sicht noch in seiner »Ersatzbefriedigung«. In diesem Begriff liegt eine der wissenschaftlichen Wurzeln für die heute häufige Geringschätzung der Literatur, die übrigens von Freud selbst noch hochgeachtet wurde. Die andere wissenschaftliche Wurzel dürfte in der marxistischen Theorie, über die noch zu sprechen sein wird, zu finden sein. Die dritte wissenschaftliche und im öffentlichen Bewußtsein wohl verbreitetste dürfte in der Philosophie des Positivismus und Pragmatismus zu suchen sein.[59]

In den oben zitierten Sätzen geht Freud von zwei extremen Situationen menschlichen Lebens aus und setzt sie als die üblichen, die einander ausschließen und zwischen denen es nichts anderes gibt.

Zwischen diesen beiden Extremen dürfte sich aber das alltägliche Leben abspielen. Das eine Extrem ist das Glück, das stumm macht, die vollkommene Befriedigung, die alle Wünsche stillt. Man wird zugeben, daß diese Momente des Glücks selten sind, daß es auch andere gibt, z. B. solche, die beredt machen und eine starke »innere« und »äußere« Tätigkeit in

Gang setzen. Das andere Extrem ist die Phantasie-Tätigkeit, die ausschließlich der Ersatzbefriedigung unerfüllter Wünsche gilt. Freud hat seine Einsichten an neurotischen Patienten gewonnen, bei denen dies in der Regel der Fall sein mag. Aber diesen Fall zu verallgemeinern, führt zu einer Einseitigkeit, die den »Normal«-Fall aus dem Blick verliert; wir haben dies bereits oben mit einer Bemerkung von Piaget gerügt.

Wenn das Phantasieren der Ersatzbefriedigung dienen kann, heißt das noch nicht, daß jedes Phantasieren eine Ersatzbefriedigung ist. Wenn die Arbeit zu einer Selbstverwirklichung des Arbeitenden führen kann, heißt das noch nicht, daß jede Arbeit dieser Selbstverwirklichung, also, in Freuds Formulierung, »der Erhöhung der Persönlichkeit« dient. Es gibt sehr wohl eine Arbeit, die gerade dies verhindert. Man wird sich also jeweils die Art der Arbeit ansehen und differenzieren müssen. Die mangelhafte Differenzierung führt sonst zu einer unzulässigen Aufwertung der Arbeit und zu einer unzulässigen Abwertung des Phantasierens. Wir fassen also den Begriff »Phantasieren« weiter, als Freud das getan hat, und sehen in ihm die Tätigkeit, die in den »inneren« Bildern und der »inneren« Sprache Vergangenes erinnert, Gegenwärtiges begleitet und Zukünftiges projiziert. Wieweit bei dieser Tätigkeit Wünsche, wie der Wunsch nach der Erhöhung der Persönlichkeit, wirksam werden, wird am jeweiligen Beispiel zu prüfen sein. Es ist eben darauf zu achten, ob die Realität an das Ich assimiliert oder das Ich an die Realität angepaßt wird, also welcher der beiden Faktoren in diesem dialektischen Prozeß dominiert, wenn der Prozeß nicht ausgeglichen verläuft.

So ist es bezeichnend, daß Freud in seiner Betrachtung der Literatur gerade die Autoren zunächst ausklammert, die ihren Stoff nicht »erfinden«, sondern einen vorgefundenen Stoff bearbeiten, bei denen also das Augenmerk auf diese Bearbeitung zu richten wäre, auf diese ästhetische Tätigkeit, in der das Individuum aktiv auf etwas außerhalb seiner selbst Bestehendes einwirkt, um es in seinem Sinne zu verändern. Und er klammert unter den Autoren, die ihre Stoffe »erfinden«, gerade wieder diejenigen aus, »die von der Kritik am höchsten geschätzt werden«, bei denen also die ästhetische Tätigkeit wiederum bedeutsam ist. So konzentriert er sich auf die

Literatur, die tatsächlich seiner Auffassung vom »Phantasieren« am nächsten kommt: die Unterhaltungsliteratur. Sie ist mit ihren allmächtigen und von Frauen umschwärmten Helden den Tagträumen der Ersatzbefriedigung am ähnlichsten.

So wie Freud mit seinem Begriff des »Phantasierens« eine besondere, aber nicht jede Tätigkeit des »Phantasierens« trifft, so trifft er hier – und dies ausdrücklich – eine besondere Art der Literatur und nicht jede Literatur. Es gibt durchaus literarische Werke, die Ersatzbefriedigungen den Lesern zu bieten suchen, auch solche, die auf kindliche Wünsche unverstellt eingehen wollen, ihre Leser auf einem bestimmten Status der Entwicklung fixierend. Dies wäre vor allem von Werken der Trivial- und Unterhaltungsliteratur anzunehmen.

Es gibt jedoch Werke der Literatur, und das dürften die bedeutsameren sein, die aus einer ernsthaften Auseinandersetzung des Ich mit der Realität entstanden sind, die gerade die Versagungen der Realität erkennen und verarbeiten. Das bezweifelt Freud nicht. Er spricht von den vielen »dichterischen Schöpfungen«, die »sich von dem Vorbilde des naiven Traums weit entfernt halten«, allerdings meint er, daß auch diese »durch eine lückenlose Reihe von Übergängen mit diesem Modell in Beziehung gesetzt werden könnten«.[60] An dieser Stelle ist er bereit, den engen Begriff des Phantasierens auszuweiten, so daß er einer Differenzierung Raum schafft, die sein Schüler Hanns Sachs dann geleistet hat. Freud setzt »Phantasieren« als Tätigkeit und das Wort »Phantasie« als Gegenstand dieser Tätigkeit (»die einzelnen Phantasien, Luftschlösser oder Tagträume . . .«). Wir neigen jedoch dazu, die Tätigkeit nicht durch ihren Gegenstand zu definieren, sondern ihr zuzubilligen, daß sie verschiedene Gegenstände haben kann, also narzißtische Tagträume, aber auch Entwürfe zur Realitätsbewältigung. So wird »Phantasie« hier als eine Fähigkeit menschlichen Bewußtseins bestimmt, die sozialer Kommunikation wie asozialer Abkapselung dienen kann. Auf welche Weise sie genützt wird, wird jeweils zu prüfen sein. Wir erkennen sie als eine jedem Menschen eigentümliche Fähigkeit und befreien sie von ihrem negativen Odium, das sie in der Vulgarisierung der Freudschen Theorie erhalten hat.

Dieses negative Odium lastet heute auf dem schaffenden Künstler, wenn dessen Tätigkeit als eine »Ersatzbefriedigung«

angesehen wird, die letztlich asozial sei und ihn in die Nähe des Neurotikers bringe. Das hat seinen Ursprung bei Freud, wenn es auch nicht dessen Meinung war.

Hanns Sachs hat darauf hingewiesen, daß der Dichter im Unterschied zum Tagträumer einen einschneidenden Verzicht auf sich nimmt.[61] Er nimmt sein Ich zurück, neutralisiert seine Träume und öffnet sie so der Kommunikation. Die Egozentrik des Tagtraums wird also aufgebrochen, damit der potentielle Leser als Kommunikationspartner am Werk teilnehmen kann. »Mit dieser Verwischung der eigenen Persönlichkeit, die er der Gewinnung des Interesses seiner Hörer opfern mußte, hat der Dichter auf einen erheblichen, ja vielleicht sogar auf den wichtigsten Teil der Lust verzichtet, die ihm der Tagtraum geboten hätte, nämlich auf die Lust, seine eigene Person im Spiegel des Tagtraums groß und ruhmreich, schön, mächtig und geheilt zu sehen.«[62]

Das Werk des Dichters ist also von vornherein auf Kommunikation angelegt und somit nicht mit einem egozentrischen Tagtraum zu vergleichen. Das ist für uns bedeutsam, weil es den Schaffensprozeß des Autors innerhalb eines Kommunikationsmodells kennzeichnet.

Der Verzicht des Autors legt dem Leser ebenfalls einen Verzicht nahe, und je nachdem, wie ernsthaft der Autor mit der Realität in seinem Werk sich auseinandersetzt, führt er sich und den Leser in die soziale Kommunikation ein und verhindert eben gerade die »Ersatzbefriedigung« narzißtischer Tagträume. Dies ist ein wichtiger Schritt der Objektivierung. Sachs sieht – getreu der Freudschen Lehre von der Ökonomie des Seelenlebens – die Lust am eigenen Ich sich in die Lust am Werk verwandeln: »Der Wunsch, schön und mächtig zu sein, wurde umgewandelt in den Wunsch, dem Werke Schönheit und Macht über die Gemüter der Menschen zu verleihen.«[63] Es geht aus diesem Wunsch die Arbeit des Künstlers am Werk, an dessen ästhetischer Gestalt hervor. Und die ästhetische Arbeit ist gerade eine soziale, denn sie ist darauf gerichtet, das Werk kommunikabel zu machen.

Diese von Freud angestoßenen Überlegungen sind für uns in drei Punkten wesentlich:

– Sie bestätigen uns darin, daß die Tätigkeit des Schriftstellers von jedem Menschen ausgeübt wird, wenn auch nicht auf diese besondere Weise, in der der Schriftsteller sie ausübt. Doch nur durch diese Gemeinschaft kann die Produktion des Werkes durch den Autor in einer Rezeption durch den Leser seine Entsprechung finden. Durch das Lesen wird ein normaler Bewußtseinsvorgang unterstützt, und zwar so, daß er ins Soziale geführt wird.

– Die soziale Kommunikation entsteht dadurch, daß der Autor sein Ich zurücknimmt – im Gedanken an seine Leser, denen er verständlich sein will, und in Auseinandersetzung mit der Realität, mit der auch seine Leser konfrontiert sind. Diese Auseinandersetzung in den Gedanken und Vorstellungen der Literatur ist keine Ersatzbefriedigung, sie entspricht der eines jeden, der in seinen Gedanken und Vorstellungen sich mit der Realität auseinandersetzen muß.

Zwischen den beiden seltenen Extremen, dem bewußtlosen Handeln und dem immer handlungslosen Phantasieren, spannt sich die soziale Tätigkeit des Menschen; auf diese führt die Literatur hin. Und das unterscheidet sie von den egozentrischen Ersatzbefriedigungen des Traums, der Neurose, der Perversion, die zum Asozialen tendieren.

– Das literarische Werk ist nur innerhalb eines Modells der Kommunikation zu verstehen, das sowohl die »innere« als auch die »äußere« Kommunikation in Betracht zieht. Auch in der »inneren« Kommunikation ist ein Partner anwesend. Wenn der Schriftsteller schreibt, dann gibt es sehr wohl diesen Partner, für den er schreibt. Lajos Székely hat ihn den »inspirierenden Zuhörer« genannt, der den Autor zum Schreiben bringt: »Die Gesellschaft eines inspirierenden Zuhörers hat auf das Denken eine besondere Wirkung. Ich will hier nur einen Aspekt dieser Beziehung erwähnen, nämlich die Bedeutung für den aktuellen Entstehungsprozeß des Gedankens. Die verbale Kommunikation mit einem bestimmten Zuhörer (bei Thomas Mann sind es auch die jeweiligen Empfänger seiner Briefe), d. h. die hohe libidinöse Besetzung der Objektrepräsentanz und die Aktivität des Verbalisierens in Abwesenheit des Zuhörers, an den der schaffende Künstler sich wendet, fördert die Leistung der höherorganisierten Denkstrukturen [. . .] Das geschaffene Werk ist damit ein kognitives Abenteuer, das im Zusammenhang einer Objektbeziehung mit einem bestimmten Zuhörer stattfindet. In einem Falle erlebte ein schöpferischer Wissenschaftler sogar in bewußter Imagination die Gegenwart des – in Wirklichkeit abwesenden – Zuhörers. Dies machte es ihm möglich, Sehnsucht und depressive Gefühle zu ertragen und zu überwinden. Der inspirierende Zuhörer ist in diesem Falle als wohlwollendes Introjekt introjiziert worden. Ich spreche von dieser Sicherheit gebenden, Angst mildernden, Gedankentätigkeit fördernden Funktion des inspirierenden Zuhörers als Diotima-Funktion.«[64]

So konzentriert der Autor sich in Gedanken an den »inspirierenden Zuhörer« auf die ästhetische Gestalt seines Werkes, damit die Sache, die er darstellen will, angemessen dargestellt wird und damit der Leser das versteht, was er schreibt. Es kann also das Schreiben als eine Arbeit betrachtet werden, in der es darauf ankommt, eine Objektivation seiner selbst zu erreichen und durch diese auf die Realität zurückzuwirken.

XI. Die Entwicklung der Identität

Wenn Freud in dem erwähnten Aufsatz schreibt, daß der moderne Dichter dazu neige, »sein Ich durch Selbstbeobachtung in Partial-Ichs zu zerspalten«,[65] so beschreibt er damit auf seine Art einen Vorgang, den wir am Modell von Mead erörtert haben. Was hier in der Selbstbeobachtung des Ich zum Gegenstand wird, ist das Selbst, was hier in Partial-Ichs zerspalten erscheint, sind die verschiedenen Rollen des Selbst, die vom Ich vorgeführt werden, das die andern zum Gegenstand seiner Betrachtung macht, als ob es die andern wäre und in ihrer Rolle steckte.

Bedeutsam ist Freuds Hinweis auf das Verhältnis der Phantasie zur Zeit. Das Selbst, das vom Ich beobachtet wird, ist ein kaum vergangenes, das beobachtende Ich dagegen ein gegenwärtiges. So haben wir bereits zwei Zeitebenen, die Freud allerdings in einer zusammenfaßt. Sein gegenwärtiger Eindruck wird nun durch die Erinnerung mit früheren – Freud meint kindlichen – Erlebnissen verknüpft. Das wäre die dritte Ebene in unserer Überlegung; die vierte wäre die zukünftige, in der vom Wunsch eine Situation entworfen wird, die zur Befriedigung führt und »die Spuren ihrer Herkunft vom Anlasse und von der Erinnerung an sich trägt«.[66] Dieser Entwurf eines Zukünftigen speist sich aus dem Wunsche der Kindheit, führt aber in diese nicht zurück – das wäre eine Regression –, sondern zu neuen Zielen, die über das Alte hinausweisen.

Im Unterschied zu Freud nehmen wir vier Zeitebenen an, weil wir die gegenwärtige noch einmal unterteilen in eine des kaum vergangenen Erlebens und in eine, in der dieses Erleben reflektiert wird; in dieser wiederum, in der des Ich, erinnert sich das Ich an die lange vergangene Zeit der Kindheit, und es entwirft möglicherweise eine zukünftige Zeit der Erfüllung. So bleibt das wahrnehmende, reflektierende, erinnernde, entwerfende Ich als zentrale gegenwärtige Instanz bestehen, der es gelingen muß, die Identität zwischen Gegenwärtigem, Vergangenem und Zukünftigem herzustellen.

Wir sehen, wie bedeutsam dieser Zeitbegriff, der aus der

psychologischen Theorie erwächst, für die Literatur ist. Erzählte Zeit und Erzählzeit im Roman wären mit der Zeit des beobachteten Selbst und des beobachtenden Ichs zu vergleichen, innerhalb der erzählten Zeit wären die vergangene und die zukünftige Zeit gegebenenfalls zu erkennen.[67] Wir denken z. B. an ein Werk wie Marcel Prousts *Auf der Suche nach der verlorenen Zeit*, in dem dieser Vorgang nicht mittelbar im Werk abzulesen ist, sondern unmittelbar zum Gegenstand der Darstellung gemacht wird. Und wir sehen bei Proust, daß die Anstrengungen des Autors nicht nur auf die Kindheit gerichtet sind, sondern auf alle von ihm erlebte Vergangenheit, die er im Wort festhalten will, damit sie ihm nicht entflieht. Die Wehmut der Erinnerung haftet auch an den späteren Stationen seines Lebens, nicht nur an der Kindheit, obschon an dieser besonders intensiv.

Wenn wir die Entwicklung des narzißtischen Ich der Kindheit zu dem ausgereiften Ich des Erwachsenen beachten, und das müssen wir in einem Maße, in dem Freud es nicht getan hat, werden wir auch diese Stationen berücksichtigen müssen. Dann bemerken wir, daß in der Regel das narzißtische Ich des Kindes nicht unmittelbar mit dem Ich des Erwachsenen verknüpft ist, wie der Eindruck nach Freud manchmal sein könnte, sondern daß Stationen der Entwicklung all das verändern, verschieben, abschwächen, verstärken, was in der Kindheit angelegt wurde.

Erik H. Erikson, der an Freud anknüpft, hat diese Stationen aufgeführt. Sie seien kurz in den von Erikson vorgeschlagenen oppositionellen Begriffen genannt: Urvertrauen gegen Mißtrauen (Säuglingsalter), Autonomie gegen Scham und Zweifel (Kleinkindalter), Initiative gegen Schuldgefühl (Spielalter), Werksinn gegen Minderwertigkeitsgefühl (Schulalter), Identität gegen Identitätsdiffusion (Adoleszenz), Intimität gegen Isolierung (frühes Erwachsenenalter), Generativität gegen Selbstabsorption (Erwachsenenalter), Integrität gegen Lebensekel (reifes Erwachsenenalter).[68] Erikson hat das alles in Verbindung gesehen mit dem Umkreis der Beziehungspersonen, den Elementen der Sozialordnung, den psychosozialen Modalitäten und den psychosexuellen Phasen. J. S. Kon hat die Parallelen zu den von uns bereits zitierten Entwicklungsphasen Piagets aufgezeigt; demnach entsprächen diese in etwa den von Erikson benannten ersten fünf.[69] Die Phase der formalen Operationen wäre also erst bei der Ausbildung der Identität möglich, worauf wir bereits hingewiesen haben.

Damit sind wir wieder bei dem für uns zentralen Begriff der Identität, der auch im Mittelpunkt von Eriksons Untersuchungen steht. Weil wir den möglichen sozialen Beitrag der Literatur in einer Stabilisierung dieser Identität sehen, zumindest ihr Ziel darin sehen, müssen wir kurz Eriksons Ergebnisse zusammenfassen. Wir können dies in zwei Sätzen tun:

1. Die in Es, Ich und Über-Ich aufgeteilten Prozesse müssen als wechselseitige, abhängige gedacht werden und in einem Begriff, dem der Identität zusammengebracht werden, der Identität, die eben Integration und Kontinuität herzustellen versucht.

2. Die Vernachlässigung der sozialen Aspekte der individuellen Entwicklung durch die Psychoanalyse muß durch eine neue Sicht abgelöst werden, in der nicht mehr nur die individuellen und regressiven, sondern auch die kollektiven und die progressiven Aspekte Berücksichtigung finden.

Erikson fragt nach dem »Zustand relativen Gleichgewichts« zwischen den besser bekannten Extremen, dem Mittelzustand eines ausgeglichenen psychischen und sozialen Lebens des Einzelnen. Dieser erstrebenswerte Zustand ist das Ziel der Identität: »Darüber hinaus ist sich der (psychoanalytische) Beobachter jedoch auch der Tatsache bewußt, daß das, was er als Es, Ich und Über-Ich bezeichnet, nicht streng abgeteilte Kammern innerhalb der Kapsel einer Lebensgeschichte sind. Sie spiegeln vielmehr drei wesentliche Prozesse wider, deren gegenseitige Abhängigkeit die Form des menschlichen Verhaltens bestimmt. Diese sind

1. der Prozeß der Organisation des menschlichen Körpers innerhalb des Zeit-Raums eines Lebenszyklus (Evolution, Epigenese, Libidoentwicklung usw.);

2. der Prozeß der Organisierung der Erfahrung durch die Ich-Synthese (Ich-Raum-Zeit; Ich-Abwehrmechanismen; Ich-Identität usw.)

3. der Prozeß der sozialen Organisation der Ich-Organismen in geographisch-historischen Einheiten (kollektive Raum-Zeit, kollektiver Lebensplan, Produktionsethos usw.).«[70]

So gelingt es Erikson, die Abhängigkeit des Individuums

von den sozialen Institutionen, die er erforscht hat, auf den Begriff zu bringen, also Ich-Identität und Gruppen-Identität zu erfassen, eine gegenseitige Abhängigkeit von Individuum und Gesellschaft, die nicht zugunsten des Individuums, nicht zugunsten der Gesellschaft einseitig aufzulösen ist. In dieser wechselseitigen Abhängigkeit kann der Einzelne in der Regel sich von den asozialen Wunschträumen seines narzißtischen Ich entfernen und sich zu einem starken Ich entwickeln. Dieses starke Ich ist die Voraussetzung (nicht das Hindernis) des sozialen Engagements, der sozialen Integration des Individuums.

Eine Leugnung der Ich-Identität läuft auf die Unterdrükkung des Einzelnen hinaus, die ihm starke Versagungen auferlegt, was zu Ich-Schwäche und Regression führen kann, also eben gerade zu dem Wunsch nach einer Rückkehr in die kindliche Phase des Narzißmus und zu asozialem Verhalten.

Der Prozeß der Selbstfindung ist schwierig. Durch Identifikation mit Mutter und Vater, durch Identifikationen mit sozialen Leitbildern wird er gefördert. Solche Identifikationen müssen im Laufe der Pubertät von der Identität abgelöst werden. Wir haben den Eindruck, daß auch die von Freud herausgegriffene Literatur, also die Unterhaltungsliteratur, nicht so unmittelbar in die Kindheit zurückführt, wie er meint. Sie bringt in ihrem übermächtigen vielgeliebten Helden zwar einen Abglanz des narzißtischen Ich, verfolgt aber zugleich auch in der starken moralischen Wertung von Gut und Böse, in den tapferen Taten des gerecht Handelnden die Einübung in soziales Handeln mit Hilfe von einfachen, starken Leitbildern. Das ist für die Zeit der Pubertät von Bedeutung. Auf die wichtige Funktion der Leitbilder, literarischer oder historischer, in diesem Alter hat Kon aufmerksam gemacht.[71] Die Literatur bietet hier ein vorzügliches Feld zur Übung sozialen Handelns in der Phantasie, die Übernahme von Rollen, deren Definition, das Spiel mit verschiedenen Definitionen wird hier leicht gemacht, so daß der Leser für ernste Fälle gewappnet wird, wenn er eine Rolle tatsächlich übernehmen, wenn er einem Partner tatsächlich gegenübertreten muß. Die Literatur schafft also die Möglichkeit zu einem »Probehandeln«. Die Zeit des »Rollenmoratoriums« (Erikson) ist nicht umsonst als die Zeit der »Lesewut« der Jugendli-

chen bekannt, wobei – nach den traditionellen Geschlechter-
rollen – die Jungen eher nach Abenteuerromanen, die Mädchen eher nach Liebesromanen greifen.

Dies dürfte wohl auch die Zeit sein, in der das Leseverhalten
geprägt wird. Wer hier zur Lektüre kommt und in der Lektüre
etwas Wichtiges findet, wird wohl auch späterhin lesen – dann
allerdings Literatur, die die soziale Realität differenzierter
darstellt als in der Konfrontation von Gut und Böse, und
mehr fordert von Gedanke und Vorstellung. Wer allerdings
bei der Unterhaltungsliteratur bleibt, auch in späteren Jahren,
dürfte in seiner Entwicklung über die pubertäre Station nicht
ganz hinweggekommen sein. Oder er wird aus den Versagungen der Realität, die ihm eine Selbstverwirklichung verwehrt,
in die literarischen Träume der Jugend zurückkehren.

Natürlich werden diese Träume vom frühen kindlichen Ich
gespeist. Es legt auch das Fundament für das entwickelte Ich
des Erwachsenen, ist jedoch mit diesem nicht gleichzusetzen,
weil ein weiter Weg der Entwicklung zwischen beiden liegt.
Als kindliche Literatur, als Literatur des frühen Stadiums der
Entwicklung, können wir die Märchen bezeichnen, die als
Symbole früher, tiefer psychischer und sozialer Erfahrungen
zu verstehen wären – und jene Kinder-Sprüchlein und -Verse,
die mit der Sprache noch übend spielen, also diesem frühen
poetischen Sprechen des Kindes, wie es Ruth Hirsch-Weir
untersucht hat, nahe sind. Sicher ist es kein Zufall, wenn die
Laut-Poesie eines Ernst Jandl gerade von Kindern so geliebt
wird.[72] In ihrer phonetischen und semantischen Spielerei, sehr
ernster Spielerei, ist sie dem kindlichen Sprechen nahe und
eröffnet damit auch dem Erwachsenen wieder Einblick in den
elementaren Vorgang des Sprechens, der ihm selbstverständlich geworden ist, indem sie ihn wieder als außergewöhnlich
zeigt. In diesem Rückbezug auf die Kindheit als das Alter, in
dem alles neu war und neu erschien, liegt ein Anstoß zur
schöpferischen Arbeit, die etwas neu sehen oder neu schaffen
will. Und in diesem Punkt unterhält der kreative Erwachsene
eine Beziehung zum Kindlichen, aber nur in diesem Punkt,
wie neuere Kreativitätsforschung zeigt:

»So überdauerte das Bild des Dichters als Autor mit hohem
Engagement für seine Tagträume, persönlichen Phantasien
und Fiktionen, wie ihn Freud zeichnete, also des Autors, für

den Schreiben Selbsttherapie oder eine sozial akzeptable Form von Phantasieren ist, zu Unrecht; es trifft höchstens und allein auf unfertige bzw. in Entwicklung oder Ausbildung befindliche Schriftsteller. Für den ausgereiften, kreativen Schriftsteller aber gilt, daß er zugleich gesünder und kränker ist als der Normalmensch; theoretisch ausgedrückt: Er hat mehr Energie und Reserven, um psychische Störungen aufzufangen. So muß der Kreative in bezug auf seine emotionale Struktur insgesamt durch optimistische Lebensplanung, kreative Unabhängigkeit und selbstdisziplinierte Kontrolle der emotionalen Entwicklung charakterisiert werden. Damit ist natürlich nicht geleugnet, daß es de facto neurotische Künstler geben mag; allerdings kann man sich fragen, ob solcher Neurotizismus nicht erst von der Gesellschaft induziert wird, einmal durch deren Erwartungshaltung, zum anderen durch die Ablehnung und negative Sanktionierung von Originalität, mangelnder Konformität etc.«[73]

Die Kreativitätsforschung erbringt den empirischen Beweis für unsere Überlegungen und führt uns von Freuds Theorie der Ersatzbefriedigung fort, die in ihren verschiedenen Formulierungen nicht nur in der Psychologie, sondern auch in der Soziologie Einfluß hat. Literatursoziologen gehen oft davon aus, daß die eigentliche Tätigkeit des Menschen das soziale Handeln sei – zu dem das Schreiben, Lesen, Denken, Vorstellen dann nicht gehört –, oder daß sie gar die politische Aktivität sei. Dann wird in ihrer Sicht die Literatur nur ein Ersatz für die, die nicht Politiker oder Kaufmann werden können. Es operieren diese Soziologen mit der nämlichen Theorie einer »Ersatzbefriedigung«, nur daß bei Freud die grundlegende Tätigkeit des Menschen die sexuelle, bei ihnen die wirtschaftliche oder die politische ist. Die Abspaltung einer menschlichen Tätigkeit von den anderen, ihre Hervorhebung als primäre, von denen die anderen abzuleiten seien, erleichtert zwar Theorienbildung, dem Ensemble der menschlichen Tätigkeiten aber wird sie nicht gerecht. Den Zusammenhang der Tätigkeiten sieht sie nicht, denn diesen Zusammenhang haben wir in dem, der tätig ist, also in der Identität des Einzelnen und in der Identität der Gruppe, in der er lebt.

XII. Instrumentales und kommunikatives Handeln

Das Ensemble der menschlichen Tätigkeiten versucht Karl Marx im Begriff der Arbeit zu fassen. Die Arbeit ist für ihn das, was den Menschen vom Tier unterscheidet. In der Arbeit erzeugt sich die menschliche Gattung selbst. Arbeit ist für ihn die Synthesis der materialistischen Philosophie, die er der Synthesis der idealistischen Philosophie von Kant, Fichte und Hegel entgegensetzt. Diese Synthesis ist nicht die Leistung eines transzendentalen Bewußtseins wie bei Kant, nicht das Setzen eines absoluten Ich wie bei Fichte, nicht die Bewegung des absoluten Geistes wie bei Hegel, sondern – wie Jürgen Habermas schreibt – »die *gleichermaßen* empirische wie transzendentale Leistung eines sich historisch erzeugenden Gattungssubjekts«.[74]

Für Marx ist die Arbeit eine grundlegende »von allen Gesellschaftsformen unabhängige Existenzbedingung des Menschen, ewige Naturnotwendigkeit, um den Stoffwechsel zwischen Mensch und Natur, also das menschliche Leben zu vermitteln.«[75] Somit ist die Arbeit die anthropologische Grundbedingung: »Die Arbeit ist zunächst ein Prozeß zwischen Mensch und Natur, ein Prozeß, worin der Mensch seinen Stoffwechsel mit der Natur durch seine eigene Tat vermittelt, regelt und kontrolliert. Er tritt dem Naturstoff selbst als eine Naturmacht gegenüber. Die seiner Leiblichkeit angehörigen Naturkräfte, Arme und Beine, Kopf und Hand, setzt er in Bewegung, um sich den Naturstoff in einer für sein eigenes Leben brauchbaren Form anzueignen.«[76]

Kopf *und* Hand, sagt Marx. Habermas sieht in dem Marxschen Arbeitsbegriff nicht nur eine grundlegende anthropologische, sondern auch eine erkenntnistheoretische Kategorie, also eine Kategorie des Handelns und der Weltauffassung zugleich. Der Prozeß, in dem die subjektive Natur des Menschen sich mit der objektiven Natur seiner Umgebung auseinandersetzt, ist nicht losgelöst von der Geschichte zu denken, er vollzieht sich innerhalb der Geschichte, er ist die Geschichte des Menschen: »Wie alles Natürliche entstehen muß, so hat auch der Mensch seinen Entstehungsakt, die Geschichte, die aber für ihn eine gewußte und darum als Entstehungsakt mit Bewußtsein sich aufhebender Entstehungsakt ist. Die Geschichte ist die wahre Naturgeschichte des Menschen.«[77]

Hierin besteht der wichtigste Schritt, den Marx über die idealistische Philosophie hinaus getan hat: Die Synthesis ist nicht mehr eine Tätigkeit allein des Gedankens, sie umfaßt den gesamten Komplex menschlicher Tätigkeiten, den Prozeß der Selbsterzeugung der Gattung in der Arbeit. Und dieser Prozeß wiederum ist nur als ein geschichtlicher zu verstehen.

Arbeit meint also nicht nur materielle Produktion, obschon Marx auf diese das Gewicht legt, nicht zuletzt um dadurch das Neue seiner Theorie gegenüber der des Idealismus hervorzuheben. Arbeit meint auch die Organisation dieser Produktion, des Verkehrs unter den Menschen, die Auseinandersetzung unter den Menschen. »Arbeit ist als Naturprozeß mehr als ein bloßer Naturprozeß, sie reguliert den Stoffwechsel *und* konstituiert eine Welt.«[78]

Habermas unterscheidet zwischen dem *instrumentalen* Handeln, das dem Zwang der äußeren Natur antwortet und den Stand der Produktivkräfte und das Maß technischer Verfügung über die Natur bestimmt, und dem *kommunikativen* Handeln, also der Organisation des Verkehrs, der sozialen Institutionen, der symbolisch vermittelten Interaktion, der kulturellen Überlieferung. Beide, instrumentales und kommunikatives Handeln, sind Momente gesellschaftlicher Praxis. Und Marx hat in seinen kritischen Untersuchungen sehr wohl beide bedacht: das kommunikative Handeln gerade da, wo er Wissenschaft als Ideologie deutet. In dem Selbstverständnis seiner eigenen theoretischen Tätigkeit, die ja eine des kommunikativen Handelns war, hat er dieses kommunikative Handeln weitgehend unterschlagen, so daß ein Mißverhältnis entsteht zwischen der Praxis des Forschers und der Theorie des Forschers. Habermas rügt an Marx, daß er zwar in seinen Untersuchungen, also auf der *materialen* Ebene, gesellschaftliche Praxis als Produktion und Interaktion aufgefaßt habe, in seiner Konzeption jedoch, also auf der *kategorialen* Ebene, gesellschaftliche Praxis auf eines ihrer beiden Momente, nämlich auf die Produktion, reduziert habe. Dies sei seit der *Einleitung* zur *Kritik der politischen Ökonomie* geschehen, also seit 1857.[79]

Das Mißverhältnis mußte in der Folgezeit Wirkungen haben, die sich allenthalben in der marxistischen Philosophie zeigen und nicht nur in ihren popularisierten Fassungen. Es zeigt sich nicht zuletzt in ihrer Beurteilung der Literatur, die zum Bereich des kommunikativen Handelns gehört.

Marx hat den Hegelschen Begriff der Reflexion als Verschleierung aufgedeckt, da der Fortschritt sich nicht losgelöst in dieser Reflexion vollziehe, sondern in der Entfaltung der Produktivkräfte. Er hat aber dann die Abwertung der Reflexion so weit geführt, daß er den Begriff ganz auf die Ebene des instrumentalen Handelns gebracht hat, so daß ihm Reflexion »überhaupt als eine Bewegungsform der Geschichte« (Habermas) entschwindet.

Habermas dagegen ordnet dem instrumentalen Handeln das ihm entsprechende Produktionswissen zu und dem kommunikativen Handeln das ihm entsprechende Reflexionswissen.

Da Marx sich ganz auf das Produktionswissen konzentriert, also auf die Wissenschaft von der Natur und ihrer technischen Bewältigung, neigt er dazu, jede Wissenschaft nur noch als Naturwissenschaft gelten zu lassen. Die kritiklose Hinnahme jeder naturwissenschaftlichen Entwicklung durch den Marxismus (von wenigen kritischen Köpfen wie A. Sohn-Rethel abgesehen) und sein Mißtrauen gegenüber den Wissenschaften vom Menschen, besonders den traditionellen Geisteswissenschaften, hat hier ihren Anfang.

Die Naturwissenschaft vom Menschen ist bei Marx die Ökonomie, die aus dem auf das instrumentale Handeln eingeschränkten Bezugssystem erklärt wird. Es wird vor allem diese eine Seite menschlicher Tätigkeit gesehen, das instrumentale Handeln, das dem Zwang der äußeren Natur sich entgegenstellt. Nicht hinlänglich berücksichtigt wird das kommunikative Handeln, das die Unterdrückung der eigenen Natur des Subjekts betrifft. Die Repression der eigenen Natur durch soziale Institutionen, die Befreiung der eigenen Natur in einer freien Kommunikation wird nicht erkannt.

Diese Befreiung vom Zwang der internen Natur, wie Habermas es nennt, »geschieht nicht unmittelbar durch produktive Tätigkeit, sondern durch die revolutionäre Tätigkeit kämpfender Klassen (einschließlich der kritischen Tätigkeit

reflektierender Wissenschaft). Beide Kategorien von gesell-
schaftlicher Praxis zusammengenommen ermöglichen, was
Marx, Hegel interpretierend, den Selbsterzeugungsakt der
Gattung nennt.«[80]

Da Marx nicht instrumentales und kommunikatives Handeln als Teile des Begriffs der Synthesis sah, da er nicht
genügend zwischen Erfahrungswissenschaft und Kritik diffe-
renzierte, konnte er die Wissenschaft vom Menschen nicht als
eine eigene neben der Naturwissenschaft bestehende einordnen. Unter diesem Mangel leidet der Marxismus bis heute. Die
heute aktuelle Abwertung der Literatur hat hier ihre andere
wissenschaftliche Wurzel. Wo die Tätigkeit des Menschen nur
als instrumentales Handeln begriffen wird, kann das kommunikative Handeln nicht zureichend erkannt werden. Da es
nicht völlig geleugnet werden kann, wird es als ein sekundäres
vom instrumentalen Handeln abgeleitet. Literatur als wichtiges Mittel kommunikativen Handelns wird unwichtig, weil
kommunikatives Handeln unwichtig ist.

In der Tradition des Marxismus ist noch am ehesten eine
Ideologiekritik der Literatur möglich. Das ist die Tätigkeit,
die Marx auf der materialen Ebene auch ausführte. Die Ideologiekritik neigt zwar dazu, einzelne Werke unter bekannte
Begriffe zu bringen, hat aber damit nicht von vornherein
Unrecht. Sie erkennt jedoch das, was das jeweils Besondere
des Werkes ausmacht, nur schwer.

Vor einem schwierigen Problem steht der marxistische Literaturkritiker, wenn er die Produktion eines Textes und dessen
ästhetische Gestalt innerhalb seines Bezugssystems erklären
soll. Hier haben einige marxistische Kritiker bereits Hervorra-
gendes geleistet. Doch ihre Arbeiten leiden alle an dem Mangel, daß in ihrem ursprünglich marxistischen Bezugssystem
diese Tätigkeit nicht vorkommt oder doch nicht als eine
genuin menschliche Tätigkeit, die neben anderen als Selbsterzeugung eingeschätzt wird. Die Produktion des literarischen
Werks ist nur mittelbar mit dem instrumentalen Handeln,
dafür aber unmittelbar mit dem kommunikativen Handeln
verbunden. Im Zwang und in der Befreiung von der »internen« Natur äußert sie sich, in der Reflexion der Bewältigung
der äußeren Natur, in der Intersubjektivität der Kommunikation. Und die ästhetische Gestalt, auf die der Autor achtet, ist

gerade das, was sein Werk den anderen Subjekten kommunizierbar macht, es also ins kommunikative Handeln einführt.
Habermas schreibt: »Wenn Marx auf die methodologischen
Voraussetzungen der Gesellschaftstheorie, wie er sie entworfen hat, reflektiert und ihr nicht ein auf den kategorialen
Rahmen der Produktion eingeschränktes philosophisches
Selbstverständnis übergestülpt hätte, wäre die Differenz zwischen strikter Erfahrungswissenschaft und Kritik nicht ver-
schleiert worden. Hätte Marx Interaktion mit Arbeit nicht
unter dem Titel der gesellschaftlichen Praxis zusammenge-
worfen, hätte er stattdessen den materialistischen Begriff der
Synthesis auf die Leistungen instrumentalen und die Verknüp-
fungen kommunikativen Handelns gleichermaßen bezogen,
dann wäre die Idee einer Wissenschaft vom Menschen nicht
durch die Identifikation mit Naturwissenschaft verdunkelt
worden. Diese Idee hätte vielmehr Hegels Kritik am Subjekti-
vismus der Kantischen Erkenntnistheorie aufgenommen und
materialistisch eingeholt. Mit dieser Idee wäre ausgesprochen
worden, daß eine radikalisierte Erkenntniskritik am Ende nur
in Form einer Rekonstruktion der Gattungsgeschichte durchgeführt werden kann; und daß umgekehrt die Theorie der
Gesellschaft, unter dem Gesichtspunkt einer Selbstkonstitu-
ierung der Gattung im Medium der gesellschaftlichen Arbeit
und des Klassenkampfes, nur als Selbstreflexion des erkennenden Bewußtseins möglich ist.«[81]

Zu dieser Selbstreflexion des erkennenden Bewußtseins hätten auch die Literatur und die Literaturkritik ihren Beitrag zu
leisten.

XIII. Die Biographie des Autors

Jean-Paul Sartre hat in *Marxismus und Existentialismus* die Schwierigkeiten der marxistischen Literaturkritik beschrieben.[82] In diesen methodologischen Überlegungen sucht er – ebenso wie Habermas – den Mangel der marxistischen Philosophie, der sich u. a. in ihrem Umgang mit der Literatur äußert, aufzuzeigen und womöglich zu beheben. Denn auch ihm geht es ähnlich wie Habermas darum, nicht hinter den Marxismus zurückzufallen, sondern die Theorie des Marxismus aufzugreifen und weiterzuentwickeln, weil sie die Möglichkeit zu einem umfassenden Verständnis der Geschichte der menschlichen Gattung bietet.

Sartres Kritik berührt sich mit der von Habermas, obwohl er von einem anderen Ansatz ausgeht. Wenn er nach den menschlichen Beziehungen fragt, danach, was sie seien, unabhängig von ihrer historischen Versachlichung, die es doch laut Marx aufzuheben gilt, so fragt er nach dem kommunikativen Handeln.[83]

Auch Sartre sieht diesen inhumanen Zug, den Habermas als »Verdunkelung« der Wissenschaft vom Menschen konstatiert: »Die Wissenschaft vom Menschen erstarrt in der Unmenschlichkeit, und die menschliche Realität sucht sich außerhalb der Wissenschaft zu verstehen. Diesmal handelt es sich jedoch dabei um einen Gegensatz, der seine direkte synthetische Aufhebung fordert. Der Marxismus degeneriert zwangsläufig zu einer unmenschlichen Anthropologie, wenn er den Menschen nicht wieder einbezieht, ihn nicht zur Grundlage seiner Theorie macht. Dieses Verstehen aber, das nichts anderes als die Existenz selbst ist, enthüllt sich in der geschichtlichen Entwicklung des Marxismus, in den Begriffen, die ihn indirekt erhellen (Entfremdung usw.) und zugleich in den neuen Entfremdungsverhältnissen, die aus den Widersprüchen der sozialistischen Gesellschaft hervorgehen und ihr ihre Hilflosigkeit, d. h. die Inkommensurabilität, die zwischen Existenz und praktischem Wissen besteht, vor Augen führen. Es kann sich nur an Hand marxistischer Begriffe denken und sich nur als entfremdete Existenz, als versachlichte menschliche Realität verstehen.«[84]

Also auch hier wird der Gegensatz von marxistischer Konzeption, in der gedacht wird, und Realität, die in ihrer Fülle erlebt, aber nicht verstanden werden kann, festgestellt.

Hier findet nach Sartre der Existentialismus seine Aufgabe, die Einseitigkeit der Konzeption aufzuheben. Und er mag so weit Recht haben mit dieser Ansicht, als dieser Existentialismus, wie er ihn vorschlägt, aus der unmittelbaren menschlichen Erfahrung hervorgegangen ist, aus einer Erfahrung, die sich gegen die Einseitigkeit der vorhandenen Begriffe wehrt. Das wird gerade an den existentialistischen Begriffen deutlich, die Sartre den vorhandenen unzulänglichen entgegenstellt, etwa »Situationsbewußtsein« oder »Entwurfsbewußtsein«. Man merkt ihnen ihre Herkunft aus der erlebten Erfahrung an, das gibt ihnen ihre Bedeutung, die den Mangel der vorgefundenen Theorie bezeichnet.

Doch zugleich bemerkt man auch ihre wissenschaftliche Unzulänglichkeit; gerade wegen ihrer Herkunft sperren sie sich gegen die Systematisierung, was Sartre zugibt: »Der Existentialismus erscheint demnach als ein außerhalb des Wissens geratenes Systemfragment.«[85] Der Sartresche Existentialismus macht, soweit das hier ersichtlich wird, auf den Mangel der marxistischen Theorie aufmerksam, das ist sein Verdienst, aber er ist noch nicht die Behebung dieses Mangels. Deshalb greift Sartre folgerichtig nach einer Wissenschaft, die ihm als Hilfe dienen kann. Es ist die gleiche, die auch Habermas zum entscheidenden Schritt verhilft: die Psychoanalyse. Und Sartre nimmt zudem die hilfreichen methodischen Anregungen eines Marxisten, nämlich Henri Lefebvres, hinzu. Mit den Anregungen Lefebvres und mit der Wissenschaft Freuds sucht er den Mangel zu beheben, der sich im Umgang der Marxisten mit der Literatur zeigt.

Sartre nennt die Ideologiekritik des Marxismus einen »Formalismus«, der alles möglichst rasch unter seine vorgegebenen Begriffe bringen will, der sich weigert zu differenzieren, der das jeweils Besondere zugunsten eines schon bekannten Allgemeinen ausscheidet, ein »Eliminationsgeschäft«, wie er sagt. Nehmen wir die literarischen Beispiele. Georg Lukács liefert sie zur Genüge. Lukács spricht z. B. vom »permanenten Karneval der fetischisierten Innerlichkeit« und meint damit das

Werk einer Reihe von neueren Schriftstellern wie Wilde, Proust, Bergson, Gide, Joyce, also sehr unterschiedliche, sehr ausgeprägte Individualitäten, deren Individualität er nicht beachtet; auch ist zu fragen, inwieweit der Begriff »fetischisierte Innerlichkeit« sie überhaupt erfassen kann. Sartre sagt dazu: »Es besteht kein Zweifel darüber, daß Valéry ein kleinbürgerlicher Intellektueller ist. Aber nicht jeder kleinbürgerliche Intellektuelle ist Valéry. Die heuristische Unzulänglichkeit des heutigen Marxismus ist in diesen beiden Sätzen enthalten. Dem Marxismus fehlt eine Gliederungssystematik der Vermittlungen, um den Prozeß zu erfassen, der die Person und ihr Produkt innerhalb einer Klasse und einer gegebenen Gesellschaft in einem gegebenen historischen Zeitpunkt hervorbringt.«[86]

Wie kann dieser besondere Mann mit diesem besonderen Produkt, seinen Texten, erklärt werden? Wie der Punkt, den er innerhalb eines weiten Kreises einnimmt, den der Marxismus mit seinen formalisierenden Begriffen recht gut umreißen kann? Muß man den Zufall als Erklärung zu Hilfe nehmen?

Oder wie ist es mit Flaubert, einem anderen Autor, der hier für viele steht? Der Realismus Flauberts steht sicherlich in Zusammenhang mit der sozialen und politischen Entwicklung des französischen Kleinbürgertums im »Second Empire«, wie uns der Marxismus sagt. Aber was hat diesen Mann dazu gebracht, ausgerechnet Schriftsteller zu werden und nicht etwas anderes, und was hat ihn dazu gebracht, gerade diese Bücher zu schreiben und nicht die – sagen wir – der Brüder Goncourt? Wir haben hier die beiden wichtigen Fragen, die über die Ideologiekritik des Werks hinausgehen: die Frage nach der Produktion des Werks – wie ist es entstanden? – und die Frage nach der Gestalt des Werks – wie ist es beschaffen? Die zweite Frage gilt nicht nur dem Inhalt, sondern dem gesamten ästhetischen Komplex des Werks.

Um diese beiden Fragen zu beantworten, benutzt Sartre die drei methodischen Schritte Lefebvres, die er für seine Zwecke abwandelt: das *deskriptive Moment*, die Beobachtung in einer durch die Erfahrung und eine allgemeine Theorie geleiteten Einstellung, das *analytisch-regressive Moment*, die Zergliederung der Realität, das *historisch-genetische Moment*, die Rückkehr zum nunmehr erklärten Gegenstand, der aus seinem

Entstehen verstanden wird.

Dies wird bei Sartre zur »regressiven Methode« als dem ersten Schritt. Hier muß vom Werk des Autors auf den Autor zurückgegangen werden, auf dessen Biographie: Flaubert war ein Kleinbürger, warum wurde dieser Kleinbürger ein Flaubert? In Flauberts Kindheit sucht Sartre, darin Freud folgend, die Ursachen für die Entwicklung des Autors. In der Kindheit wirkten alle Bedingungen auf ihn ein, er war ihnen hilflos ausgeliefert, es bildete sich bei ihm heraus, was man den Charakter nennt. In der Einzigartigkeit der Familie sucht Sartre die Einzigartigkeit des Autors. Die Familie ist ihm – darin nähert er sich Erikson – die wichtige Instanz der Vermittlung zwischen der Klasse und dem Individuum.

Den zweiten Schritt nennt Sartre »das Hin-und-Her«, er meint das Aufzeigen von Wechselbeziehungen zwischen Werk und Biographie des Autors. Dieser Schritt ist besonders bedeutsam, weil hier beide – Biographie und Werk – zu ihrem Recht kommen, ohne daß das eine im andern aufgeht. Einerseits ist das Werk nicht lediglich Indizienlieferant für die Biographie, es enthüllt nicht deren Geheimnisse, es kann allerdings wichtige Hinweise geben. Andererseits ist das Werk mehr als die Biographie des Autors und anderes. »[. . .] das Werk ist als Objektivation der Person tatsächlich vollständiger und umfassender als das Leben. Sicher wurzelt das Werk darin und erhellt es; seine vollkommene Erklärung findet es nur in sich selber.«[87] Das wendet sich gegen die Psychologen und Soziologen, die im Werk eines Autors nichts anderes als dessen Biographie suchen. Und es wendet sich gegen die Literaturkritiker, die ein Werk allein aus sich selbst zu interpretieren suchen.

Innerhalb des biographischen Bereichs unterscheidet Sartre zwischen den subjektiven Äußerungen des Autors, in denen er seine dunkel erlebte Kindheit und die Schwierigkeiten seiner Jugend berichtet, und den objektiven Zeugnissen, die uns Auskunft geben über Familie, Klasse, historische Situation. So gelingt es ihm, das Individuelle mit dem Allgemeinen zu verbinden. Die Psychoanalyse hilft ihm, die Individualgeschichte des Autors zu erhellen, der Marxismus erläutert ihm die objektive Situation der Zeit; die Familie ist die zwischen beiden vermittelnde Instanz. »Die Gruppe verleiht den Individuen, die sie gebildet hat, die sie ihrerseits gebildet haben und deren unzurückführbare Besonderheit eine Erlebnisweise der Allgemeinheit darstellt, ihre Fähigkeiten und ihre Wirksamkeit.«[88] So haben wir jetzt eine Kette von Abhängigkeiten, die uns zur Erklärung dienen: Charakter, Erziehung, Familie, Klasse, historischer Augenblick. Das eine hängt vom andern ab, ist aber nicht auf dieses zurückzuführen, zu reduzieren, sonst verschwände in diesem »Reduktionismus« wieder die individuelle Besonderheit, die wir eben in den Blick genommen haben.

Den dritten Schritt seiner Betrachtung eines literarischen Werkes nennt Sartre »die progressive Methode«. Wenn das literarische Werk aus den Formalisierungen, die es lediglich als ideologisches Erzeugnis einer Klasse gelten lassen wollen, zu seiner Einzigartigkeit zurückgefunden hat, die wir in der Einzigartigkeit des Autors und dessen Entwicklung erkennen, dann erst ist es möglich, die Spannung zu sehen, die gerade zwischen diesem einzelnen Objekt, dem Werk, und der totalen Objektivität der Zeit besteht. Denn in dieser Spannung ist es entstanden, als die Antwort – als der »Entwurf«, wie Sartre sagt – des Autors auf die Bedingungen seiner Familie und seiner Klasse, denn es ist eine Objektivierung, die er sich, dem Subjekt, abgerungen hat, und die dadurch zu einem Objekt wird, das Licht auf die Zeit seiner Entstehung wirft und auf den, der es schuf. Sartre spricht von »Negativität«, der Autor stellt sich dem Vorgefundenen entgegen, Flaubert den kleinbürgerlichen Verhältnissen seines Umkreises, und von »Objektivation«, der Autor setzt sich selbst als etwas außerhalb seiner selbst ins Werk.

Wir nehmen an, daß Sartres Kategorien nicht nur zur Erklärung einer Autorenbiographie und eines literarischen Textes dienen, sondern zur Erklärung jeder Biographie. Denn in Negativität und Objektivation wird jeder versuchen, sich selbst zu verwirklichen. Die Frage ist nur, ob ihm das möglich ist, wenn er nicht als Künstler arbeitet, sondern als Angestellter in einem Büro oder als Arbeiter in einer Fabrik. Den meisten wird es kaum möglich sein.

So ist ein Schriftsteller, dem eine solche Objektivation gelingt, in einer Position, die ihm die Gunst der Umstände – Familie, Klasse, Zeit – und die Kraft seiner Anstrengungen geschaffen hat. Deshalb sehen viele Menschen im Autor ein Vorbild, weil ihm exemplarisch gelungen zu sein scheint, was ihnen meist versagt ist. Das Vorbild eines Autors weist auf ein Zukünftiges, wo dieses erfüllte Leben jedem möglich sein sollte.

Aber die Frage ist auch, ob die Kategorien Sartres auf alle Autoren zutreffen und nicht nur auf wenige. Sartre hat in Flaubert einen Autor herausgegriffen, der mit seinem Roman *Madame Bovary* einen wichtigen Schritt in der Literaturgeschichte tat, der etwas Neues, weithin sozial und literarisch Wirkendes schuf.

Wie steht es mit den vielen anderen Autoren, die das schreiben, was den bekannten Erwartungen des Publikums entspricht, die soziale Normen bestätigen und literarische dazu? Können wir auch hier von Negativität sprechen? In den meisten Fällen werden wir eher von Affirmation sprechen müssen. Können wir von Objektivation sprechen? Gewiß, denn der Autor setzt ein Werk außerhalb von sich, das etliches von ihm enthält. Oder gibt es auch Werke, die derart von den Erwartungen der andern bestimmt sind, daß sie fast nichts vom Autor enthalten? Sie sind dann keine durch Objektivation entstandenen Objekte, sondern durch die objektiven Umstände determinierte und haben damit das wichtige Moment der Freiheit verloren.

Wir meinen, daß Sartre eine nützliche Grundstruktur aufgezeigt hat, die grundsätzlich zu berücksichtigen ist. Es wird aber auf den jeweiligen Einzelfall zu achten sein – und das entspricht dieser Grundstruktur. Der Einzelfall nämlich zeigt erst, inwieweit von Negativität, inwieweit von Objektivation die Rede sein kann, ob diese geleistet wird, ob jene behindert wird durch anderes, das an den Autor herantritt oder in ihm selbst ist. Davon wird noch zu sprechen sein. Sartre scheint dieses Problem nicht zu sehen, da er kaum auf das ästhetische Zeichensystem der Texte Flauberts eingeht, vielmehr voraussetzt, daß diese gelungene Kunstwerke seien. Mit anderen Werken beschäftigt er sich nicht, so kann ihm das Gelingen des Werks nicht zum Problem werden.

Von den methodischen Schritten Lefebvres hat Sartre den ersten, das *deskriptive Moment,* nicht genügend beachtet. Das aber ist das erste für den Literaturkritiker: das Zeichensystem des Werks zu beschreiben. Dann erst sollte er zur Biographie des Autors übergehen – Biographie in dem umfassenden Sinn Sartres verstanden –, dann wieder zurück zum Werk gehen, um dessen Entstehung innerhalb des subjektiven Horizonts des Autors und des objektiven der Zeit zu deuten und daran sein Gelingen zu messen. Und er sollte den Leser nicht vergessen, sowohl den zeitgenössischen Leser des Textes, für oder gegen den er geschrieben wurde, als auch den späteren Leser, dessen Rezeption des Textes durch die vorangehende Rezeptionsgeschichte beeinflußt wird. Auch darauf hat Sartre, wenngleich am Rande, hingewiesen: »Aber was konnte er gegen dieses neue und kollektive Ereignis, die Entstellung eines Buches bei dessen Lektüre ausrichten? Dieser Sinn der *Madame Bovary* ist uns bis heute verhüllt geblieben: jedem jungen Mann, der 1957 die Bekanntschaft dieses Buches macht, erschließt es sich, ohne daß er es weiß, durch Dahingeschiedene, die seinen Sinn verändert haben.«[89]

XIV. Disposition und Motivation

Es wird gut sein, an dieser Stelle ein Beispiel anzuführen, das uns die Funktion der Biographie des Autors für die Interpretation eines Textes verdeutlicht, zugleich aber einen neuen Aspekt erbringt. Sartre liefert dieses Beispiel in seiner umfangreichen Arbeit über Flaubert, die den Titel *L'Idiot de la famille* trägt; sie ist noch nicht abgeschlossen.[90] Wir nehmen als Beispiel Sophie La Roche, die Verfasserin der *Geschichte des Fräuleins von Sternheim,* des ersten deutschen Frauenromans.[91] Es ist ein Briefroman, der 1771 in zwei Lieferungen erschien, mit einem Vorwort von Christoph Martin Wieland, den man eine Weile für den Verfasser hielt, weil Sophie La Roche ihren Namen zunächst verschwieg.

Wir greifen Sophie La Roche aus einem doppelten Grund heraus: Zum einen steht sie an einem wichtigen Punkt in der Geschichte der neueren deutschen Literatur, ihr Roman erregte zu seiner Zeit großes Aufsehen, Stil und Haltung des Romans waren typisch für die Zeit und einflußreich zugleich, das *Fräulein von Sternheim* kann als Vorläufer des *Werther* betrachtet werden. Zum andern haben wir hier einen Autor, der nicht in den Kanon der Klassiker gehört, die heute noch gelesen werden, weil man ihn als weniger bedeutend einschätzt. In der Tat ist Sophie La Roche nicht von dieser Originalität, die Sartre in seinen methodologischen Überlegungen beim Autor als selbstverständlich voraussetzt. Doch gerade das macht sie für uns hier interessant. Fragen wir also nach der Entstehung des Romans.

Diese Frage nach der Entstehung ist nicht so eng gefaßt, wie sie noch Kuno Ridderhoff in seinem Vorwort zur Neuauflage des Romans 1907 gestellt hat.[92] Ridderhoff sammelt dort alle Bemerkungen in Briefen der La Roche, in Briefen Wielands, der Einfluß nahm. Das berührt nur einen Aspekt der Entstehung. Christine Touaillon greift in ihrer Untersuchung über den deutschen Frauenroman schon weiter[93]: »Der deutsche Männerroman bis zum Ende des 18. Jahrhunderts«, »Das Leben der deutschen Frau bis zur Mitte des 18. Jahrhunderts«, »Entstehungsursachen des deutschen Frauenromans«

behandelt sie in ihren ersten drei Kapiteln, bevor sie im dritten zu Sophie La Roche kommt; in diesem hat sie der Biographie der Verfasserin einen untergeordneten Platz zugewiesen.

Uns ist diese Biographie wichtiger – wie die eines jeden Autors wichtig ist, weil wir in der Biographie einen Schlüssel finden zur Entstehung und zur Rezeption des Textes. Wir wollen die Biographie jedoch nicht als abschließende Erklärung ansehen, wie das früher die Literaturkritik tat, wenn sie ein Ereignis im Leben des Autors als Anlaß für einen Text betrachtete und damit den Text für hinlänglich erklärt hielt. Wir meinen mit Biographie – wie gesagt – die Sozialgeschichte des Autors. In der Person des Autors fassen wir alle sozialen Bedingungen seiner Zeit, die ihn beeinflußt haben und denen er geantwortet hat, und zwar in der jeweiligen individuellen Bündelung, die sie in seiner Person erfahren haben.

Wir können die Biographie der La Roche hier nur skizzieren. Sie ist als älteste Tochter des Arztes Georg Friedrich Gutermann 1731 in Kaufbeuren geboren; der Vater war später angesehener Arzt in Augsburg, wo Sophie Kindheit und Jugend verlebte. Die Gutermanns gehörten zur kleinen protestantischen Gemeinde im ansonsten katholischen Augsburg. Die Mutter, eine stille, freundliche und fromme Frau, las jeden Tag den Kindern ein Kapitel aus Arndts *Wahrem Christentum* vor und jeden Sonntag eine Predigt von August Hermann Francke. Der pietistische Einfluß war also stark. Der Vater trat den Kindern als strenge, intellektuelle, dominierende Persönlichkeit gegenüber. Bereits mit drei Jahren konnte Sophie lesen, mit fünf hatte sie zum ersten Mal die Bibel durchgelesen; die Dressur des Vaters war rigoros.

Als Sophie 15 Jahre alt war, sollte sie mit einem Freund des Vaters verlobt werden; sie war alt genug dazu, und auch daß der zukünftige Verlobte um so vieles älter war als sie, war nichts Ungewöhnliches für die Zeit. Doch Sophie wehrte sich erfolgreich gegen diese Ehe. Sie lernte danach den in Augsburg lebenden italienischen Arzt Bianconi kennen, der erheblichen Einfluß auf ihre Erziehung nahm. Obwohl er katholisch war, willigte der Vater zunächst in die Verlobung, verhinderte aber dann, nach dem Tode der Mutter, die Heirat. Bianconi wollte Sophie entführen, aus Gehorsam gegen den Vater lehnte sie ab.

Zur Ergänzung zwei zeitgenössische Äußerungen, einmal die Erinnerung der alten Sophie La Roche an eine besonders demütigende Szene ihrer Jugend, zum andern eine Notiz Wielands über den Beginn ihrer Freundschaft. Zunächst die La Roche:

»Ich mußte meinem Vater alle seine [Bianconis] Briefe, Verse, schöne Alt-Arien, mit meinen sehr pünktlich ausgearbeiteten geometrischen und mathematischen Übungen, in sein Cabinet bringen, mußte alles zerreißen und in einem kleinen Windofen verbrennen; Bianconis Portrait von Nilson gemalt, wie er eine Marmorsäule mit der Unterschrift: le changement est contre ma nature umfaßte, mußte ich mit der Schere in tausend Stücke zerschneiden, einen Ring mit den verzogenen Buchstaben N. B. in Brillanten und der Unterschrift: ohne Dich nichts (sans vous rien) mit zwei in den Ring entgegengestemmten Eisen entzwei brechen und die Brillanten auf den rothen Steinen umher fallen lassen. – Die Ausdrücke meines Vaters dabei will ich nicht wiederholen.«[94]

Nach dieser Szene blieb die Neunzehnjährige stumm und verstockt. Der Vater gab sie zu einem Vetter, dem Pfarrer Wieland nach Biberach. Dort lernte sie dessen Sohn Christoph Martin, den damals siebzehnjährigen Studenten der Universität Erfurt, kennen. Nach einer Predigt seines Vaters über »Gott ist die Liebe« spricht er mit ihr:

»Ich redete von der Bestimmung der Geister und Menschen, der Würde der menschlichen Seele und von der Ewigkeit mit ihr. Niemals bin ich beredter gewesen als damals. Ich vergaß nicht, in der himmlischen Liebe einen großen Theil des Glückes der Geister zu setzen. Diese Unterredung rührte die Liebenswürdige so sehr, daß sie etliche vergnügte Thränen nicht zurückhalten konnte. Alle ihre Mienen waren Zärtlichkeit und Seele. Damals versprach sie mir, mir ihre Empfindungen zu schreiben, und dieses war der Anfang meiner Zufriedenheit.«[95]

Hier haben wir die wichtigsten Punkte zusammen. Der Verzicht auf Bianconi ist nur das letzte Glied in einer Kette von Verzichten des Mädchens. Die Entbehrung eines gesicherten Verhältnisses der Interaktion zum strengen Vater liegt ihrer Unsicherheit zugrunde. Das Liebes-Defizit des Kindes wird durch die duldende Mutter nur unzureichend ausgeglichen, die die Aufmerksamkeit des Kindes auf die Religion lenkt. Dort wird die Unsicherheit durch andauernde Selbstbeobachtung und Gewissenserforschung vor dem strengen Gott genährt und die in der Familie nicht zu ihrer Befriedigung gelangende Liebe auf überirdische Erscheinungen hinausgespannt. So entsteht ein Zustand, in dem die Euphorie der Selbstgewißheit und Gottesgewißheit mit der Depression des Selbst- und Weltzweifels abwechselt. Dies ist durchaus kein Einzelfall, sondern typisch für ein protestantisches Bürgertum der damaligen Zeit, aus dem etliche Schriftsteller hervorgegangen sind. So mag auch zu erklären sein, warum Sophie La Roches Roman so starken Erfolg hatte: die Disposition der Verfasserin war derjenigen ihrer vielen Leserinnen und Leser verwandt.

Karl Philipp Moritz hat in seinem autobiographischen *Anton Reiser* diese Art der Sozialisation in einer protestantischen Kleinbürgerfamilie der damaligen Zeit exemplarisch beschrieben. Sein »psychologischer Roman« zeigt deutlich, wie aus der pietistischen Selbstbeobachtung die psychologische hervorgeht, die zum ersten Mal empirisch verfährt und die literarische Beschreibung des Selbst und dessen Entwicklung in neuer erstaunlicher Weise in den Mittelpunkt rückt.[96]

Darüber ist genug gesagt worden, so daß wir uns hier mit einer abschließenden Bemerkung begnügen können. Gerade das von uns als wesentliche Aufgabe der Literatur herausgestellte innere Gespräch und die Übersetzung des inneren Gesprächs in ein äußeres wird damals durch den Pietismus in der Literatur bestärkt und setzt den Beginn der großen bürgerlichen Literatur in Deutschland.[97]

Wir wollen den Lebensweg der Sophie La Roche noch bis zu der Niederschrift des *Fräulein von Sternheim* verfolgen. Die Begegnung mit Wieland war der erste Anlaß zum Schreiben für sie. Durch Wieland lernte sie erst richtig ihre Muttersprache, durch ihn verlor sie ihre Scheu, von sich zu sprechen, so daß sie schließlich ungeniert ihre extremen Regungen in Briefen niederschrieb.

Allerdings brachte auch ihre Erfahrung mit Wieland eine Enttäuschung. Dieser ging für längere Zeit in die Schweiz; kein Amt war zu erhoffen, also auch keine Heirat; die Mutter Wielands gab die Briefe des Sohnes nicht weiter; die Verlobung endet mit einem Fiasko. Sophie heiratete bald den Mainzer Beamten Georg Michael La Roche, den illegitimen Sohn des Mainzer Ministers, des Grafen Stadion, dessen Sekretär er war. Durch ihn kam die Tochter frommer Augsburger Protestanten in die Welt des Feudalismus einer besonderen Spezies, des aufgeklärten weltlichen Feudalismus eines geistlichen Kurfürstentums, mit genußsüchtigem Erzbischof, mit liberalen Hofbeamten und zurückgebliebenem niederen Klerus, mit Intrigen und Korruption. Im *Fräulein von Sternheim* finden wir einen Abglanz davon.

Sophie hatte in Mainz ebenfalls dem Grafen Stadion zu dienen; vormittags oblag ihr die Lektüre der Zeitungen und Bücher, die ihr Mann ihr gab, nachmittags führte sie darüber Gespräche mit dem Grafen. Es gab also zwei neue Vaterfiguren, die freundlich waren, aber totale Unterwerfung verlangten. Die Kinder, die sie gebar, sah sie kaum. Ihre Beschäftigung mit der Literatur wurde ihr ein Ersatz für vieles.

Als nach dem Tode des Grafen Stadion nur das kleine Amt Bönningheim als Erbe blieb, saß Sophie plötzlich allein auf dem Dorf, ohne die Welt des Hofes, die Beherrschung forderte und Abwechslung bot, ohne die Kinder, die zur Erziehung nach Straßburg gegeben worden waren. Sie begann den Briefroman *Geschichte des Fräuleins von Sternheim*, von ihrem einzigen Kommunikationspartner, dem Pfarrer Brechter, dazu aufgefordert, so wie früher ihr einziger Partner Wieland sie zum Briefeschreiben angehalten hatte.

Der Roman ist keine originäre Leistung. Er ist in seiner Brieftechnik, in seiner Fabel, in seinen Charakteren, ja in manchen Textstellen sogar wörtlich von Samuel Richardson abhängig, vor allem von dessen *Clarissa*. Und seine damalige Popularität dürfte nicht zuletzt darin begründet gewesen sein, denn Richardson war allgemein, auch über England hinaus, beliebt, und seine Art der Weltauffassung entsprach der seiner vielen Leser.

Natürlich gibt es auch wichtige Modifikationen im *Fräulein von Sternheim*, die man teils als Audruck der spezifisch deutschen Verhältnisse verstehen könnte, teils als eigenwillige Leistung der Verfasserin. So könnte man die wohltuende Straffung der Handlung ihr als Verdienst anrechnen, denn sie ließ die Antwortschreiben zu den Briefen weg, die eine Aufblähung des Romans bedeutet hätten.

Als Ausdruck der deutschen Verhältnisse könnte man die Veränderung des Entführungsmotivs sehen. Clarissa überlebt den Verlust ihrer Ehre nicht, während das Fräulein von Sternheim einen neuen Halt findet: in der Wohltätigkeit. Wir erkennen in der Struktur des Romans pietistische Vorstellungen, nämlich die drei Stationen von Versuchung, Erniedrigung und Erhöhung nach der Reinigung. Diese Reinigung im besonderen Elend der schottischen Bleigebirge, wohin die Heldin verschleppt wird, endet mit einer pietistischen »Wiedergeburt«: die man für tot hielt, lebt noch, und nun erst richtig und neu – an der Seite des wahrhaft geliebten Mannes. In den Anschauungen der Heldin tritt der Pietismus offen zutage, die Kritik an den Verhältnissen bei Hofe ist keine soziale, sondern eine religiös-moralische. Und: die Heldin ist keine Bürgerliche wie Clarissa, sie gehört dem Landadel an.

Das muß in diesem Zusammenhang als Skizze genügen. Worauf es ankommt, sei kurz zusammengefaßt:

Disposition: Unter Disposition wollen wir eine bestimmte Art des Erlebens und der Verarbeitung des Erlebten verstehen, die in der Sozialisation herausgebildet wird. Sie kann das Fundament für eine spätere literarische Arbeit legen, muß es aber nicht. Sicher sind zur Zeit der jungen Sophie Gutermann viele Mädchen so wie sie herangewachsen, und doch sind die andern nicht zum Schreiben gekommen, vielleicht aber zum Lesen. Wir haben schon vermutet, daß bei den Lesern des *Fräulein von Sternheim* eine ähnliche Disposition wie bei der Verfasserin vorhanden gewesen sein müsse. Doch um zu lesen oder gar zu schreiben, bedarf es einer besonderen Motivation.

Motivation: Darunter wollen wir die Entstehung des Interesses an der Literatur verstehen. Nur wer in einem Milieu groß wird, das ihn früher oder später und ernsthaft mit Literatur konfrontiert, wird die Motivation finden, die eine eingehendere Beschäftigung mit der Literatur – sei es durch Lektüre, sei es durch Schreiben – nahelegt. Bei Sophie dürfte dies bereits durch die frühe Bibellektüre, durch die Lesungen der Mutter geschehen sein. Verstärkt wurde es sicher durch die Erziehung des Vaters und Biancolis, schließlich durch Wieland und die ausführliche Konversation über Literatur am Mainzer Hofe. So war die Literatur ein selbstverständliches und wichtiges Mittel der Kommunikation für sie.

Partner: Unter Partner wollen wir die realen (oder auch imaginären) Partner verstehen, die den Autor zum Schreiben bringen, indem sie ihm etwa ein Theaterstück abfordern, wie Lili Schönemann es von Goethe verlangte, der daraufhin binnen acht Tagen den *Clavigo* schrieb. Bei Sophie ist einmal Wieland ein solcher Partner zum Briefeschreiben, und die Bekanntschaft dieses berühmten Literaten hat sie auch zum Schreiben, zur Redaktion und zur Publikation des Romans gebracht. Dann ist ein wichtiger Partner der Pfarrer Brechter, der den direkten Anstoß zum Roman gab.

Wir haben bereits früher darauf hingewiesen: Auch das Schreiben geschieht in Beziehung zu einem Kommunikationspartner, dem man schreibt. Man spricht mit sich für diesen anderen, der als imaginäre Figur in der Vorstellung präsent ist, wenn er nicht eine reale Figur ist, der man das Geschriebene vorliest oder zur Lektüre schickt. So liegt hier die Technik des Briefromans besonders nahe. Denn hier kann der Kommunikationspartner als eine Figur in den Roman hineingenommen werden und das Selbstgespräch als ein Gespräch mit einem andern im Roman figurieren. Das ist vor allem in diesem frühen Stadium der bürgerlichen Literatur wichtig, wenn das Ich noch nicht so sicher in seiner Selbstbeobachtung und Selbstbeschreibung ist, es sich erst seiner neuen Möglichkeiten vergewissern muß.

In *Dichtung und Wahrheit* berichtet Goethe, wie er immer eine Person »im Geiste« zu sich rief, um mit ihr den Gegenstand zu verhandeln, »der ihm eben im Sinne lag«. Und er schreibt: »Wie nahe ein *solches Gespräch im Geiste* mit dem Briefwechsel verwandt sei, ist klar genug, nur daß man hier ein hergebrachtes Vertrauen erwidert sieht, und dort ein neues, immer wechselndes, unerwidertes sich selbst zu schaffen weiß.«[98]

Diese »Diotima-Gestalt« des inspirierenden Zuhörers, wie wir sie nannten, wird beim Schreiben dem Autor im Geiste immer anwesend sein, eben als der bestimmte Partner, an den er sich richtet. Der Partner des Briefromans dagegen ist eine Figur des Romans selbst, gehört also mit zum Text, wenn er auch den Entwurf des Textes im Hinblick auf den Leser erleichtert, da er diesen Vorgang – das Schreiben eines Textes für einen andern – als konstituierend in den Text einbezieht. Und insofern hat dieser Briefpartner des Briefromans Verwandtschaft mit dem »impliziten Leser« des Romans, der kein Briefroman mehr ist. Der Briefpartner des Briefromans ist als »expliziter Leser« eine Vorstufe des »impliziten Lesers«. Der Briefroman beherrscht die Frühzeit des bürgerlichen Romans im 18. Jahrhundert, er erleichtert die Konstituierung des Textes und knüpft an gewohnte außerliterarische Kommunikationsformen an.

Der »implizite Leser« meint die Vorwegnahme des ungewissen zukünftigen Romanlesers im Text, der hier seine Rolle angedeutet findet, die ihm das Verständnis des Textes erleichtert.[99] Dieser »implizite« Leser, den Wolfgang Iser untersucht hat, dürfte ein verallgemeinerter Anderer jener »Diotima-Gestalt« sein.

Situation: Unter Situation wollen wir den Anlaß verstehen, der den Autor zum Schreiben bringt. Er will etwas verarbeiten, indem er es objektiviert und festhält. Hier sind es die gewohnte Einsamkeit Sophies in Bönningheim und ihr Drang, die erlebte Welt des Mainzer Hofes zu verarbeiten. Oder nehmen wir Goethes *Werther* als Beispiel, dessen Situation der Entstehung hinlänglich bekannt ist. Nicht immer dürfte die Situation so deutlich sein, nicht immer dürfte ein Erlebnis so unmittelbar zum Stoff eines Werks werden. Wir werden gerade bei geübteren Autoren davon ausgehen müssen, daß der Stoff nicht unmittelbar dem Leben entnommen wird, also kein unverstellt autobiographischer ist. Hier dürfte das Interesse am Stoff stärker sein als der Drang zu einer läuternden Verarbeitung; zumindest wird der Zusammenhang zwischen Interesse und Drang nicht so klar auf der Hand liegen.

Das fällt uns ja auch bei Sophie auf: Ihr Werk ist mehr von der Literatur geprägt als vom Leben, das heißt, die literarischen Vorbilder haben sie stärker beeinflußt als das, was sie an erlebtem Leben zu verarbeiten hatte. Und das ist schließlich der wichtigste Gesichtspunkt, der sich aus unseren Überlegungen am Beispiel Sophiens ergibt: *die literarischen Vorbilder. Nichts beeinflußt die Literatur so sehr wie die Literatur.*

Wer bei genügender Disposition und Motivation, durch Partner ermuntert, in bestimmter Situation darangeht, zu schreiben, wird so sehr beeinflußt von den literarischen Texten, die er kennt, daß er zunächst einmal diese nachahmt. Viele Autoren kommen nie über dieses Stadium hinaus. Anderen gelingt es mit der Zeit, einen eigenen Stil zu entwickeln, also ein hohes Maß an Selbständigkeit zu erreichen, das wir an anderer Stelle erwähnt haben, wo wir über die Identität sprachen. Die Stärke der Identität zeigt sich beim Schriftsteller in einer relativen Selbständigkeit, die ihn überkommenes Denken und Schreiben variieren läßt, und in einer handwerklichen Begabung, die ihn befähigt, in seiner Kunst etwas Eigenes zu leisten.

XV. Die Konstruktion des Textes

Die Bedeutung eines literarischen Textes liegt in der Konstruktion des Textes selbst, nicht in der Biographie seines Autors. Dessen Biographie kann durchaus belanglos sein, und doch kann sein Text größtes Interesse verdienen. Dies liegt im Text selbst begründet, an der Art, wie er konstruiert ist; aus dieser Art ergibt sich das, was er enthält und was er mitteilen will. Der Text ist Teil einer literarischen Kommunikation, innerhalb deren er entsteht und zu verstehen ist. Der Autor wird in den herkömmlichen Formen des Denkens und Schreibens groß, diese Formen beeinflussen sein eigenes Denken und Schreiben, und zwar auch da, wo er die herkömmlichen Formen zu negieren, zu überwinden sucht, indem er eine eigene Modifikation oder gar eine Erneuerung anstrebt. Auch da, wo er die Erfahrungen seines Lebens in der Gesellschaft, also seine individuellen, nur ihm eigenen Erfahrungen zu verarbeiten, zu durchdenken und darzustellen versucht, geschieht dies in den herkömmlichen Formen. Denn diese Formen bestimmen die Art unseres Erlebens, sie beeinflussen unsere Wahrnehmungen, die Sichtung der Wahrnehmungen, deren Ordnung. Nicht wie eine Kamera nehmen wir direkt die soziale Realität wahr, sondern wir nehmen sie gefiltert wahr durch die uns anerzogenen sozialen Formen des Sehens und Begreifens. So wird auch die unmittelbare Einwirkung der Realität nicht eine unmittelbare Aussage hervorrufen, sondern eine mittelbare, durch soziale Formen des Sprachgebrauchs vermittelte. Deshalb können so leicht ideologische Verschleierungen der Realität entstehen, die schwer zu beheben sind. Wer meint, unmittelbar Wahrgenommenes »realistisch« darstellen zu können, irrt. Er unterliegt konventionellen Formen, ohne es zu bemerken.

Der aufmerksame Beobachter wird sich nicht nur mit dem Wahrgenommenen beschäftigen, sondern auch mit der Art der Wahrnehmung und der Art der Darstellung des Wahrgenommenen, damit dieses angemessen dargestellt wird. Er wird sich mit der erlebten Realität auseinandersetzen, indem er sich mit ihrer Darstellung auseinandersetzt. Ja, die Auseinandersetzung mit der Darstellung ist bereits eine Auseinanderset-zung mit der Realität, weil sie zu dieser hinführt. Darin besteht die vornehmliche Aufgabe des Schriftstellers: die Aus-einandersetzung mit der Darstellung der Realität durch seine Darstellung der Realität. Deshalb wirken auf seinen Text, der eine Darstellung der Realität sein will, andere Texte, andere Darstellungen der Realität nachhaltig ein. Der Text antwortet als eine Mitteilung der literarischen Kommunikation anderen Mitteilungen, so wie im alltäglichen Gespräch eine Mitteilung der anderen antwortet. Und die Art und Weise unserer Mittei-lung wird beeinflußt von der unseres Gesprächspartners, von der unserer Gruppe, von der unserer Gesellschaft; sie ist Teil der sozialen Kommunikation, in der soziale Realität erlebt und erkannt und besprochen wird. Dies verläuft in der Regel in den konventionellen Formen.

Und hier gerade ist es das Ziel des ernsthaften Schriftstellers, der die Realität besonders nachdrücklich erlebt, die konven-tionellen sprachlichen Formen der Verständigung, vor allem die literarischen Formen, auf ihre Brauchbarkeit zu prüfen. Entsprechen sie noch der sich wandelnden Realität, können die alten Formen das Neue noch aufnehmen oder verdrängen sie es, werden sie zur Ideologie? Ist nicht das, was ein Indivi-duum erlebt, immer neu und nur ihm eigentümlich? Müßten also nicht immer neue und eigentümliche Formen gefunden werden?

Aus dieser Spannung entsteht die Arbeit des Autors, den wir ernsthaft nennen: Er wird in Auseinandersetzung mit den alten Formen neue Formen der literarischen Kommunikation konstruieren und damit seinen Beitrag dazu leisten, daß die literarische Kommunikation der Realität, die in ihr zur Spra-che kommt, angemessen bleibt und nicht zum ideologischen Relikt verkümmert. Hierin liegt auch seine soziale Aufgabe, die Konventionen von Sehweise und Sprachgebrauch zu durchbrechen, damit eine neue Sicht der Realität ermöglicht und der Sprachgebrauch bereichert wird.

Wir sehen aber auch, wie aus der Spannung, in der der Autor arbeitet, zwei Gefahren kommen können, je nachdem, ob er sich zu sehr den herkömmlichen Formen unterwirft oder ob er zu sehr nach Originalität der Konstruktion strebt. Wenn er an den konventionellen Formen zu sehr haftet – das ist bei den Autoren von Trivial- und Unterhaltungsliteratur der Fall –, wird er von vielen Lesern und schnell verstanden, denn diese Formen sind den meisten geläufig. Seine Texte bestimmt die vorhandene literarische Kommunikation ganz, sie gehen ganz in ihr auf und gehen ganz in ihr unter, wenn andere Formen der literarischen Kommunikation entstehen. Da sie mehr an den konventionellen Formen orientiert sind als an der Darstellung der Realität, führen sie von der Realität fort und werden zur ideologischen Verschleierung derselben.

Die andere Gefahr ist ebenso offensichtlich, auch für sie gibt es Beispiele in der modernen Literatur: Wir meinen die Tendenz zur Esoterik. Der Autor, dessen ganzes Streben auf die Originalität der Konstruktion gerichtet ist, läuft Gefahr, unverständlich zu werden, also sich aus der allgemeinen Kommunikation zu entfernen. Hier muß allerdings differenziert werden. Konzentriert sich der Autor nur auf die ästhetische Konstruktion, ohne auf die darzustellende Realität und das literarische Publikum zu achten, ja konzentriert er sich auf die ästhetische Konstruktion gerade in Verachtung der Realität und des Publikums, dann wird ihm die Konstruktion zum Selbstzweck, zur Selbstbefriedigung. Er gelangt nicht mehr über sich hinaus zur Sache bzw. zum Publikum. Wir kennen die Attitüde des esoterischen Künstlers, die nicht originell ist, sondern wiederum bestimmte literarische Formen, auch Lebensformen der Literaten, nachahmt. Insofern können wir auch diese Attitüde unter der ersten Gefahr einordnen, nämlich als Unterwerfung unter konventionelle literarische Formen. Sie wird zu Unrecht in der Polemik gegen moderne Schriftsteller benutzt, die sie nicht trifft, wenn sie zu der Kategorie des ernsthaften Autors gehören, also dessen, der sich ernsthaft mit den konventionellen Formen auseinandersetzt, sie übernimmt, wo sie ihm nützlich scheinen, sie verändert, wo sie der angemessenen Darstellung der Realität nicht mehr entsprechen. Denn seine Absicht ist es, diese Realität, die er auf seine Weise neu erlebt, darzustellen, und zwar auf eine Weise, die den Lesern, an die er sich wendet, verständlich ist, so daß die individuelle Weise des Erlebens zu einer allgemein kommunikativen Weise der Darstellung führt. Denn im Gedanken an Partner und Leser macht er sich an die Arbeit, wie wir sahen. Und da seine individuelle Weise des Erlebens eine sozial geprägte ist, wird er erwarten können, von anderen, durch ähnliche soziale Bedingungen geprägte Individuen verstanden zu werden. Insofern bringt er nicht nur Individuelles, sondern zugleich Allgemeines zum Ausdruck, und deshalb hat er ein Recht, die Aufmerksamkeit seiner Leser zu beanspruchen.

Natürlich verlangt die Anstrengung des Autors bei der Konstruktion des Textes eine Entsprechung in der Anstrengung des Lesers bei der Rezeption des Textes. Für diese Rezeption benötigt der Leser ebenso Disposition, Motivation, Partner, ja auch Situation, nämlich die, die zur Lektüre führt, die ja nicht jederzeit möglich ist, und er braucht die Kenntnis der literarischen Vorbilder, muß also nach und nach in die literarische Kommunikation eingeführt werden, um deren Zeichensystem zu verstehen.

Im vierten Teil von *Dichtung und Wahrheit* zitiert Goethe eine Bemerkung Johann Heinrich Mercks, als Goethe mit den Grafen Stolberg, empfindsamen Autoren des Göttinger Hainbundes, zu einer Reise in die Schweiz aufbrach. Merck: »Dein Bestreben, deine unablenkbare Richtung ist, dem Wirklichen eine poetische Gestalt zu geben, die andern suchen das Poetische, das Imaginative zu verwirklichen, und das gibt nichts wie dummes Zeug.«[100]

Der ernsthafte Autor wird versuchen, dem Wirklichen »eine poetische Gestalt zu geben«. Der ernsthafte Autor setzt sich mit der Realität in seinem Werk auseinander, er phantasiert nicht Wunschträume. Wenn Piaget von der Anpassung des Ich an die Realität und von der Assimilation der Realität an das Ich spricht, meint er die Dialektik, um die es auch hier geht. Der Versuch der Verwirklichung des »Imaginativen« wäre ausschließlich die Assimilation der Realität an das Ich, also die Einverleibung, aber auch die Verdrängung, ja Leugnung der Realität zugunsten eines allmächtigen Ich, das wäre Realitätsflucht oder – mit Merck zu sprechen – »dummes Zeug«.

XVI. Gelegenheitsdichtung

Wenn wir uns mit einem Autor beschäftigen, gehen wir immer von seinem vorliegenden Text aus. Nie ist es umgekehrt, daß wir zuerst den Autor untersuchen und dann voraussagen könnten, daß er schreiben und was er schreiben wird. Diese Voraussage ist nicht möglich. Der Weg der Untersuchung hat immer nur die eine Richtung: vom Text ausgehend zurück zum Autor, zu dessen Leben und Lebensbedingungen in der Zeit. Das ist die regressive Methode Sartres. Die progressive Methode ist erst möglich, wenn wir die regressive gebraucht haben. Auch die progressive, die von Leben und Lebensbedingungen des Autors ausgeht, hat den abgeschlossenen Text zur Voraussetzung. Die progressive Methode ist nur ein »so tun, als ob der Text noch nicht geschrieben wäre«.

Vielleicht ist das ein Antrieb für den großen Fleiß, mit dem Sartre seine umfangreiche Flaubert-Biographie schreibt: vielleicht ist es die Anstrengung, endlich einmal den Weg in umgekehrte Richtung zu nehmen und das Werk eines Autors mit nahezu naturwissenschaftlichem Anspruch der Voraussage zu erklären. Doch diese Voraussage ist nicht möglich.

Wir werden auf einen Autor erst aufmerksam, wenn wir sein Werk lesen, erst dann interessiert uns seine Biographie, sozusagen als nachträgliche Ergänzung des Werks, ohne das sie uns unbekannt geblieben wäre. Die Biographie ist nur von sekundärer Bedeutung.

Das Leben eines Menschen ist nicht mit naturwissenschaftlicher Genauigkeit voraussagbar, also auch nicht das eines Autors. Das Leben des Autors wäre ja nicht nur in groben Umrissen zu erkennen, sondern seine Disposition und Motivation wären zu erfassen, sodann die Situation, die ihn zum Schreiben bringt. Selbst wenn wir in Unkenntnis des Werks mit unserer Erklärung so weit kämen, könnten wir das Werk, das dann geschrieben wird, nicht voraussagen, auch nicht in Kenntnis der literarischen Vorbilder, die es beeinflussen. Denn wie groß der Einfluß ist, wie er sich im Text zeigt, ist nicht voraussagbar. Hier hat der Autor einen Spielraum von Freiheit, der ihn der Festlegung entzieht.[101]

Daß wir den Weg vom Text zum Autor nicht umkehren können, zeigt die Grenze unserer Methode. Wir können die Kette der Progression vom Autor zum Werk nur bis zu einem bestimmten Punkt als folgerichtig erklären, dann setzt die Folgerichtigkeit aus, die eventuell eine Prognose ermöglichte. Erst in der nachträglichen Beschreibung der Entstehung des Werks können wir die fehlenden Punkte zu erklären suchen.

Zwei Punkte sind es, die sich der Analyse entziehen: die Begabung des Autors und die jeweilige Gestalt des Textes.

Warum ein Autor begabt ist, ein anderer dagegen nicht, obwohl er ähnliche oder gleiche Bedingungen mitbringt, ist nicht zu sagen. Worin die Begabung besteht, wie sie sich äußert, können wir beschreiben, auch empirisch untersuchen, wie es die Kreativitätsforschung tut. Doch ist nicht zu erklären, warum gerade dieser Autor die Begabung besitzt, ein Werk zu schaffen, das wir als gelungen bezeichnen könnten. Hier dürfen wir einen unverdächtigen Zeugen zitieren, Sigmund Freud, der in seinem Dostojewski-Aufsatz schreibt: »An der reichen Persönlichkeit Dostojewskis möchte man vier Fassaden unterscheiden: Den Dichter, den Neurotiker, den Ethiker und den Sünder. Wie soll man sich in der verwirrenden Komplikation zurechtfinden? Am Dichter ist am wenigsten Zweifel, er hat seinen Platz nicht weit hinter Shakespeare . . . Leider muß die Analyse vor dem Problem des Dichters die Waffen strecken.«[102] Und später: ». . . die unanalysierbare, künstlerische Begabung.«[103]

Worin Dostojewskis Neurose bestanden hat, das zu erklären, kann die Analyse dienlich sein. Aber seine Begabung bestand nicht in dieser Neurose. Nicht jeder, der diese Neurose hat, ist Dostojewski. Hier haben wir an anderer Stelle den Grenzpunkt erreicht, den Sartre bei den Marxisten rügte: Nicht jeder Kleinbürger ist Valéry, also genügen die sozialen Kriterien nicht, den Autor Valéry zu erklären. Wir sind mit Hilfe Sartres einen Schritt weitergekommen. Nicht jeder Neurotiker, könnten wir jetzt sagen, ist Dostojewski, also genügen die psychologischen Kriterien nicht, den Autor Dostojewski zu erklären. Hier erreichen wir eine Grenze der Erklärung: sie ist gesetzt in der Begabung des Autors, die ihn befähigt, ein gelungenes Werk zu schreiben.

Der zweite Punkt, der sich unserer Erklärung entziehen

will, sind der jeweilige Stoff und die Gestalt eines Textes. Warum der Autor gerade zu diesem Stoff greift und ihm gerade diese Gestalt verleiht, ist schwer zu sagen, vor allem dann, wenn der Stoff nicht unmittelbar der Autobiographie entnommen ist und die Gestalt über die zu erwartende literarische Konvention hinausgeht. Auf diesen Punkt weist Walter Benjamin in seinem Essay über Goethes *Wahlverwandtschaften* hin, wenn er von dessen »Gelegenheitsdichtung« spricht: »Gelegenheit der Poesie, von welcher hier die Rede ist, ist nicht nur etwas anderes als das Erlebnis, das die neuere Konvention der dichterischen Erfindung zum Grunde legt, sondern das genaue Gegenteil davon. Was sich durch die Literaturgeschichten als die Phrase forterbt, die Goethesche Poesie sei Gelegenheitsdichtung gewesen, meint: Erlebnisdichtung und hat damit, was die letzten und größten Werke betrifft, das Gegenteil von der Wahrheit gesagt. Denn die Gelegenheit gibt den Gehalt, und das Erlebnis hinterläßt nur ein Gefühl.«[104]

Hier wendet sich Benjamin gegen die landläufigen Erklärungen von Erlebnisdichtung, er trifft damit viele psychologische und soziologische Erklärungen, die dabei stehenbleiben, ein Werk als Verarbeitung eines psychischen oder sozialen Erlebnisses zu sehen. Und darin ihr Genüge finden. Benjamin: »So ist denn der Erlebnisbegriff nichts anderes als die Umschreibung jener, auch vom sublimsten, weil immer noch gleich feigen Philisterium ersehnten Folgenlosigkeit des Gesanges, welcher, der Beziehung auf Wahrheit beraubt, die schlafende Verantwortung nicht zu wecken vermag.«[105] Wer solchermaßen die Literatur für folgenlos hält, kann auch leicht dazu kommen, sie als einen »Ersatz« wichtigerer Geschäfte anzusehen.

Benjamin verweist auf die Antike, »von Pindar bis Meleager«, in der die Literatur stets würdige Gelegenheiten fand: im Zyklus des Jahres, in den isthmischen Spielen, den Festen, den Kriegen, in der Liebe und in der Freundschaft. Sicher war dies eine Zeit, die mit der unsrigen nicht zu vergleichen ist, und so lautet denn auch die Fortsetzung des oben zitierten Satzes: »Goethe war im Alter tief genug in das Wesen der Poesie eingedrungen, um schaudernd jede Gelegenheit des Gesanges in der Welt, die ihn umgab, zu vermissen und doch jenen

Teppich des Wahren einzig beschreiten zu wollen.«[106] Denn die mythologische Ordnung der Welt, die wie von selbst Gelegenheiten der Literatur genügend gab, war verloren. Und der Zugang zu einer Religion, zu einer Gemeinschaft, wie ihn einige deutsche Romantiker fanden – sie bezahlten allerdings mit dem Verstummen ihrer Poesie –, war Goethe nicht erlaubt.

Die Gelegenheitsdichtung, die Benjamin in der Antike sieht, finden wir auch in der deutschen Literatur, in der des Mittelalters, etwa im Minnesang. Hier findet die Psyche des Autors noch kaum Eingang in sein Werk, wenn auch vom Ich die Rede ist, von der Liebe zur angebeteten Frau. Doch dieses Ich bleibt schemenhaft, die Frauen gleichen einander, die Form der gesellschaftlichen und der literarischen Konvention dominiert, hinter ihr treten die Subjekte zurück. Und doch finden wir hier den Beginn der modernen Literatur, denn das Subjekt wird schon angedeutet, die angebetete Dame wird gerade in ihrer Schemenhaftigkeit zum Anstoß des Dichtens: zum inspirierenden Zuhörer, zur »Diotima-Gestalt« des Gesangs.[107]

Je mehr die mythologische Ordnung zerfällt, je mehr das Subjekt in den Vordergrund tritt, um so mehr wird diesem Subjekt sein eigener Lebensgang zum Stoff der Literatur. Die zahlreichen Autobiographien des 18. Jahrhunderts sind Beispiele dafür. So wird das eigene Leben zur Gelegenheit der Dichtung, wenn dies auch nicht als »Erlebnisdichtung« eingeschätzt werden darf. Denn aus der Fülle des Erlebten tritt nur wenig als Gelegenheit hervor, und die Verwandlung, die es im Prozeß des Schreibens durchmacht, ist so stark, daß seine Herkunft kaum noch erkenntlich ist. Goethe hat die Vorstufen zu den *Wahlverwandtschaften* vernichtet, damit das Werk nicht aus seiner Genese erklärt werden kann, denn dies wäre eine unzureichende Erklärung, wenn sie als abschließende betrachtet würde. So tritt die Biographie des Autors zurück hinter seinem Streben nach Objektivierung, deren Ziel eine Darstellung ist, die der darzustellenden Realität angemessen ist und den verschiedenen rezipierenden Subjekten als eine verständliche zugänglich wird.

Gleichwohl sucht der Leser beim Lesen des Textes ein Subjekt, das ihm diesen Text mitteilt, analog dem Modell üblicher Kommunikation zwischen Subjekten. Er macht sich beim Lesen unwillkürlich eine Vorstellung vom Autor, der Autor gewinnt unter Umständen des Lesers Interesse, und der Leser liest deshalb weitere Mitteilungen des Autors, weitere Texte. Die Subjektivität, die der Autor eher verbergen will, ist ein wichtiges Moment der Lektüre: sie wirkt inspirierend.

So wie auf der Seite des Autors der »inspirierende Zuhörer« im inneren Gespräch des Autors seine Rolle spielt und ihn zum Schreiben anregt, so spielt der »inspirierende Schreiber« parallel dazu auf der Seite des Lesers seine Rolle: Er regt ihn zum Lesen an, und das Lesen wird zu einem inneren Gespräch mit dem Schreiber. Dabei bleibt der Schreiber in der Regel eine schemenhafte Figur. Er braucht nicht schärfere Umrisse zu gewinnen, denn es genügt ein Abglanz, damit in der Vorstellung des Lesers die übliche intersubjektive Kommunikation erinnert wird.

Hier ist der Ort, zwischen Autor und Erzähler zu unterscheiden. Was der Leser als schemenhafte Figur des »inspirierenden Schreibers« imaginiert, sollte man deutlicher trennen, als es gemeinhin geschieht: in Autor und Erzähler. Der Erzähler darf nicht mit dem historischen Autor, dessen Biographie, dessen Charakter verwechselt werden. Der Erzähler ist derjenige, der den Text erzählt, den der Leser liest und dessen Botschaft er entziffert. Der Erzähler ist eine Figur, die dem Text bereits angehört; es ist die Rolle, die der Autor als Erzähler im Text annimmt; es ist die Intention, die aus dem Text spricht. Diese Intention ist nicht mit der des Autors identisch, sie kann bewußt anderes enthalten, als der Autor für sich gelten ließe, weil sie auch dem Autor nicht Bewußtes enthält. Der Leser rekonstruiert diese Intention in der Lektüre. Das Verhältnis von Autor zu Erzähler ist jeweils am Einzelfall zu erörtern.

Ebenso ist im Text eine Rolle für den Leser enthalten, der »implizite Leser«, wir wiesen bereits darauf hin. Auch zwischen dem »impliziten Leser« als einem Bestandteil des Textes und dem empirischen Leser als demjenigen, der den Text liest, ist zu unterscheiden. Das Verhältnis von implizitem zu empirischem Leser kann jeweils erörtert werden; hieran ist ja die Rezeptionsgeschichte eines Textes abzulesen.

XVII. Literatur als kommunikatives Handeln

In seinem Aufsatz *Vorbereitende Bemerkungen zu einer Theorie der kommunikativen Kompetenz* unterscheidet Jürgen Habermas zwischen kommunikativem Handeln im engeren Sinne und Diskurs als den beiden Formen umgangssprachlicher Kommunikation.[108] Zuvor ordnet er die Interaktion nach drei Klassen: zwei nonverbalen und einer verbalen. Die beiden nonverbalen sind Handlungen und Gesten, die verbale ist das kommunikative Handeln im engeren Sinne. Den Diskurs zählt Habermas demnach nicht zur Interaktion. In den drei Klassen der Interaktion sind sprachliche und nichtsprachliche Äußerungen immer verknüpft. In den stummen Interaktionen – Handlungen und Gesten – sind sprachliche Äußerungen »mindestens impliziert«. Im kommunikativen Handeln im engeren Sinne – als Beispiel nennt Habermas das Gespräch über den Gartenzaun – sind die sprachlichen Äußerungen »in den Kontext außersprachlicher Äußerungen eingelassen«. Nur beim Diskurs sei das nicht der Fall. »In Diskursen hingegen sind nur sprachliche Äußerungen thematisch zugelassen; die Handlungen und Expressionen der Beteiligten begleiten zwar den Diskurs, aber sie sind nicht dessen Bestandteil.«

Das kommunikative Handeln charakterisiert Habermas durch feste Sinnzusammenhänge, die als selbstverständlich vorausgesetzt werden, durch den Austausch von Informationen, die handlungsbezogen sind und auf Erfahrungen beruhen. Der Diskurs dagegen problematisiere gerade die Geltungsansprüche, auf denen kommunikatives Handeln beruhe. Im Diskurs werden keine handlungsbezogenen Informationen ausgetauscht, durch Begründungen versucht man, ein neues Einverständnis über das Problematisierte zu erreichen.

Kommunikatives Handeln sei gekennzeichnet durch vier Punkte:
1. Pragmatischer Sinn der intersubjektiven Beziehung von Sprecher und Hörer.
2. Propositionaler Gehalt des Mitgeteilten; 1 und 2 werden intentional mitgeteilt.

3. Der Geltungsanspruch der Meinungen wird nicht in Frage gestellt.

4. Ebensowenig der Geltungsanspruch der Handlungsnormen.

Störungen von 1 und 2 – »Wie meinst du das?« – antworten Deutungen; Störungen von 3 und 4 – »Verhält es sich so?« – »Warum hast du das getan?« – antworten Rechtfertigungen. Der Diskurs problematisiert vor allem 3 und 4, nämlich den Geltungsanspruch von Meinungen und Handlungsnormen, indem er sie reflektiert.

Wir sehen, daß Habermas hier eine verhältnismäßig enge Definition von kommunikativem Handeln gibt – weshalb wir das »im engeren Sinne« zugefügt haben –; diese enge Definition meint vor allem das übliche Alltagsgespräch zwischen zwei einander bekannten Personen. Seine in *Erkenntnis und Interesse* vorgelegte umfassende Definition greift über diese hier weit hinaus und meint jegliches kommunikative Handeln im Verkehr des Menschen mit sich selbst und mit anderen, sie meint auch die Reflexion, auch die öffentliche Kommunikation. Der Diskurs würde also ebenfalls unter diese weite Definition des kommunikativen Handelns fallen, an der wir festhalten wollen.

Wir erkennen demnach zwei Ebenen des kommunikativen Handelns; die erste wäre die intersubjektive Kommunikation, also die zwischen Subjekten, zweien und mehreren; das wäre nicht nur das übliche Alltagsgespräch zwischen Bekannten, das wären auch der Vortrag und die Diskussion, auch der Brief, der nicht vervielfältigt wird. Die zweite Ebene wäre die durch Medien der Vervielfältigung, sei es Zeitung, Radio, Film oder Fernsehen, vermittelte Kommunikation (Massenkommunikation). Zu den Medien der Massenkommunikation rechnen wir auch das Buch. Das Medium tritt zwischen die kommunizierenden Subjekte, es beeinflußt die Kommunikation durch seine Technik der Reproduktion; es vervielfältigt eine Botschaft in großer Zahl, so daß sie viele Leser, Hörer oder Seher erreicht. Das Medium legt den Gang der Kommunikation in einer Richtung fest, in der vom Sprecher zum Hörer; eine Umkehr der Richtung, die den Hörer antworten ließe, ist nur schwer möglich. Auf dieser sekundären Ebene der Kommunikation wäre auch die Literatur anzusiedeln.

Die Literatur schlagen wir nicht dem Diskurs zu, wie es Rolf Grimminger im Anschluß an Habermas getan hat[109]; obschon auch sie zur Reflexion führen kann, so ist dies doch nicht ihr einziger Zweck. Die Literatur kann alle Formen der Kommunikation der ersten Ebene aufnehmen, wiedergeben, »nachahmen«, also auch die der Reflexion, ja ihre Eigenart besteht gerade darin, daß sie auf der zweiten Ebene die Kommunikationsformen der ersten Ebene auf ihre Weise darstellt. Man könnte sagen, daß sie eher bestrebt ist, diese primäre Kommunikation darzustellen als die Realität selbst; diese zeigt sie vielmehr in der Art, wie sie in der primären Kommunikation gesehen, besprochen und reflektiert wird, und dies zeigt sie eben auf der zweiten Ebene der Kommunikation, im festgelegten, im Buch reproduzierten Text. Die Arten der primären Kommunikation werden im Text dargestellt, und der Text selbst wird zu einer Botschaft innerhalb der sekundären Kommunikation.

Wir haben also die Literatur unter zwei Gesichtspunkten zu sehen:

1. als Darstellung instrumentalen und kommunikativen Handelns (primäre Kommunikation), die

2. zur Botschaft sekundärer Kommunikation wird.

So vollzieht sich die literarische Kommunikation auf diesen zwei Ebenen: Wir haben einmal nach der Art der Darstellung von instrumentalem Handeln und primärer Kommunikation zu fragen, und wir haben zum andern nach der Art der sekundären Kommunikation zu fragen, in der der Text als Botschaft des Autors an die Leser gesehen werden muß. Entsprechend verfährt die Kritik, wenn sie zunächst den Text selbst nach seiner immanenten Schlüssigkeit untersucht und dann den Text als Botschaft des Autors, die als Äußerung dieses Autors gedeutet werden kann. Auf die Darstellung der primären Kommunikation lassen sich die Kriterien anwenden, die Habermas aufzählt: Welche Situationen der primären Kommunikation werden – im Drama, im Roman – geschildert, welche Personen, deren Interaktion, deren Kommunikation, welche Geltungsansprüche und Handlungsnormen? Und wie werden sie geschildert: Wie werden Einverständnisse problematisiert? Durch einen Diskurs im Text selbst oder durch eine Darstellung, die einen Diskurs beim Leser bzw.

Zuschauer bewirken will? Oder durch beides?

Hier ist ja der Ansatzpunkt zur Identifikation des Lesers: Da der Text ihm Situationen des instrumentalen Handelns, Situationen der primären Kommunikation vorführt, die ihm mehr oder weniger geläufig sind, Situationen, die er in Analogie zu den von ihm erlebten verstehen kann, kann er sich mit Situationen, mit Personen identifizieren, sich auf ihre Seite stellen oder sie ablehnen.

In ihren Fiktionen stellt die Literatur Erlebens- und Gesprächssituationen dar, die den Lesern bekannt vorkommen. Gerade in ihren Fiktionen hat die Literatur ihre Nähe zur Realität des Lesers, eine Nähe, die wissenschaftliche oder publizistische Texte nicht haben können. Denn diese konzentrieren sich auf einen Sachverhalt, den sie zu ihrem Gegenstand gewählt haben. Diesen stellen sie dar, ohne in der Regel in Betracht zu ziehen, welche Bedeutung dieser Sachverhalt für eine Person oder mehrere hat, die ihn erleben. Schon gar nicht schildern sie einen Gegenstand allein aus der Sicht der ihn erlebenden Subjekte. Diese Bedeutung, die ein Ereignis, eine Sache für ein Subjekt in einer bestimmten Situation hat, also die Kommunikation des Subjekts mit sich selbst und mit anderen, steht im Mittelpunkt der fiktionalen Literatur. Sicher gibt es auch andere Literatur, die den Gesichtspunkt subjektiver Bedeutsamkeit hervorhebt: Autobiographie und Tagebuch, die Authentisches von einem Subjekt berichten wollen. In ihrer Subjektivität haben sie eine Nähe zur fiktionalen Literatur, in ihrem direkten Realitätsbezug eine Nähe zur Sachliteratur. Auch die Sachliteratur, auch wissenschaftliche oder publizistische Texte können subjektive Bedeutsamkeit erfassen, sie tun es aber dann in der Regel unter einem systematischen oder sachlichen Gesichtspunkt, und das, was sie beschreiben, hat seinen Bezug zur Realität. Der fiktionalen Literatur geht dieser unmittelbare Bezug zur Realität ab. Sie hat einen mittelbaren Bezug zu ihr. Gerade weil sie Situationen der primären Kommunikation – in Analogie zu den vom Autor erfahrenen, zu den von den Lesern erfahrenen – entwerfen will, muß sie zu den Fiktionen finden, die ihr diese Darstellung erst ermöglichen. Gerade in den Fiktionen, die sie von der Realität fortzuführen scheinen, hat die schöngeistige Literatur ihren Realitätsbezug, gewiß einen anderen als die anderen Typen von Literatur, aber darin steckt ihre Berechtigung, daß sie einen anderen Aspekt der Realität darstellt als die anderen.

Die anderen Typen der Literatur sind in der Regel Botschaften der sekundären Kommunikation, die einen unmittelbaren Realitätsbezug anstreben; die fiktionale Literatur ist ebenfalls eine Botschaft sekundärer Kommunikation, aber eine, die Situationen der primären Kommunikation darstellt. Das tun Tagebuch und Autobiographie und Biographie in der Regel ebenfalls; aber diese haben einen direkten Realitätsbezug, den die fiktionale Literatur nicht hat. Die fiktionale Literatur hat einen indirekten Realitätsbezug oder – wie wir sagen möchten – eine zweite Referenz. Sie hat keine erste Referenz; d. h. auf der ersten Ebene der Kommunikation, der primären also, hat sie keine Referenz, hier ist ihr Realitätsbezug ein vorgeblicher. Der Autor behauptet einen Realitätsbezug, er schlägt ihn vor und lädt den Leser ein, ihn für die Dauer der Lektüre zu akzeptieren. Diese fehlende, weil vorgebliche Referenz verweist auf den Text als Ganzes und auf den Prozeß der literarischen Kommunikation, also auf die Ebene der sekundären Kommunikation. Auf dieser zweiten Ebene hat der Text eine Referenz, wir nennen sie die zweite Referenz.

Der Sachverhalt, der im Text geschildert wird, hat keine erste Referenz, er weist nicht über den Text hinaus auf einen realen Sachverhalt. Er ist Fiktion; er weist auf den Text zurück, der ihn konstituiert, und läßt ihn als eine besondere Botschaft sekundärer Kommunikation erscheinen: als Vorschlag eines Autors an die Leser. Auf dieser Ebene der literarischen Kommunikation hat der Text seine Referenz, die zweite Referenz: Die Leser müssen in dem vorgeschlagenen Entwurf etwas von ihrer eigenen Realität erkennen können. Realität des Lesers heißt hier: nicht nur die äußere Realität, die er erfährt, sondern auch die innere, seine Vorstellungen, seine Phantasien, Wünsche, Ängste, das innere Gespräch, auch das, was nicht zum Sprechen kommt. Wenn wir die Realität so verstehen, werden wir auch leicht einsehen können, daß es eine breite Skala von Werken der fiktionalen Literatur gibt, die zwischen zwei Polen sich ausbreitet, zwischen einem, der nahe an der äußeren Realität ist, diese »abbildend«, »nachahmend« – z. B. der realistische Roman des 19. Jahrhunderts versuchte das –, und einem anderen, der weit von der äußeren Realität entfernt ist, aber nah an der inneren, der er Ausdruck gibt – z. B. die phantastische Literatur.

Zu einer weiteren Erläuterung der zweiten Referenz können wir eine Arbeit von John R. Searle, der auch die zitierten Bemerkungen von Habermas anregte, heranziehen: *The Logical Status of Fictional Discourse*.[110] Den logischen Status der fiktionalen Rede erfaßt Searle in vier Punkten: Der erste Punkt bezeichnet das »Als ob« der Fiktion. Der Autor tut so (pretend), als ob dies Realität sei, was er beschreibt; dies ist der vorgebliche, der prätendierte Realitätsbezug. Der zweite Punkt: Dieser vorgebliche Realitätsbezug ist vom Autor beabsichtigt und als solcher gekennzeichnet – auf unterschiedliche Weise, sei es durch Signale im Text selbst, sei es durch die ausdrückliche Wahl der Gattung, sei es durch den Kontext, in dem der Text steht. Der dritte Punkt: Die vertikalen semantischen Konventionen zwischen Sprache und Realität, meint Searle, würden in der fiktionalen Rede von horizontalen durchbrochen. Das ist das Kappen der ersten Referenz, von der wir sprachen, und die Konstituierung einer zweiten Referenz. Der vierte Punkt: Die auf der ersten Ebene fiktionale Äußerung ist auf der zweiten Ebene eine reale Äußerung literarischer Kommunikation. Searle bringt ein einleuchtendes Beispiel. Wenn jemand am Straßenrand den Arm hebt – eine reale Tat –, will er tatsächlich ein Auto anhalten – das ist die Referenz der Geste. Wenn aber ein Kind am Steuerrad eines Autos sitzt – eine reale Tat – und so tut, als ob es fährt, hat seine Geste keine reale Referenz, sondern eine vorgebliche. Uns erinnert dieses Beispiel an das symbolische Spiel des Kindes, das wir als grundlegend für das spätere »symbolische Spiel« der Literatur bestimmt haben. »Der Autor prätendiert Sprechakte, indem er reale Sätze äußert (schreibt).«[111] Die vorgebliche, die prätendierte Realität der primären Kommunikation ist eine Botschaft der realiter ablaufenden sekundären Kommunikation.

Searle sieht auch in fiktionalen Texten reale Referenzen, etwa wenn Orte wie London oder Dublin genannt werden, auch Länder, auch historische Ereignisse oder soziale Verhältnisse. Solche realen Referenzen können in Texten vorkommen, in denen ansonsten Referenzen zu Personen, Orten,

Ereignissen nur prätendiert sind. Auch gibt es in fiktionalen Texten nicht-fiktionale Äußerungen, die Anspruch auf reale Gültigkeit erheben. Searle zitiert die Bemerkung Tolstois am Beginn der *Anna Karenina* über die glücklichen Familien, die alle gleich, und die unglücklichen, die alle auf eigene Weise unglücklich seien. Fiktionale Texte bringen demnach »besondere Fakten über Orte wie London und Dublin und Rußland und allgemeine Fakten über das, was den Menschen zu tun möglich ist, und über diese Welt.« Was möglich ist: hierin ist die Referenz der Fiktion gemeint. Das »Mögliche« erinnert uns an das Aristotelische »Wahrscheinliche«, wie uns zuvor die vorgebliche Realität schon an dessen »Als ob« gemahnte.

Im Schluß-Teil seiner *Vorbereitenden Bemerkungen zu einer Theorie der kommunikativen Kompetenz*, von denen wir ausgingen, kommt Habermas zu den Kriterien, nach denen Aussagen Wahrheit zuzusprechen sei. Den Aussagen der wissenschaftlichen Sprache entspräche die Wahrheit, so unterscheidet er dort, den Äußerungen der Umgangssprache entspräche die Wahrhaftigkeit. Die Wahrhaftigkeit der Äußerungen könne durch Rekurrieren auf die Richtigkeit der Handlungen überprüft werden. Da die fiktionale Literatur vor allem die umgangssprachliche Kommunikation darstellt, müßten wir ihren Äußerungen Wahrhaftigkeit zuteilen, doch können wir die Wahrhaftigkeit ihrer Äußerungen nicht an der Richtigkeit von Handlungen überprüfen. Denn die Handlungen, auf die wir rekurrieren könnten, sind keine realen Handlungen, sondern fiktionale. Wäre also der fiktionalen Literatur in ihrer zweiten Referenz Wahrheit zuzusprechen? Sicherlich nicht in dem Sinne, wir wir sie in strengem Maße an den Aussagen der Wissenschaftssprache prüfen.

Man wird nicht erwarten, daß wir hier die alte Frage nach der Wahrheit der Dichtung leicht beantworten können. Wir können nur versuchen, die Darstellung der Realität durch die fiktionale Literatur noch deutlicher zu charakterisieren und ihre Leistung von den anderen Typen der Literatur zu unterscheiden. Das soll in den weiteren Kapiteln geschehen. Die Frage nach der Wahrheit, nach der Möglichkeit von Wahrheit, nach der Art, wie wir wahrnehmen und Sinn bilden, ist gerade die Frage, die von der fiktionalen Literatur im Laufe der letzten zweihundert Jahre immer mehr in den Mittelpunkt ihrer Darstellungen gerückt wird. Die Problematik taucht gleichermaßen auf der Ebene der primären wie der sekundären Kommunikation auf, die eng miteinander gekoppelt sind. So führt die Darstellung der Problematik primärer Kommunikation – auf welche Weise nehmen wir wahr, denken, sprechen wir, stellen wir unsere Ordnungen her – zu einer Reflexion der Bedingungen der literarischen Kommunikation, und umgekehrt: Die Literatur wird zum Thema der Literatur, die Kommunikation wird zum Thema der Kommunikation. Die Folge ist ein höherer Reflexionsgrad. Nicht nur die Inhalte der Kommunikation werden transportiert und reflektiert, sondern auch die Bedingungen der Kommunikation.

Wolfgang Iser hat diese Entwicklung am Beispiel des Romans zusammengefaßt: »Wurde dem Leser im Roman des 18. Jahrhunderts durch das Gespräch, das der Autor mit ihm führte, eine explizite Rolle zugewiesen, damit er – bald durch sie, bald gegen sie – je nach der im Text wirksamen Steuerung die menschliche Natur und den Zugang zur Wirklichkeit zu konstituieren vermochte, so schwindet im Roman des 19. Jahrhunderts vielfach eine solche, dem Text eingezeichnete Rollenzuweisung. Statt dessen soll der Leser selbst seine Rolle entdecken, die er ständig von den sozialen Normen zugewiesen erhält, um dadurch in ein kritisches Verhältnis zu den gesellschaftlichen Zwängen zu gelangen. Damit aber der Leser diese Rolle entdeckt, darf ihm der Roman selbst keine zuweisen. Folglich komplizieren sich die Textstrategien, da sie nun den Leser ungleich indirekter und verhohlener auf die ihm zugedachte Entdeckung lenken müssen. Dieser Vorgang kompliziert sich noch einmal im Roman des 20. Jahrhunderts, wo sich die Entdeckung auf das Funktionieren unserer Fähigkeiten bezieht. Der Leser soll sich der Art seines Wahrnehmens, der Form seiner passiven Synthesen zum Herstellen von Konsistenz, ja des Funktionierens seiner Reflexion bewußt werden. Dies setzt voraus, daß der Roman das Erzählen von Geschichten und das Erstellen von Zusammenhängen aufgibt, um in der Präsentation von Elementarbeständen der Erzähltechniken, ja in der Trennung von Darstellungsraster und dargestelltem Material einen solchen Grad der Irritation zu erzeugen, daß nun der Leser selbst Wahrnehmungs- und Reflexionszusammenhänge erstellt.«[112]

XVIII. Typen und Gattungen

Wir sprachen bisher immer von schöngeistiger oder fiktionaler Literatur, wenn von »Literatur« die Rede war; diese soll weiterhin im Blickpunkt unseres Interesses stehen, doch müssen wir die anderen Typen erwähnen, die lange außerhalb des Untersuchungsbereichs von Literaturwissenschaft und Literaturkritik in Deutschland blieben.

Wir gehen aus von Karl Bühlers Sprachmodell, das uns die Vielfalt der Text-Typen ordnen hilft.[113] Es ist ein einfaches und praktikables Modell der Kommunikation. Bühler versteht Sprache im Gefolge Platons als »organon«, als Werkzeug, mit dem einer, der Sprecher, einem andern, dem Hörer, etwas mitteilt über eine Sache (Modell 1). Damit sind die drei »Relationsfundamente« des »organon« gegeben: der Sprecher – der Hörer – die Sache. Und aus diesen drei Relationen ergeben sich die drei Funktionen der Sprache: Ausdruck, Appell, Darstellung, je nachdem, welche der drei Funktionen gerade hervortritt. Nach der jeweils dominierenden Funktion lassen sich die entstehenden Texte klassifizieren:

1. Texte, die vor allem Eindrücke, Gefühle, Überzeugungen des Sprechers wiedergeben, könnten als expressive bezeichnet werden oder als »Ausdruck«.
2. Texte, die vor allem an andere appellieren, die etwas bewirken wollen, Handlungen auslösen wollen, ließen sich als appellative oder als »Appell« bezeichnen.
3. Texte, die in erster Linie am Gegenstand orientiert sind und die Wirklichkeit möglichst objektiv darstellen wollen, wären als darstellende oder als »Darstellung« zu bezeichnen.

Man wird leicht einsehen, daß diese Typen im Sprachgebrauch nie rein vorkommen, sondern immer gemischt, und es kommt darauf an, die dominierende Funktion als klassifizierende zu erkennen. Wir können also drei Typen von Texten unterscheiden; wir wollen dazu Begriffe, die sich eingebürgert haben, zur Hand nehmen, sie allerdings hier genauer definieren, als es sonst üblich ist.

Expressive Texte würden wir der »subjektiven Literatur« zurechnen, appellative Texte der »Gebrauchsliteratur« und darstellende Texte der »Sachliteratur«. Gebrauchsliteratur wäre also in unserer Definition – analog zu »Gebrauchsgraphik« – die werbende, auf den Leser einwirkende Literatur, etwa die der politischen Rede und der kommerziellen Werbung. Sachliteratur dient vor allem der Darstellung der Sache, hier wären die Abhandlungen der Wissenschaft zu nennen. Subjektive Literatur ist die Äußerung des Subjekts über sich selbst, manchmal auch für sich selbst wie etwa im Tagebuch, aber auch die Äußerungen des Briefs können von diesem Typ sein, wenngleich der Brief an einen Adressaten gerichtet ist, also das Zwiegespräch mit sich selbst an einen außenstehenden realen, nicht imaginierten Partner weitergegeben wird.

Peter Kern, der das Modell Bühlers aufgegriffen hat, spricht von »ich-es-Relation«, das wäre der Sachtext, »ich-du-Relation«, das nennt er Mitteilung, wir nennen es Gebrauchstext, »ich-ich-Relation«, das nennt er Reflexion, wir aber subjektiver Text.[114] Kern hat ein Schema, zu dem er die Überlegungen von Morris zu Hilfe nimmt, vorgeschlagen, das die zahlreichen Typen zu erfassen sucht. Uns interessiert hier, wie er die fiktionale Literatur einordnet: »Ein konkreter Text wäre hinsichtlich seiner klassifikatorischen Zuordnung abzufragen, 1. ob eine Leserresonanz primär vorgesehen ist, 2. ob, wenn das nicht der Fall ist, der behandelte Gegenstand in unmittelbarer und unabdingbarer Relation zu einer empirisch und außerhalb des Textes (bzw. des Schreibers) vorhandenen Wirklichkeit steht oder umgekehrt nur auf die (innere) Wirklichkeit des Textes bzw. des Schöpfers verweist.«[115] Der letztere wäre der fiktionale Text. Doch der fiktionale Text, müssen wir widersprechen, bezieht sich nicht nur auf die innere Wirklichkeit seines Schöpfers, er geht vielmehr aus der Auseinandersetzung dieser inneren Wirklichkeit mit der äußeren Wirklichkeit hervor, er versucht durchaus die äußere, empirische Realität zu erfassen, allerdings auf seine besondere Weise, die ihn von der Sachliteratur unterscheidet. Dieser Unterschied liegt in der Art der Darstellung der Realität begründet, die eine andere ist als die der Sachliteratur; und die Art der Darstellung geht zusammen mit einer bestimmten Konstruktion der sprachlichen Zeichen. Wir meinen auch nicht, daß fiktionale Literatur zureichend unter subjektiver Literatur zu erfassen wäre. Das Bühlersche Modell ist unzureichend, es muß um eine Funktion erweitert werden, wie Jan Mukařovský es vorschlug, damit die fiktionale Literatur darin Platz findet.[116]

Dies geschieht dadurch, daß im Bühlerschen »organon«, also der Sprache, unterschieden werden muß zwischen dem bereitstehenden Zeichensystem der Sprache und dem jeweiligen Gebrauch, den ein Sprecher davon macht, zwischen der Sprachkompetenz und der Sprachperformanz. Dann ist der jeweilige Text, den ein Sprecher erzeugt, durch vier Relationen bedingt: durch Sprecher, Hörer, Sache und durch den jeweiligen Gebrauch der Sprache (Modell 2).

Aus der vierten Relation geht die ästhetische Funktion des Textes hervor, die sich auf die Konstruktion des Textes richtet. Mukařovský nennt die drei ersten die praktischen Funktionen, die vierte aber die ästhetische: »Durch Vermittlung der ersten drei Funktionen gewinnt die Anwendung der Sprache praktische Tragweite; die vierte Funktion dagegen entreißt sie dem unmittelbaren Zusammenhang der Praxis.«[117] Und dies geschieht vornehmlich in der fiktionalen Literatur, die wir demgemäß besser »ästhetische Literatur« nennen sollten, weil das die Bezeichnung ist, die der Funktion entspricht, die in ihr dominiert.

Nicht allein ihre Darstellung der Realität unterscheidet sie von den anderen Typen der Literatur, sondern auch und besonders ihre Konzentration auf die sprachliche Konstruktion. Die Dominanz der ästhetischen Funktion ist das Kriterium, das die »ästhetische Literatur« von den anderen Typen abhebt. Wenn wir die Dominanz einer der vier Funktionen zur Klassifikation benutzen, erhalten wir vier Typen der Literatur: die subjektive Literatur, die Appell-Literatur oder Gebrauchsliteratur, die darstellende Literatur oder Sachliteratur, die ästhetische Literatur.

Wenn wir von der dominierenden Funktion – und nicht vom Realitätsbezug allein – ausgehen, können wir zur ästhetischen Literatur auch die Gattung zählen, die nicht fiktional ist und ihr doch unter bestimmten Umständen zugehört: der Essay, wenn die sprachliche Konstruktion ihm nichts Nebensächliches ist, sondern die Hauptsache, und wenn neben der darstellenden Funktion die subjektive – hier als Ausdruck der Haltung des Schreibers – deutlich zum Zuge kommt.

Alle fiktionale Literatur würden wir zur ästhetischen Literatur zählen; nicht alle ästhetische Literatur aber ist fiktional. Auf Mischformen fiktionaler und darstellender Literatur haben wir schon hingewiesen – wir denken an die Biographie, an den historischen Roman; ebenso gibt es Mischformen von subjektiver und darstellender Literatur – wir denken an Tagebuch und Autobiographie, an den Essay –, auch wäre eine Mischung aus fiktional und darstellend bei Tagebuch und Autobiographie denkbar. Diese Mischformen wollen wir zur ästhetischen Literatur zählen – bei entsprechender Dominanz der ästhetischen Funktion, also dann, wenn die sprachliche Konstruktion im Mittelpunkt der Arbeit des Autors steht, wenn er die Sprache nicht nur als Mittel, sondern als Zweck betrachtet, als Material, dessen semantische, syntaktische, kompositorische Möglichkeiten er bewußt handhabt.

Die dominierende Funktion verändert auch die drei übrigen Funktionen. Nicht durch eine Funktion allein, also die ästhetische, unterscheidet sich die ästhetische Literatur von den anderen Typen, sondern durch alle vier Funktionen, unter diesen aber besonders durch die ästhetische. Durch die Dominanz der ästhetischen werden die drei anderen nicht gleichmäßig verändert. Deshalb kann es ästhetische Literatur geben mit unterschiedlichen darstellenden Aspekten – eben fiktionale wie den Roman und sachliche wie den Essay – oder mit unterschiedlichen subjektiven Aspekten – man denke an solch unterschiedliche Gattungen wie Tagebuch, Lyrik, Roman, Essay – oder mit unterschiedlichen appellierenden Aspekten.

Jeder Text jeden Literaturtypus wird von allen vier Funktionen getragen, für die Klassifikation entscheidend ist die dominierende Funktion. Mukařovský sagt: »Nicht einmal in der ganz autonomen künstlerischen Äußerung werden die praktischen Funktionen voll unterdrückt [...]; jedes Werk der Dichtung ist also, wenigstens virtuell, sowohl Darstellung als auch Ausdruck und Aufforderung; oft kommen gerade diese praktischen Funktionen im Kunstwerk stark zur Geltung, z. B. die darstellende Funktion im Roman, die expressive in der Lyrik. Und umgekehrt wiederum entbehrt keine praktische Tätigkeit ganz der ästhetischen Funktion; wenigstens potentiell ist diese Funktion an jeder menschlichen Tätigkeit beteiligt; in der alltäglichsten Rede z. B. weckt jeder Vorgang, bei dem semantische, den Kontext durchdringende und organisierende Beziehungen in den Vordergrund treten, die ästhetische Funktion.«[118]

Durch die jeweilige Dominanz einer Funktion wird die Art, wie die restlichen Funktionen zum Zuge kommen, verändert. Das ist auch an den nicht-ästhetischen Typen zu beobachten. In der politischen Rede führt die Konzentration auf den Appell zu einer bestimmten, dem wirkungsvollen Appell unterworfenen Darstellung der Sache. Der Redner, also der Sprecher, wird sich zudem als wichtiger Staatsmann in den Vordergrund stellen, die sprachlichen Zeichen wird er unter diesen Gesichtspunkten auswählen. In der wissenschaftlichen Abhandlung tritt meist der Schreiber ganz zurück, er verschwindet nahezu, ebenso der Leser, beherrschend ist die Darstellung der Sache, dazu aber auch die Konzentration auf die sprachlichen Mittel der Darstellung. Natürlich sind die Zwischenformen zahlreich: etwa die populärwissenschaftliche Aufklärung, die den Leser stark beachtet, oder die wertende Kritik, die den Schreiber und dessen Ansicht zur Sprache bringt.

Das Modell, das wir mit Mukařovský aus dem Bühlerschen durch notwendige Erweiterung erhalten haben, verschafft uns einen Gesichtspunkt, unter dem wir die Typen der Literatur ordnen können. Das wird in manchem Einzelfall schwieriger sein, als es nach dem einfachen Modell aussieht. Aber das Modell gibt eine Ordnung, die hilfreich ist und eine Übersicht erzeugt. Daß Zwischenformen möglich sind, sagt nichts gegen diese Ordnung, sie läßt uns auch die Zwischenformen erkennen und einordnen, wenn wir sie als solche gelten lassen. Der einzelne Text wird immer sorgfältig zu prüfen sein, ebenso der Zusammenhang, aus dem er entstanden ist, in dem er steht, das versteht sich in der Literaturwissenschaft von selbst.

Eine Arbeit von Roman Jakobson bestärkt uns in unseren Überlegungen.[119] In seinem Referat *Linguistik und Poetik* knüpft Jakobson an Bühler an und schlägt eine Erweiterung des Bühlerschen Modells vor, die der von Mukařovský ähnlich ist. Jakobson nimmt sechs Funktionen der Sprache an, was jedoch unser Modell nicht stört, denn die grundlegenden vier bei Jakobson sind mit denen von uns vorgestellten vier identisch. Die beiden übrigen Funktionen, die hinzukommen, dienen lediglich der Kontrolle des in unserem Modell erfaßten Kommunikationsablaufs. Es sind dies in Jakobsons Terminologie die »phatische« Funktion, die kontrolliert, ob das Kontaktmedium in Ordnung ist, der Kanal (etwa: »Hören Sie mich?«, »Ich bitte Sie um Ihre Aufmerksamkeit«), und die »metasprachliche« Funktion, die sich auf die Sprache selbst richtet, nicht nur in der wissenschaftlichen Reflexion, auch im Alltagsgespräch (etwa: »Sie verstehen, was ich meine«, »Was wollen Sie damit sagen?«).

Jakobson zeigt nun, wie die Konzentration auf die ästhetische – bei ihm poetische – Funktion der Sprache deren referentielle, darstellende Funktion verändert. Die Konzentration auf die Nachricht »um ihrer selbst willen«, nennt er die poetische Funktion. Sie führt dazu, daß die Kombination der sprachlichen Zeichen, also die Art, wie sie miteinander in Verbindung treten, einander ergänzen und erhellen, über die Selektion der Zeichen dominiert. Selektion meint die Auswahl des Sprechers unter den vorhandenen Worten, die ihm eine Darstellung einer Sache ermöglichen. Er wird ein Wort wählen, das der Darstellung am dienlichsten ist, dann das nächste usw. Die Kombination achtet dagegen darauf, daß eine Beziehung zwischen den einander folgenden Worten entsteht, die nicht von der Referenz determiniert wird, sondern vom Gleichklang der Worte, vom Rhythmus, von der Ähnlichkeit, dem Kontrast usw. Im ästhetischen Text hat so jedes einzelne Wort seine besondere Bedeutung. Jakobson bringt ein anschauliches Beispiel: Ein Missionar warf Afrikanern vor, daß sie ohne Kleider gingen. Er sei ja auch nackt, sagten sie und wiesen auf sein Gesicht. Das sei das Gesicht, antwortete jener. Darauf die Afrikaner: Bei ihnen sei überall Gesicht. Jakobson: »So ist in der Dichtung jedes Sprachelement in eine Figur dichterischen Sprechens verwandelt.«[120]

Unser Modell, das wir im Anschluß an Mukařovský und Jakobson gewonnen haben, gibt nicht nur eine systematische, sondern zugleich eine genetische Erklärung, denn die Ordnung kommt aus einem Kommunikationsmodell, das den Akt des Sprechens zwischen Subjekten und die Entwicklung dieses Sprechens zugrunde legt. Darauf kommt es uns in diesen Überlegungen an: die systematischen Ordnungen in ihrer Verbindung mit genetischen Modellen zu zeigen. Aus dem sprechenden, schreibenden Subjekt und dem hörenden, lesenden Subjekt und aus deren Entwicklung, also aus den generellen Bedingungen der Kommunikation, wollen wir die speziellen Bedingungen der literarischen Kommunikation ableiten. So liegt unsere Aufmerksamkeit auf diesem Punkt, den wir beim Abschreiten der Problematik immer im Auge behalten wollen.

Vorab und in aller Kürze noch eine Bemerkung zu den traditionellen Gattungen der ästhetischen Literatur: zu Lyrik, Drama, Roman, Essay. Auch diese müßten als grundlegende Kategorien – die Mischformen sind zahlreich – in ein Modell der Kommunikation eingeordnet werden, auch sie sollten aus üblichem kommunikativem Handeln als eine besondere Form abzuleiten sein.

Wir meinen, daß das möglich ist, wenn man von den drei von Wygotski beschriebenen Arten des Sprechens ausgeht: vom inneren, vom äußeren, vom schriftlichen. Man könnte der Lyrik eine Nähe zum inneren, dem Drama eine zum äußeren, dem Roman eine zum schriftlichen zuerkennen, doch eindeutig ist das nicht. Zunächst sind ja alle drei Gattungen in der Regel in schriftlichen Texten festgelegt. Doch sie sind in unterschiedlicher Weise auf die schriftliche Sprache angewiesen; Lyrik und Drama sind es weniger als der Roman. Die Lyrik, vor allem die traditionelle, metrisch gegliederte muß laut gelesen werden, damit sie ihre metrische Gestalt zeigen kann, das Drama verlangt nach Inszenierung auf der Bühne, der Roman dagegen braucht lang andauernde Lektüre des schriftlichen Textes, nur schwer ist die Lektüre durch Vorlesen zu ersetzen. Hieraus läßt sich schon, so meinen wir, die Nähe der drei Gattungen zum inneren bzw. egozentrischen Sprechen, zum äußeren Sprechen und zum schriftlichen Sprechen erkennen, eine Nähe, die ihren Charakter erklärt, obschon alle drei Gattungen in der Regel in schriftlichen Texten vor uns liegen.

Die Lyrik hat in der Reduktion der Sprache eine Nähe zum inneren Sprechen, in der Bedeutungsvielfalt, die durch wenige Worte assoziiert wird, auch in ihrem manchmal hermetischen Charakter, wenn die Bedeutungen, die der Lyriker mit seinen Texten verbindet, nicht ohne weiteres vom Leser aufzudecken sind. Die reduzierte Sprache, die nicht ausgearbeitete Grammatik, die individuelle Metaphorik, die Assoziationsfülle – all das, was in der modernen Lyrik wichtig ist, hat seine Nähe zum inneren Sprechen.[121] Ein »lyrisches Ich« spricht sich aus und wendet sich an andere. Lyrik wurde ursprünglich laut gesprochen bzw. gesungen. Vers und Rhythmus kommen aus diesem Vortrag für andere.

Hier entfernt sich gerade die traditionelle, in feste Formen gefaßte Lyrik vom inneren Sprechen und wird ein äußeres, auf Kommunikation zielendes, doch nicht auf den Dialog, sondern auf einen Monolog, der nicht den sprechenden Partner, sondern den stummen Zuhörer verlangt. Die Identität des Ich, noch kaum durch Reflexion in ein Ich und Selbst gebrochen, spricht unmittelbar aus, was es denkt und empfindet. Der andere wird selten zum Gegenüber als Du, er wird eher auf der gleichen Seite wie das Ich als Wir einbezogen.

Wir meinen, daß diese traditionelle Lyrik eher eine Nähe zum egozentrischen Sprechen hat, zu der Vorstufe des inneren Sprechens. Erst die moderne Lyrik, die auch immer mehr das Versmaß als lautes Zeitmaß des Sprechens verliert, hat eine Nähe zum inneren Sprechen. Das egozentrische Sprechen ist ein lautes Sprechen, das einen Partner in Betracht zieht; aber es ist doch ein Sprechen für sich, und der Partner wird als ein anderer in die eigenen Überlegungen hineingezogen, wo er dann später – beim inneren Sprechen – zum »allgemeinen Anderen« wird. So ließe sich die Lyrik erklären – einmal aus der Entwicklung des Einzelnen vom egozentrischen zum inneren Sprechen, zum anderen aus der historischen Entwicklung von der Gruppenidentität zur Ichidentität. Das Ich des Gedichts findet eher zum Wir als zum Du, das Wir liegt ihm näher, das Ich erweitert sich zum Wir, es gliedert die anderen ins Wir ein.

Wir halten es für wahrscheinlich, daß zuerst die Gruppenidentität, das Wir es war, aus dem sich dann die Ichidentität langsam ablöste, bis das Ich heraustrat, seinen Monolog zu sprechen und schließlich einen Dialog mit einem anderen Ich oder mit dem Wir. Das wissen wir wenigstens aus der Geschichte der griechischen Tragödie.[122] Ein Einzelner tritt vor die anderen, aus dem Abwechseln von Vorsänger und Chor wird der Wechselgesang zwischen dem einen und den andern, der Dialog. Der Dialog des Dramas hat seine Nähe zum üblichen umgangssprachlichen Gespräch zwischen zwei und mehr Personen. Es ist ein Spiel mit den Rollen, die die Personen übernehmen, mit den sozialen Ansprüchen, die damit verbunden sind, mit den Konflikten, die daraus hervorgehen. Die Personen des Dramas gehen in ihren Rollen auf, sie gelangen nicht darüber hinaus, wissen nicht, was geschehen wird in der Zukunft, was geschieht an anderem Ort; das Drama vollzieht sich im Hier und Jetzt der Handlung. Daraus zieht es seine Spannung.

Der Zuschauer jedoch steht dem Ganzen gegenüber, er überblickt es, sein Wissen ist den Personen oft voraus. Er hat eine ähnliche Position wie der Leser des Romans, nur vollzieht sich das Geschehen des Romans nicht auf der begrenzten Bühne, sondern in der unbegrenzten Vorstellung des Autors und des Lesers. Das gibt dem Roman die Freiheit, alles und jedes zu berufen, das gibt ihm die Nähe zum inneren Sprechen, »die Welt ist eng, das Gehirn ist weit«, hier kann die Vorstellungskraft sich frei entfalten. Doch ihre Freiheit hat Grenzen: in der schriftlichen Sprache. Denn der Text des Romans wird in dieser differenzierenden Sprache vorgelegt. Gerade die Freiheit, die in die individuellen Vorstellungsweiten führt, verlangt nach den Konventionen des Sprachgebrauchs, denn nur in diesen kann sich der Autor mitteilen. So bringt ihn das Schreiben in die soziale Wirklichkeit zurück, der Text muß kommunizierbar, muß verständlich sein. Es muß alles verbalisiert werden – nicht nur alle non-verbalen Zeichen, die im mündlichen Gespräch für die Verständigung wichtig sind wie Situation, Gestik, Mimik, Intonation, Kleidung, sondern auch alle Handlungen, alle Wahrnehmungen der äußeren Wirklichkeit, also die gesamte empirische Realität, und alle Wahrnehmungen der inneren Wirklichkeit, also Gefühle, innere Bilder, Gedanken.

Das Ich berichtet über sein Selbst, über die möglichen Rollen des Selbst, über die anderen, deren Rollen in Gedanken »einverleibt« werden. Das Ich berichtet über das Vergangene; das, was es zu erzählen gibt, kann nur etwas sein, was gerade vergangen ist oder schon lange vergangen ist. Das erzählende Ich ist darum der »raunende Beschwörer des Imperfekts«, ganz im Gegensatz zum reflektierenden Ich des Essays, das den Präsens gebraucht, denn hier steht das Ich im Vordergrund als gegenwärtige reflektierende Instanz. Das Ich steht auch in der Lyrik im Vordergrund, dort aber vor allem als erlebendes, fühlendes, auch denkendes gegenwärtiges Ich. Natürlich können auch beschreibende, auch reflektierende Zeilen dazwischen stehen, die Vielfalt der Formen läßt auch eine Dominanz der Beschreibung, der Reflexion im Gedicht zu, auch im Rollengedicht zwei verschiedene Ichs, die miteinander sprechen. Da auch im Drama die Gegenwart von Dialog und Handlung herrscht, ist die Vergangenheit die dominierende Zeitebene der Prosa, des Romans. Sie verweist darauf, welch zentrale Bedeutung ihm in der modernen Literatur zukommt gerade wegen seiner weitgespannten Möglichkeiten, in der Vergangenheit der Erzählung die Verhältnisse von Ich und Selbst und von Ich und Welt zu entfalten. Wie keine andere Gattung vermittelt der Roman zwischen innerer und äußerer Wirklichkeit, hilft er bei der Übersetzung innerer Sprache in die äußere und umgekehrt, trägt er zur Verbalisierung des Kaum-Verbalisierbaren bei und führt es der allgemeinen intersubjektiven Kommunikation zu.

So wird gerade die Funktion, die Mukařovský als ästhetische den praktischen entgegensetzt und die von der unmittelbaren Praxis zunächst hinwegführt, wieder bedeutsam für die Praxis. Die Kommunikation bedarf des Zeichensystems, das die Informationen trägt und allen zugänglich macht. Nur was verbalisiert wird, zum sprachlichen Zeichen wird, kann in den sozialen Kreislauf der Kommunikation eingeführt werden. Daher ist gerade die Konzentration auf die ästhetische Funktion der Sprache von höchster sozialer Bedeutung: sie arbeitet am Instrument der Kommunikation selbst.

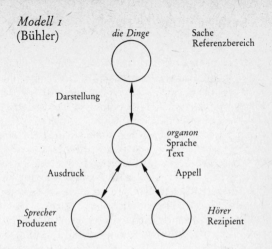

Modell 1
(Bühler)

die Dinge | Sache
Referenzbereich

Darstellung

organon
Sprache
Text

Ausdruck | Appell

Sprecher
Produzent | *Hörer*
Rezipient

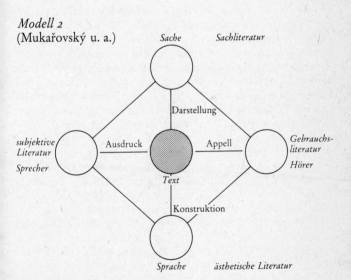

Modell 2
(Mukařovský u. a.)

Sache | Sachliteratur

Darstellung

subjektive
Literatur
Sprecher | Ausdruck | Appell | Gebrauchs-
literatur
Hörer

Text

Konstruktion

Sprache | ästhetische Literatur

XIX. Symbole und Zeichen

Die Darstellungsart der ästhetischen Literatur besser zu erfassen, wird uns die genauere Definition zweier Begriffe helfen, die in diesem Zusammenhang genannt werden: Symbole und Zeichen. Wir übernehmen die Definition, die Jean Piaget im Gefolge der linguistischen Schule de Saussures vorschlägt.[123] Demnach gelten Zeichen als »willkürliche« Zeichen, die durch soziale Übereinkunft an das Bezeichnete gebunden sind, aber nicht durch eine Beziehung der Ähnlichkeit. Die sprachlichen und die mathematischen Zeichen sind von dieser Art. Das Symbol dagegen ist ein »motiviertes« Zeichen, da es eine Ähnlichkeit mit dem Bezeichneten erstrebt. Ein Symbol ist etwa ein Bild, das Ähnlichkeit mit dem Abgebildeten aufweist; ein Bild auch, das durch ein Wort angesprochen wird, z. B. in einer Metapher. Während die Zeichen von individueller Erfahrung leicht abstrahieren können, sind die Symbole reich an individueller Erfahrung und widersetzen sich der Abstraktion. Das Zeichen ermöglicht das rationale Denken, das Symbol dient dem Ausdruck von Gefühlen und Erfahrungen; also hier »intellektuelle Sprache«, dort »affektive Sprache«, wie Piaget sagt.

Er macht darauf aufmerksam, daß diese Definition des Symbols derjenigen der psychoanalytischen Schule gleiche: »ein Bild, das eine Bedeutung hat, die zwar von seinem eigentlichen Inhalt verschieden ist, das aber eine mehr oder weniger genaue Ähnlichkeit zwischen dem Zeichen und dem Bezeichneten enthält.«[124] Freud unterscheidet zwischen bewußten und unbewußten Symbolen; unbewußte sind solche, deren Bedeutung dem Subjekt nicht bekannt ist.

Piaget stellt hier seine Definition von »unbewußt« der Freudschen Schule entgegen. Nicht der Inhalt sei unbewußt, sondern der Vorgang, der den Inhalt transportiere. Der Mechanismus des Denkens – sowohl des symbolischen als auch des rationalen – sei uns während des Denkens unbewußt, auch wenn das Resultat des Denkens uns sehr wohl bewußt sei. Er zitiert Binet, wonach auch »das Denken ein unbewußter Prozeß des Geistes« ist.[125] Das Unbewußte wäre demnach keine bestimmte Region, kein Bereich, aus dem heraus ein Inhalt ins Bewußtsein heraufzuheben wäre. Piaget: »Das Unbewußte ist überall, und es gibt unbewußte intellektuelle wie unbewußte affektive Prozesse.«[126] Unbewußt ist das, was nicht in Frage gestellt wird, also nicht reflektiert werden muß. Der Unterschied zwischen bewußt und unbewußt wäre dem zufolge nur graduell, je nachdem, wie hoch das Maß der Reflexion im gegebenen Fall ist. Deshalb kann Piaget leicht zum Schluß kommen, jedes Symbol könne sowohl bewußt als auch unbewußt sein. Zu der bekannten Bedeutung des Symbols könne eine tiefere, noch unbekannte kommen.

Piagets Auseinandersetzung mit Freud – die hier nur skizziert werden kann, wie wichtig sie auch für die Sozialwissenschaften, die in starkem Maße Freud rezipiert haben, ist – ist von der Absicht geleitet, Freuds Lehre in »genetische Kategorien« zu übertragen. Das ist gerade an dem erwähnten Punkt deutlich: nicht von Inhalten, nicht von Substanzen, nicht von Region zu sprechen, sondern von Beziehungen, Schemata, Strukturen. Nicht das Gefühl, das aus der Interaktion mit dem Vater entstanden sei, bleibe erhalten, sagt Piaget, sondern das Schema der Interaktion, das bei neuer Interaktion wieder einsetze: »In der Tat ist es viel schwieriger, von einem Reaktionsschema und seinen verwickelten Zusammenhängen Kenntnis zu nehmen, als es bei schon fertig geformten und zum Auftauchen bereiten Gefühlen der Fall wäre.«[127] Den Vorschlag des Freud-Schülers Silberer, von »materiellen« und von »funktionellen« Symbolen zu sprechen, begrüßt deshalb Piaget. »Materiell« heißen die Symbole, die ein Objekt oder ein Ereignis darstellen (König für Vater), »funktionell« aber die, welche einen emotionalen oder rationalen Ablauf darstellen.[128] Silberer habe auch gezeigt, daß Träume nicht nur eine retrospektive Interpretation nahelegen, sondern auch eine »anagogische«, eine vorwärtsgerichtete. Der gleiche Traum könne in seinen Symbolen sowohl infantile Wünsche ausdrücken als auch aktuelle ernsthafte Gedanken, indem er Vergangenes mit Gegenwärtigem verbinde, um zwischen diesem und jenem eine Kontinuität herzustellen, die durchaus nicht immer vom Vergangenen majorisiert werden müsse. Freud hat dem widersprochen.

Einen erheblichen Einwand, der folgerichtig aus dem Einwand gegen Freuds Begriff des Unbewußten hervorgeht, richtet Piaget gegen dessen Fassung des Bewußtseins, das für Freud nur eine Art Beleuchtung sei, die von Fall zu Fall auf vorhandene Assoziationen treffe, die aus den unbewußten Erinnerungen entstanden seien. Freud verweigere so dem Denken sein Gedächtnis und seine Aktivität, auch hier wieder statische Konzeption vorziehend. Dagegen meint Piaget, das logische Denken sei eine konstruktive Tätigkeit; auch die Assoziationen, die kein primärer Tatbestand seien, seien das Ergebnis einer Konstruktion, allerdings keiner logischen, sondern einer affektiven. Piaget: »Freuds Lehre hat das Problem der Intelligenz nicht umfaßt, und das ist sehr zu bedauern, denn ein Nachdenken über das Bewußtwerden im Akt des Verstehens und auch über die Beziehungen zwischen den unbewußten intellektuellen Schemata und den bewußten ›Überlegungen‹ hätte sicherlich die Theorie des affektiven Unbewußten vereinfacht.«[129]

Piaget geht in seiner Konzeption von zwei polaren Begriffen aus, die den Entwicklungsgang des Einzelnen zu sozialer Integration und individueller Differenzierung begleiten: Assimilation und Akkomodation. Assimilation ist die Anpassung der empirischen Wirklichkeit an das agierende, wahrnehmende Ich, Akkomodation die Anpassung dieses Ich an die Wirklichkeit. Dies ist ein Vorgang, der auf jeder Stufe der Entwicklung sich vollzieht, vom frühen sensomotorischen Stadium des Kindes bis zum späten operationalen Stadium des Erwachsenen, ein Vorgang, der trotz Schwankungen nach diesem oder jenem Pol zu einem Gleichgewicht kommen will. Um ein Beispiel aus dem späten Stadium der Entwicklung zu geben: Die empirischen Untersuchungen der Wissenschaft wären der Akkomodation zuzuordnen, deren Ordnung nach logischen Gesichtspunkten wäre der Assimilation zuzuordnen. Das symbolische Spiel des Kindes, davon war schon die Rede an früherer Stelle, dient vor allem der Assimilation. So haben in der Assimilation auch die Symbole ihre vornehmliche Bestimmung.

Der Unterschied zwischen bewußten Symbolen (Bildern, Vergleichen) und unbewußten (im Traum) wurde schon festgehalten, auch daß Symbole sowohl unbewußte wie bewußte Bedeutungen haben können; diese Zwischenformen sind besonders bei Kindern häufig. Da im Traum jeder Kontakt zur wahrgenommenen Realität abgebrochen ist, also fast jegliche Akkomodation entfällt – es gibt nur vergangene Akkomodation in dem Erinnerten –, kann die Realität nahezu vollständig an das Ich assimiliert werden. Das Ich hat im Traum zudem kein deutliches Ich-Bewußtsein, so daß Äußeres und Inneres ineinander zerfließen, Inneres als Äußeres dargestellt werden kann und umgekehrt. Von der »Verdichtung« und der »Verschiebung« der Symbole hat Freud gesprochen. Im Traum fehlt die Kontrolle; der Traum führt den Träumenden deshalb weit hinaus über das, was seinem Bewußtsein gefällt: zu Angstträumen. Im symbolischen Spiel dagegen lassen sich die Symbole bestimmen, die Dinge lassen sich arrangieren, wie es dem Ich gefällt. Spiele sind Fiktion, ab einem gewissen Alter ist das den Kindern bewußt; im Traum glaubt man das, was man erlebt.

Die beiden Pole Assimilation und Akkomodation bestimmen die Entwicklung; im sensomotorischen Stadium ist das die Assimilation im Übungsspiel und die Akkomodation in der Nachahmung; dem folgen symbolisches Spiel als Assimilation und darstellende Nachahmung als Akkomodation, hier also bereits mit Hilfe von Repräsentanzen, nämlich Bildern, Vorbegriffen, schließlich Begriffen: im Stadium des begrifflichen Denkens haben wir die Assimilation im Konstruktionsspiel und die Akkomodation in der reflektierten Nachahmung. Zwischen diesen Polen sucht das Denken jeweils ein Gleichgewicht herzustellen. Das führt von der sensomotorischen Intelligenz über das anschauliche Denken zum operationalen Denken. Wir sehen, daß hier Piaget jedem Stadium seine Eigenart belassen hat, das eine nicht auf das andere reduziert, und doch die Beziehungen aufgezeigt hat, die eines mit dem anderen verbinden. Auch die Phantasie – als Bestandteil des Denkens – hat hier ihre Aufgabe, auf der Seite der Assimilation als »schöpferische Phantasie«, auf der Seite der Akkomodation als »reproduktive Phantasie«.

So stehen anschauliches und logisches Denken miteinander in Beziehung: Das anschauliche Denken ist kein antilogisches, sondern ein vorlogisches. Das anschauliche Denken steht zwischen dem Bild als der nachahmenden Vorstellung und dem Begriff als dem logischen Zeichen und vermittelt zwischen beiden. So ist der Begriff mit dem Bild, das Zeichen mit dem Symbol verknüpft. Das Bild kommt aus der Akkommodation, der Nachahmung der äußeren Realität, während das Symbol aus der Assimilation kommt als Ausdruck affektiver Schemata. Das Bild kann vom wahrgenommenen Objekt losgelöst werden, es ist insofern ein Bedeutungsträger wie das Zeichen, aber es ist ein »motiviertes« Zeichen im Gegensatz zum »willkürlichen« verbalen Zeichen. Das Bild trägt die individuell erfahrene Bedeutung noch mit sich und ermöglicht es so dem Indiviuum, die soziale Bedeutung des Zeichens mit der individuellen seines Bildes zu ergänzen. Piaget sagt: »Darum bleibt bei jedem sprachlichen und begrifflichen Denkakt eine Spur von bildhafter Vorstellung bestehen, die es dem Individuum ermöglicht, gleichsam für sich selbst die allgemeine Idee zu assimilieren, die allen gemeinsam ist, und das ist auch der Grund dafür, warum die Rolle der bildhaften Vorstellung und des anschaulichen Denkens um so größer wird, je weiter man zum Niveau der Kleinkindheit zurücksteigt. In der Tat entspricht jedem Bild ein Gegenstand (d. h. der Begriff dieses Gegenstandes), der auch dem Erwachsenen als Repräsentant oder als Beispiel dient, um den Oberbegriff (zu dem er gehört) zu denken, während beim Kind dieses exemplarische Objekt (oder besser dessen Begriff) teilweise den noch nicht gebildeten Oberbegriff ersetzt. Aber wenn das der Mechanismus des angepaßten Denkens ist (das in einem Gleichgewicht zwischen Assimilation und Akkommodation besteht), dann versteht man die Rolle des Symbols im Spiel, in dem die Assimilation über die Akkommodation dominiert. Das Spielsymbol ist auch ein Vorstellungssymbol, also ist es auch Nachahmung, also auch Akkommodation. Aber das Verhältnis zwischen Assimilation und Akkommodation stellt sich hier anders dar als im gut angepaßten und kognitiven Denken, weil das Spiel ja gerade ein Primat der Assimilation und nicht ein Gleichgewicht zwischen beiden Funktionen ist.«[130]

Es geht um dieses Gleichgewicht zwischen Assimilation und Akkommodation, die das Denken zu erreichen sucht, in seinem Stadium das anschauliche, in dem seinigen das operationale, wobei auch im fortgeschrittenen Stadium der Entwicklung, dem operationalen, die früheren Stadien mit einbezogen sind, da das jüngere auf den älteren aufruht. In der vorstellungsmäßigen Nachahmung zeigt sich die Akkomodation, im symbolischen Denken die Assimilation, beide kommen zu ihrem Ausgleich im anschaulichen Denken. Wird in diesem Ausgleich eine Beständigkeit erreicht, können Spiel und Nachahmung in die Intelligenz integriert werden: Die Nachahmung wird reflektiert, das Spiel wird konstruktiv, »und die kognitive Repräsentation selbst gelangt schließlich auf operatorisches Niveau dank der Reversibilität, die das Gleichgewicht zwischen einer Assimilation und einer Akkomodation charakterisiert, die beide generalisiert sind.«[131]

Damit hat jedoch das symbolische Denken seine Kraft nicht verloren, es wirkt auf der Seite der schöpferischen Phantasie, es speist Symbolspiel und konstruktives Spiel, und – vor allem – es »ist die einzig mögliche Form der Bewußtwerdung affektiver Schemata«[132]; nur im symbolischen Denken können diese Schemata zutage treten. Und auch das anschauliche Denken hat seine Kraft nicht verloren. Es steht vermittelnd zwischen Bild und Begriff, es stellt bildhaft dar, im Gegensatz zur Logik, die durch Abstraktion und Generalisierung darstellt. Das anschauliche Denken ersetzt das Allgemeine durch einen Einzelfall, der das Allgemeine nicht nur exemplarisch darstellt, sondern zugleich ein Einzelfall ist, der »das Allgemeine nicht nur als ein Beispiel substituiert, sondern der am Allgemeinen partizipiert und im strengen Sinn des Wortes dessen ›Substitut‹ ist.«[133]

Spätestens an dieser Stelle wird uns klar, wie bedeutsam diese Überlegungen für die ästhetische Literatur sind, die – wie man sagt – das Allgemeine im Besonderen darstellt und Symbole bildet. Das können wir nach dem von Piaget Vorgebrachten jetzt genauer erkennen. In dem Modell, das wir von Piaget leicht abgewandelt übernommen haben, wäre der Platz der ästhetischen Literatur in der Nähe des anschaulichen Denkens zu finden (Modell 3). Dort könnte der Mittelpunkt eines Kreises gesetzt werden, der zur schöpferischen Phantasie und zum Symbol auf der einen und zur reproduktiven Phantasie und zur bildlichen Vorstellung auf der anderen Seite reicht, der aber auch hier noch den Bereich der Vorbegriffe berührt und dort in den Bereich operationalen Denkens hineinführt. Damit wäre der Kreis umschrieben, innerhalb dessen die ästhetische Literatur in ihrer Funktion für Assimilation und Akkomodation und das ausgleichende Denken zu sehen wäre.

Den subjektiven Charakter der ästhetischen Literatur können wir hier wiedererkennen: nicht nur in den Symbolen der Assimilation, die sie bringt, sondern überhaupt im anschaulichen Denken, dessen Vorstellungen noch von der individuellen Bedeutung der Bilder genährt werden. Sicherlich gibt es Werke, die stärker in den Bereich der Nachahmung gehen, indem sie ein Abbild der empirischen Realität im Text herzustellen versuchen, wir denken etwa an den »realistischen« Roman. Sicherlich gibt es Werke, die stärker in den Bereich des symbolischen Denkens gehen, um affektive Schemata aufzuzeigen, wir denken etwa an Märchen oder phantastische Literatur. Sicherlich gibt es Werke – und das dürfte der Tendenz eines wissenschaftlichen Zeitalters entsprechen –, die stärker in den Bereich des operationalen Denkens hineinreichen mit reflektierter Nachahmung und Konstruktionsspiel; im Zitat Wolfgang Isers zu Ende des Kapitels XXVIII haben wir auf diese Entwicklung hingewiesen. Wir sind allerdings auch der Meinung, daß operationales Denken in der Konstruktion des ästhetischen Textes seit jeher eine Rolle gespielt hat. Denn die bewußte Gestaltung des Textes, der Entwurf und die Ausführung des Textes sind wohl aus Konstruktionsspiel und reflektierter Nachahmung seit jeher gespeist worden, wenn auch erst neuerdings die Bedingungen der Konstruktion deutlicher in den Text aufgenommen und dort reflektiert werden.

Die Leistung der ästhetischen Literatur liegt eben in der Regel darin, daß sie alles miteinander verbindet, eine Leistung, die sie von anderer Literatur unterscheidet: Nicht nur Symbole der inneren Realität bringt sie, sondern auch Nachahmung der äußeren, nicht nur anschauliches Denken, sondern auch begriffliches, wenn auch in der Regel ihr bevorzugtes Tätigkeitsfeld das anschauliche Denken ist. Hier kann sie exemplarisch Einzelfälle darstellen, von denen schwerlich zu abstrahieren ist, und die doch in ihrem Einzelnen ein Allgemeines zeigen. Darin aber bleibt die zur Interpretation antreibende Spannung bestehen, daß das Einzelne auf ein Allgemeines zeigt, ohne es auszusprechen, und daß das Einzelne auch als Einzelnes sein Recht behauptet. Das ist die Spannung, die auch die Interpretation der Symbole antreibt, die bewußt vom Autor gesetzt werden, in die aber zugleich Unbewußtes einfließen kann.

Der ästhetische Text besteht nicht nur aus Symbolen, er besteht auch aus Zeichen; den Zusammenhang zwischen beiden kann man sich nicht komplex genug denken. Aus Zeichen besteht von vornherein jeder Text, denn er wird aus verbalen »willkürlichen« Zeichen konstruiert. Diese Zeichen bezeichnen Vorstellungen, die aus der Nachahmung der Realität entstanden sind, aber auch Symbole, die Affektives aussprechen. Diese Symbole – Bilder, Vergleiche, Szenen, Tableaux in all ihren Verdichtungen und Verschiebungen, bewußten und unbewußten – können im Text nicht als solche dargestellt werden, sondern nur in verbalen Zeichen, die Symbole meinen. Sicherlich ist dies das grundlegende Problem der ästhetischen Literatur, auf das sie sich konzentriert, heute mehr denn je: Auf welche Weise im »willkürlichen« Zeichen des Wortes all das, was als Symbol des Innern, was als Bild des Äußern da ist, festgehalten, erfaßt, umschrieben, ausgedrückt werden kann. Hier muß die Arbeit an der Sprache als dem wichtigsten Mittel der Kommunikation immer wieder neu einsetzen. Das nennen wir die ästhetische Aufgabe der ästhetischen Literatur: Zwischen den individuellen und den sozialen Bedeutungen der Wörter zu vermitteln, die Verfestigungen aufzubrechen, Neues neu zu Wort zu bringen, das Alte auf neue Weise auszusprechen, damit es wieder neu verstanden werden kann, so dem Individuum und der Gesellschaft zugleich nützend.

Die Zeichen des Textes werden zu Bedeutungsträgern der Symbole und Bilder. Die Zeichen bezeichnen Symbole, aber nicht alle Zeichen des Textes. Manche bezeichnen Abbilder, Nachahmungen der Realität, während andere Symbole bezeichnen, affektive Schemata; beides ist in einem Text in der Regel miteinander verknüpft, wenn er die Lebensgeschichten von Individuen in der Gesellschaft, in der Welt zeigen will. Dann werden sowohl Assimilation als auch Akkomodation zum Zuge kommen. Doch auch die Zeichen, die offensichtlich auf die Realität gehen, können in einer zweiten übertragenen Bedeutung Symbole und Bilder zeigen, die durch die Konstruktion der ersten Bedeutung als zweite überlagernde Bedeutung entstehen: als bewußte und auch unbewußte. Auf dieser zweiten Bedeutungsebene dürfte auch das Allgemeine erkenntlich sein, das auf der ersten Bedeutungsebene als Einzelfall dargestellt wird. Es ist aber nicht als Abstraktion, nicht als logische Konklusion zu erhalten, sondern eben als Bild und Symbol. Das macht ja die Frage nach der Wahrheit der Dichtung so schwierig: die Frage kommt aus dem logischen Denken und legt ihre Kategorien an das anschauliche Denken an, dessen Kategorien andere sind. Die Schwierigkeit besteht darin, daß eine Wahrheit des anschaulichen Denkens, die ein Allgemeines durch ein Besonderes bildlich oder symbolisch ausspricht, in die deduktiven Schlußfolgerungen des logischen Denkens überführt werden muß, ohne daß bei dieser Überführung die Wahrheit verlorengeht und die Operationen leer bleiben.

Nehmen wir ein Beispiel, um anschaulicher zu verfahren. Die wundersame Gestalt der Beatrice, die Dante in seiner *Vita Nuova* und seiner *Divina Commedia* darstellt, ist von den Literaturwissenschaftlern immer wieder interpretiert worden. Hat diese Beatrice wirklich gelebt, wenn ja, wer war sie, wie war ihre Beziehung zu Dante etc.? Neben diesen biographischen Fragen – wer war Beatrice in Wirklichkeit? – stehen die Fragen: Was hat sie im Text zu bedeuten? Ist sie die Liebe, die Weisheit, die Theologie? Hier sind die beiden Bedeutungsebenen; die erste: Wen bezeichnet die Gestalt Beatrice in Wirklichkeit?; die zweite: Was stellt die Gestalt Beatrice im Text dar? Auf beide wären Antworten möglich, die das interpretatorische Problem scheinbar lösen; sie sind auch gegeben worden. Ad 1: Beatrice war eine historische Figur, es gab eine unglückliche Liebesgeschichte zwischen ihr und Dante, das hat er in seinen Werken verarbeitet; also: Erlebnisdichtung. Ad. 2: Beatrice ist keine historische Figur, nicht das Bild eines Menschen, sie ist nichts anderes als die Allegorie mystischer Weisheit; also: allegorische Dichtung. Wenn 1 zutrifft, interessiert 2 nicht weiter, wenn 2 zutrifft, ist 1 uninteressant. Diese Antworten – Erlebnisdichtung, allegorische Dichtung – werden bei manchen Texten richtig sein. Hier sind sie es nicht, genauer: sie sind richtig und falsch zugleich und zeigen damit die Schwierigkeit der Interpretation eines literarischen Werkes, das aus dem anschaulichen Denken kommt. Beatrice hat einerseits so viel Sinnlichkeit in Dantes Darstellung gefun-

den, daß wir sie durchaus für einen Menschen halten könnten
– das Bild eines Menschen in einer Fiktion, nicht ein Mensch
in der Realität. Andererseits ist die Gestalt mehr als eine
Person, denn sie hat eine Bedeutung, die weit darüber hinausgeht und für die man Erleuchtung, Weisheit, Glauben einsetzen könnte, ohne sie damit zureichend zu erklären. Die erste
Bedeutung – als Einzelfall – bleibt bestehen, eine zweite
Bedeutung – als Allgemeines – geht darüber hinaus, ohne in
einer Abstraktion die erste zu vernichten. So bleiben beide
und erhalten diese Spannung, die zur Interpretation an-
spornt.[134]

Aus dieser Spannung kommt auch das, was man die »Mehrdeutigkeit« oder die »Polyvalenz« eines Textes nennt.[135] Diese
»Mehrdeutigkeit« rührt nicht aus dem Leser-Appell der ästhetischen Literatur, sondern aus ihrer Art der Darstellung. Die
Komplexität der Darstellung in Symbolen und Bildern, die
Spannung von Einzelnem und Allgemeinem bringt das mit
sich, was man »Mehrdeutigkeit« des Textes nennt. Die Komplexität des Textes zeigt sich auf der Seite des Rezipienten als
»Mehrdeutigkeit«. Das ist nicht die Intention des Textes,
sondern eine Funktion seiner Darstellungsart.

Der ästhetische Text ist nicht mehrdeutig, damit er bei
möglichst vielen Lesern möglichst viele Deutungen findet.
Wenn dies die Eigenart des literarischen Kunstwerkes wäre,
müßten die Horoskope, die allwöchentlich in den illustrierten
Blättern erscheinen, vortreffliche Kunstwerke sein. Denn sie
sind mit Absicht so mehrdeutig gehalten, daß die Leser ihre
eigenen Wünsche hineininterpretieren können. Diesen Horo-
skopen ist ihr Gegenstand, den sie einmal darstellen wollten,
ganz entschwunden, nämlich die Konstellation der Sterne, die
Einfluß auf das Leben der Menschen nehmen. Die Horoskope
sind nur noch auf die Erwartungen der Leser abgestellt, die sie
in ihrer Mehrdeutigkeit zu erfüllen trachten.

Die Bedeutungen, die ein ästhetischer Text enthält, können
natürlich auf unterschiedliche Weise von den Rezipienten
aktualisiert werden, was von deren Herkunft, Standpunkt,
Fertigkeiten und Kenntnissen abhängt. Der Leser kann auch
an den Bedeutungen des Textes vorbeigehen, wenn er im Text
nur die seinen Vorstellungen entsprechenden Aspekte sieht
oder gar in den Text hineinsieht. Wenn ihm bei sorgfältiger

Lektüre jedoch auffällt, daß viele Stellen des Textes von ihm mit unzulässigen Bedeutungen besetzt werden oder gar nicht, kann bei ihm ein Prozeß in Gang kommen, der ihn Neues im Text wahrnehmen läßt und ihn zur Erweiterung oder Veränderung seiner Vorstellungen bringt. Das dürfte jedenfalls die Intention des ästhetischen Textes sein, die er in seiner Darstellung von Bild und Symbol zu erreichen sucht.

Am Beispiel Beatrices haben wir von einer Person im Text gesprochen, die zu Bild und Symbol werden kann; doch alle möglichen Einheiten des Textes können dazu werden, von den kleinsten bis zu den größten, und aus den kleineren können die größeren aufbauend Komplexe bilden: vom Wort zum Satz zum Passus zur Szene zum Kapitel zum Text als ganzem. Das kann von Bild, Metapher, Vergleich zu Tableau und Situation führen und schließlich zur Handlung in Teilen oder als ganzer. Die Personen, deren Charaktere, die Konstellation der Personen, das Milieu, die Dinge; die Landschaft, das Wetter, die Gestirne; die Steine, die Pflanzen, die Tiere. Wichtig ist, daß wir nicht nur die materiellen Symbole, sondern auch die funktionellen sehen, daß wir also nicht nur in den Einheiten nach Symbolen für Gefühle und Gedanken suchen, sondern daß wir den Zusammenhang wahrnehmen, in dem sie miteinander stehen, die Beziehungen, die Abläufe, die Schemata: die affektiven Schemata, die intellektuellen Schemata.

Wir verstehen also Symbole im Sinne Piagets als Ausdruck der Assimilation und Bilder als Ausdruck der Akkomodation im Bereich des anschaulichen Denkens. Am Beispiel der Beatrice sehen wir auch, daß Bilder und Symbole nicht nur individuelle Bedeutung tragen, sondern auch soziale. Eine solch mystische Geliebte hatte jeder Dichter des »Neuen Stils«, nicht nur Dante. Auch die Bilder und Symbole beruhen zu einem großen Teil auf sozialer Übereinkunft, an der man Gruppenzugehörigkeit und historischen Standort des Autors erkennen kann, ebenso wie die individuelle Ausformung, die das vorhandene Material durch ihn findet. Die Dantesche Darstellung ist ja von den anderen des Neuen Stils durchaus unterschieden. Die individuelle Freiheit der Wahl und der Bearbeitung des bildlichen und symbolischen Materials ist in der modernen Literatur der letzten 200 Jahre größer geworden; sie erleichtert dem Autor den Ausdruck subjektiver Anschauung, aber sie erschwert mitunter auch das Verständnis seiner Texte, wenn das Individuelle hermetisch bleibt. In gewisser Weise war es das schon bei Dante, daher unsere Schwierigkeiten der Interpretation. Die abgedroschenen Symbole und Bilder, die durch massenhafte Reproduktion heute entleert sind, werden zwar leicht verstanden, sagen aber kaum noch etwas. So wird der Weg, der zunächst als hermetischer erscheint, der fruchtbare sein, weil er letztlich an der Erneuerung des Symbol- und Bildvorrates arbeitet. Die individuellen Bilder und Symbole sind zudem nicht willkürlich. In jedem Individuum ist so viel von der Gesellschaft, in der es lebt, daß seine individuelle Äußerungen immer auch soziale Äußerungen sind. Und die psychische Befindlichkeit des Einzelnen ist von der anderer Einzelner nicht so unterschieden, daß sich nicht grundlegende Ähnlichkeiten ergäben. In ihren Interpretationen haben die psychoanalytischen Schulen hierauf sicher zu Recht aufmerksam gemacht. Allerdings ist auch hier daran zu erinnern, daß die Ähnlichkeit in den affektiven und intellektuellen Schemata besteht und nicht nur in deren Inhalten.

Was Hans Robert Jauß als ästhetische Erfahrung mit den alten Worten des Aristoteles bezeichnet, ist im Felde unseres Modells leicht zu erkennen[136] – die Poiesis als Schaffen eines Textes aus – vor allem – dem anschaulichen Denken, das eine vom wissenschaftlichen Denken nicht zu ersetzende eigene Erkenntnisleistung bringt; die Aisthesis als die Erneuerung der Wahrnehmung innerer und äußerer Realität, als die Arbeit an der Aussagekraft von verbalen und symbolischen und bildlichen Bedeutungsträgern; und die Katharsis als die Bewußtmachung der affektiven Schemata im symbolischen Denken, die nirgend sonst möglich ist.

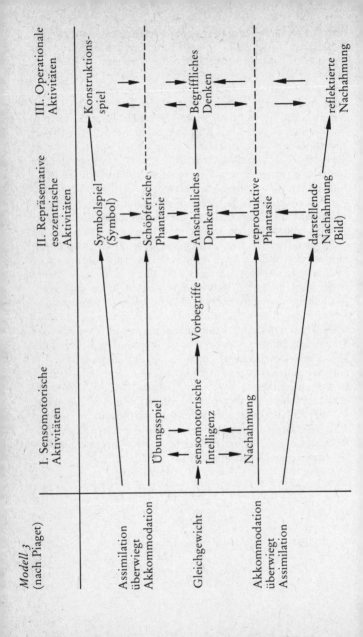

Modell 3
(nach Piaget)

I. Sensomotorische Aktivitäten

II. Repräsentative esozentrische Aktivitäten

III. Operationale Aktivitäten

Assimilation überwiegt Akkommodation

Gleichgewicht

Akkommodation überwiegt Assimilation

Übungsspiel → Symbolspiel (Symbol) → Konstruktionsspiel

sensomotorische Intelligenz → Vorbegriffe → Schöpferische Phantasie → Anschauliches Denken → Begriffliches Denken

Nachahmung → reproduktive Phantasie → darstellende Nachahmung (Bild) → reflektierte Nachahmung

XX. Die Fiktionalität des Textes

Am Beispiel der Danteschen Beatrice haben wir beobachtet, was bereits in einem früheren Kapitel als Fiktionalität des Textes erläutert wurde: Die Figur der Beatrice hat keine erste Referenz. Die Frage, wer die historische Beatrice gewesen ist, sagt nichts Ausreichendes über die Figur des Textes, weil diese Figur keine historische Person bezeichnet, sondern eine Person, die es in dieser Art nur im Text gibt. Der Text selbst sagt uns, wer Beatrice ist und was sie bedeutet. Ebenso ist der Werther in Goethes Roman nicht die Bezeichnung einer historischen Person – heiße sie Goethe oder Jerusalem –, Werther ist eine Figur, die es nur im Roman gibt, nichts sonst. Gleichwohl mögen gewisse Reaktionsschemata, die Goethe an sich und an dem unglücklichen Jerusalem kennengelernt hat, auf die Konstellationen der Figuren im Roman übertragen worden sein. Wir sehen hier die Fruchtbarkeit von Piagets Vorschlag, nicht Substanzen, nicht Gefühle, nicht Personen als Symbole zu sehen, sondern Schemata. Weder Beatrice noch Werther bezeichnen historische Personen, sie haben keine erste Referenz. Aber sie bezeichnen in den Konstellationen, in denen sie auftreten, im Zusammenhang des Textes bestimmte Schemata, psychische und soziale Verhaltensweisen, affektive und intellektuelle Prozesse, die sehr wohl eine Referenz haben, eben eine zweite Referenz, die sie in ihrer bildhaften und symbolischen Bedeutung meinen.

Ein anderes Beispiel: die Tierfabel. Niemand wird die Darstellung des schlauen Fuchses und des dummen Raben für einen Beitrag zur Verhaltensforschung der Tiere halten; niemand wird annehmen, daß hier ein Fuchs geschildert wird, wie er ist. Man weiß, daß der kluge sprechende Fuchs für anderes steht, daß es auf den Disput zwischen Fuchs und Rabe ankommt, deren Verhalten menschliches Verhalten »symbolisiert«. Der Leser muß sich also auf die Bedeutungen, die ihm der Text setzt, zunächst gutwillig einlassen, er muß so tun, als ob es sprechende Tiere gäbe, um dann in der Lektüre zu erkennen, daß ihm der Text durchaus eine Bedeutung vermittelt, allerdings nicht als erste, sondern als zweite Referenz.

Diese zweite Referenz wird nicht immer so deutlich ausgesprochen wie in der Moral der Tierfabel. Sie zu erkennen, bedarf es manchmal einiger Anstrengung.

Ein letztes Beispiel, diesmal nicht aus der Literatur, sondern aus der Mathematik. Wir meinen die Algebra, die aus einem neuen Begriff der Zahlen hervorgegangen ist; sie beginnt mit Vieta im Jahre 1591. Wurden bis dahin die einzelnen Zahlen als feste Größen angesehen, denen auf gewisse Weise eine Realität entspricht, so werden sie seitdem in der Algebra als Variable angenommen, für die Buchstaben stehen, die keine eigene Bedeutung haben. Für einen Mathematiker der Scholastik wären diese Variablen ebenso unwirklich wie Halluzinationen.

Die Variablen sind aber sinnvoll in ihrer Beziehung zu anderen Variablen, die »fiktionalen« Begriffe der Algebra bezeichnen nicht Dinge außerhalb ihrer selbst – sie haben keine erste Referenz –, sie bezeichnen vielmehr innerhalb einer Gleichung eine Beziehung, eine Funktion, in der sie miteinander stehen.[137]

Es ist also notwendig, auf die Suche nach der ersten Referenz zu verzichten und nach einer zweiten Referenz Ausschau zu halten, die sich aus den Beziehungen des Textes ergibt. Das ist die Aufgabe des Lesers fiktionaler Texte: das Bezugsfeld dieser Texte zu akzeptieren und aus diesem Bezugsfeld die zweite »symbolische« Referenz der Texte herauszulesen. Der fiktionale Text der ästhetischen Literatur konstituiert sein eigenes Bezugsfeld, das ein anderes ist als das des Lesers. Der Leser tritt mit seinem Bezugsfeld – seinem Verständnis der Wirklichkeit, seinen Bedeutungen der Zeichen und Symbole – an den Text heran, der ihm ein anderes Bezugsfeld anbietet. Der Leser muß zunächst einmal absehen von seinem Bezugsfeld, um das des Textes erkennen zu können. Wenn ihm das nicht gelingt, kann er die Botschaft des Textes nicht verstehen. Es geht hier um ein zweifaches »Als ob«, das erst die Rezeption des fiktionalen Textes ermöglicht. Das erste: Der Leser tut so, als ob sein Bezugsfeld außer Kraft gesetzt sei, was natürlich eine Fiktion ist, denn in seinem Kopf sitzen nach wie vor die erlernten Bedeutungen. Und nur diese Bedeutungen seines Bezugsfeldes lassen ihn die »übertragenen« Bedeutungen des fiktionalen Textes verstehen. Und das zweite »Als ob«: Der Leser tut so, als ob das Bezugsfeld des Textes ihm eine erste Referenz vermittle. Das ist natürlich eine Fiktion. Diese beiden »Als ob« der fiktionalen Literatur müssen deutlich gesehen werden, denn der Akt der Rezeption kann nur mit beiden zugleich vollzogen werden: als ob das Bezugsfeld des Lesers außer Kraft wäre und als ob das Bezugsfeld des Textes das maßgebende sei. Hinter diesen »Als ob« steht natürlich die eigentliche Situation, aus der das Verständnis des Textes kommt und in die es wieder zurückführt: Die Bezugsfelder von Leser und Text müssen in eine Beziehung miteinander treten. Aus den Bedeutungen des Bezugsfeldes des Lesers müssen sich – wenn auch auf Umwegen, wenn auch durch Übertragung – die Bedeutungen des Bezugsfeldes des Textes verstehen lassen. Und die Bedeutungen des fiktionalen Textes müssen in ihrer zweiten Referenz eine anschauliche Darstellung bringen, die – als Zeichen, als Symbol, als Bild, als Schema – entsprechende Bedeutungen im Bezugsfeld des Lesers finden oder neu konstituieren. In dieser Konstitution liegt die Chance der Erweiterung und Modifikation des Leser-Bezugsfeldes durch die fiktionale Literatur, die Chance des Lernens. Der Leser muß sein Bezugsfeld dem des Textes aussetzen; aber das Bezugsfeld des Textes muß sich auch dem des Lesers aussetzen.

Johannes Anderegg hat diesen Vorgang beschrieben, dabei allerdings das Gewicht auf den einen Teil – Lektüre als Herausforderung an das Bezugsfeld des Lesers – gelegt, den zweiten, gleich wichtigen Teil – Lektüre als Herausforderung an das Bezugsfeld des Textes – nicht genügend hervorgehoben. Er schreibt: »Deutung kann demnach ihrerseits nicht als ein Akt begriffen werden, welcher sich abseits des Bezugsfeldes des Lesers vollzieht, sondern stellt sich dar als Überwindung des Bezugsfeldes. Der Leser überwindet sein Bezugsfeld durch die Konstitution des fiktiven Bezugsfeldes, dadurch also, daß er sein Bezugsfeld als Basis der Deutung ins Spiel bringt, daß er es aber deutend aufs Spiel setzt. Weil jede Deutung ihren Ausgangspunkt im Bezugsfeld des Lesers hat, weil sie dieses aber überwindet, heißt deuten auch: das eigene Bezugsfeld durch ein fiktives in Frage stellen. Die Deutung des Fiktivtextes, das heißt das Erfassen des in ihm sich konstituierenden fiktiven Bezugsfeldes, ist zu begreifen als die In-

Frage-Stellung des eigenen Bezugsfeldes oder – um einen Begriff aus der formalistischen Theorie aufzunehmen – als dessen Verfremdung. Deutung und Verfremdung bedingen sich gegenseitig, ja sie stellen sich dar als zwei Aspekte ein und desselben Vorgangs.«[138]

Pierre Bourdieu hat den gleichen Vorgang mit anderen Begriffen beschrieben.[139] Weil er die Deutung des Werks auch als gesellschaftlichen Vorgang sieht, sie so in einen größeren Zusammenhang einordnend, müssen wir auf ihn eingehen. Bourdieu spricht vom Code des Werks, von der Eigenart der Konstruktion des Werks, die es zu verstehen, zu entschlüsseln gilt. Den Code des Textes muß der Leser in der Lektüre decodieren, will er verstehen, was der Text für ihn enthält. Das, was der Text enthält, nennt Bourdieu dessen Emissionsniveau, und die Fähigkeit des Rezipienten, den Code des Textes zu entschlüsseln, nennt er Rezeptionsniveau. Dieses Rezeptionsniveau hängt von den erlernten Kenntnissen des Rezipienten ab, von dessen Schulbildung zumal.

Der unzureichend Ausgebildete wird naiv an das Werk herantreten und es mit Hilfe seiner Kenntnisse des Codes alltäglicher Kommunikation zu entschlüsseln suchen. Er unterliegt einer Illusion, der »Illusion des unmittelbaren Verstehens«, weil er den Text innerhalb seines eigenen Bezugsfeldes deutet. Dieses unmittelbare Verstehen verkürzt und verfälscht die Botschaft des Werkes. Erst die Fähigkeit, den Code zu entschlüsseln, bringt den Rezipienten zum rechten Verständnis der Botschaft. »Das Kunstwerk im Sinne eines symbolischen [. . .] Gutes existiert als Kunstwerk überhaupt nur für denjenigen, der die Mittel besitzt, es sich anzueignen, d. h. es zu entschlüsseln.«[140]

Daraus folgert Bourdieu, daß es zum Verständnis der Kunstwerke ebenso einer Kompetenz bedürfe wie zum Verständnis der Sprache. Bourdieu spricht von der Kunstkompetenz allerdings in einem Sinne, der den üblichen Definitionen der Sprachkompetenz nicht analog ist. So wie jeder eine Sprachkompetenz besitzt, die es ihm ermöglicht, eine Sprache zu sprechen und zu verstehen, so dürfte es auch eine universale Kunstkompetenz geben, die es jedem Menschen ermöglicht, Kunst zu machen und zu verstehen. Diese universale Kunstkompetenz dürfte leicht mit einem Streifzug durch verschiedene Zeiten und Kulturen nachzuweisen sein. Im Grunde basiert sie auf dem gleichen Phänomen wie die Sprachkompetenz: auf der universalen Fähigkeit des Menschen, repräsentative Systeme, also Zeichensysteme, zu bilden und zu gebrauchen, unterschiedliche Systeme – in Worten, Bildern, Tönen – auf unterschiedliche Weise.

Das ist, worauf uns der die Kompetenz ergänzende zweite Begriff Performanz hinweist: Unterschiedlich ist der Gebrauch, den wir von unserer Kompetenz machen. Dieser Gebrauch hängt u. a. von unseren sozialen Konventionen und individuellen Fertigkeiten ab. Das meint im Grunde Bourdieu: Der Gebrauch des künstlerischen Codes muß geübt werden. Die Performanz muß also erlernt werden – das nennt er fälschlich Kompetenz –, die Kompetenz ist die notwendige Voraussetzung dazu.

Der künstlerische Code ist eine gesellschaftliche Institution, da er die einer bestimmten Gesellschaft zu einer bestimmten Zeit eigenen Wahrnehmungs- und Darstellungsweisen zum Ausdruck bringt. Daher ist auch die Freiheit des Künstlers nur eine scheinbare. Denn das, was der Autor in der Freiheit der Fiktionalität – er definiert die Regeln des Spiels – an Bedeutungen setzen kann, ist nicht willkürlich, sondern wird bestimmt durch die allgemeine gesellschaftliche Sehweise. Die Arbeit der ästhetischen Literatur ist abhängig von der gesellschaftlichen Realität, in der sie sich vollzieht.

Die ästhetische Literatur dient auf ihre Weise der Assimilation und der Akkomodation, haben wir gesagt, und zwar vornehmlich auf der Stufe des anschaulichen Denkens, das sie in den verbalen Zeichen wiederzugeben versucht. Das macht es notwendig, daß die ästhetische Literatur nach zwei Seiten arbeitet: Sie muß einerseits versuchen, das schwer Sagbare in den Symbolen und Bildern des anschaulichen Denkens auszusprechen, damit es der Kommunikation zugeführt werden kann und in der Kommunikation der Reflexion. Sie muß andererseits gegen die formalen Operationen des begrifflichen Denkens die Symbolhaftigkeit des anschaulichen Denkens zur Geltung bringen. Das begriffliche Denken tendiert in seiner Abstraktion zu einer Entleerung und Verfestigung. Entleerung meint, daß ihm die bildhaften Bedeutungen immer mehr verloren gehen; das ist ein notwendiger Prozeß, ebenso wie die Verfestigung: Die logischen Schlußfolgerungen müssen zu systematischen Verallgemeinerungen führen. Die Gefahr darin ist ebenfalls offensichtlich: Die Systematisierungen können in eine Selbstbewegung geraten, die nur noch ihrer eigenen Schlüssigkeit dient, also der Assimilation, nicht aber mehr der Orientierung an der empirischen Realität, also der Akkomodation. Wir können diese Gefahr besonders eindrucksvoll an den Theorien beobachten, die über eine Trivialisierung zu Ideologien werden und weite Verbreitung finden. Diese Ideologien werden nicht mehr an der Realität überprüft, so daß sie zu einer Assimilation ohne Akkomodation kommen, und zwar zu einer Assimilation – also einer Anpassung der Realität an das Ich –, der das Ich im Verlaufe der Abstraktion verloren gegangen ist, so daß sie weder eine Kontrolle am Individuum, das ihnen bedeutungslos wird, haben noch eine an der Realität.

Wir sehen, wie hier die ästhetische Literatur, gerade indem sie vom Individuum ausgeht, den Bezug zur Realität wiederaufnimmt. Das Subjekt, das wahrnehmende, agierende, denkende, sprechende Subjekt, ist ihr Ausgangspunkt. Dessen Rechte macht sie geltend; die Symbole dieses Subjekts bringt sie zum Ausdruck, auch dort, wo soziale Normen in den psychischen Bereich reglementierend einwirken. Die Rechte des Einzelnen können nur in der weiten Bedeutungsvielfalt der Sprache zum Ausdruck gebracht werden, die noch nicht so weit begrifflich geworden ist, daß sie nicht Individuelles bezeichnen könnte: Dies ist im anschaulichen Denken der Fall. So ist das anschauliche Denken, das die Bedeutungsvielfalt der vom Individuum erlebten Realität darstellt, eine Herausforderung für das begriffliche Denken, das vom Individuum absehen muß, um zu seinen Generalisierungen zu kommen.

Die ästhetische Literatur setzt die schroffe Systematisierung der Welt, wie sie von einer Wissenschaft vorgenommen wird, die alles für erklärbar hält, auch wenn es gerade noch nicht erklärt ist, außer Kraft. Gegen die Systematisierung stellt der ästhetische Text das Unsystematische, das Unvorhersehbare, den Einzelfall; das schwer Erklärbare stößt den Prozeß des Denkens, der gern zum Stillstand kommt, aufs neue an. Wolfgang Iser spricht davon, daß die ästhetische Literatur die

»Erklärungsdefizite ihrer Epoche« bilanziere, also die Leerstellen, die von den systematischen Erklärungen der Wissenschaften und den quasi-systematischen der Ideologien freigelassen werden.[141] Das darf nicht so verstanden werden, daß auf diese Leerstellen hingewiesen werde, damit sie endlich gestopft würden. Der Hinweis will vielmehr die Fragwürdigkeit allgemeiner Systematisierungen anzeigen.

Die Bilder und Symbole der ästhetischen Literatur, die das Einzelne als Allgemeines und das Allgemeine als Einzelnes darstellen, deuten und verrätseln zugleich. Sie deuten, indem sie zur Sprache werden lassen, was sprachlos war: die Symbole des Individuums, seine Bilder der Realität. Sie verrätseln, indem sie das, was sie zur Sprache bringen, nicht sogleich einer systematischen Erklärung zuführen. Sie bleiben vielmehr bei ihren anschaulichen Einzelfällen. In dieser Arbeit nach zwei Seiten ist die ästhetische Literatur abhängig von der Gesellschaft, in der sie geschrieben wird: Sie ist abhängig von den sozialen Normen und den psychischen Versagungen, und sie ist abhängig von den wissenschaftlichen und ideologischen Systematisierungen. Insofern ist sie nicht die Avantgarde, wie ihre Autoren und Kritiker manchmal glauben, sondern sie ist die Arrièrregarde, die hinter den Ereignissen herläuft. Sie eilt diesem Subjekt zu Hilfe, das gegen soziale Normen, ideologische Erklärungen und wissenschaftliche Systematisierungen sich behaupten muß und seiner selbst nie ganz gewiß sein kann.

In dieser fragilen Subjektivität erblickt Wolfgang Iser »Not und Produktivität« der ästhetischen Literatur: »Nun aber ist es die Subjektivität selbst, durch die sich die Zeit als Zukunft, Gegenwart und Vergangenheit erst konstituiert. Sie wird vom Prozeß solcher Veränderungen nicht passiv betroffen, vielmehr bedingt sie ihn. Mit welchem ihrer Zustände aber ist dann die Subjektivität überhaupt zu identifizieren? Ist sie das, was sie in der Damaligkeit, Vergangenheit war, oder das, was sie augenblicklich ist, oder aber ist sie nur jene bewirkende Kraft, durch die immer neue Beziehungen und Zeitrelationen entstehen, durch die jedoch gerade die von ihr sichtbar gewordenen Manifestationen in den Strudel der Veränderung gerissen werden? Sie selbst ist mit der Unmöglichkeit verklammert, je vollkommen zu sein. Dies ist ihre Not und Produktivität zugleich. Sich nie im Besitz ihrer selbst zu wissen, ist die Signatur ihrer Bewußtheit.«[142]

Uns erinnert dieses Zitat Isers an das, was wir über das Verhältnis von Ich und Selbst gesagt haben: daß das Ich immer das jeweilig Gegenwärtige ist, daß alles, was es als Selbst bedenkt, ihm ein Vergangenes ist, und daß dieser Prozeß der Verständigung zwischen Ich und Selbst nicht zum Abschluß gelangen kann. Aber wir erinnern uns auch, daß dieser Begriff der Subjektivität lange vor der Psychologie in der Philosophie festgehalten wurde, zuerst von Immanuel Kant, und daß dieser Begriff die »kopernikanische Wende« der Philosophie bezeichnet, und zwar am Beginn eines neuen Zeitalters, des bürgerlichen, angesichts des Verfalls einer alten »objektiven« theologisch-feudalen Weltordnung. Der erste Satz der Vorrede der ersten Ausgabe der *Kritik der reinen Vernunft* heißt: »Die menschliche Vernunft hat das besondere Schicksal in einer Gattung ihrer Erkenntnisse: daß sie durch Fragen belästigt wird, die sie nicht abweisen kann; denn sie sind ihr durch die Natur der Vernunft selbst aufgegeben, die sie aber auch nicht beantworten kann, denn sie übersteigen alles Vermögen der menschlichen Vernunft.«[143] Hier ist das fragende Subjekt auf sich selbst verwiesen, eben auf seine Subjektivität, die nie eine zureichende Antwort wird geben können und doch unausgesetzt zur Suche nach einer Antwort getrieben wird. Darin besteht die Dynamik der Subjektivität, die auch in der ästhetischen Literatur ihre Ergebnisse zeitigt.

In seinem letzten Essay *Versuch über Tschechow* stellt Thomas Mann die Frage Katjas aus Tschechows Erzählung *Langweilige Geschichte* in den Mittelpunkt seiner Überlegung[144]: »Was soll ich tun?« fragt Katja den Greis in dieser Erzählung. Der weiß, daß seinem Leben »die Gesamtidee« gefehlt habe, »ohne die überhaupt nichts ist«, und antwortet: »Auf Ehre und Gewissen, ich weiß es nicht.« Hier taucht die von Kant in der Philosophie aufgeworfene Frage nach dem Sinn des Lebens in der Literatur auf, die drängende Frage, auf die es keine befriedigende Antwort gibt. Die Frage weist auf das Subjekt zurück, das sie gestellt hat und das sie beantworten muß; die Frage ist seine »Not und Produktivität zugleich«. Thomas Mann sagt: »Wenn auch der Sinn der Arbeit nicht zu nennen ist, so muß doch weiter gearbeitet werden.« Er bezieht die

Frage nicht nur auf die Figuren Tschechows, nicht nur auf Tschechow selbst, er stellt sie als eine allgemeine, die auch ihn als Schriftsteller betrifft; er endet seinen Essay so: »Man hat auf die Frage der armen Katja: ›Was soll ich tun?‹ nur die Antwort: ›Auf Ehre und Gewissen, ich weiß es nicht.‹ Und man arbeitet dennoch, erzählt Geschichten, formt die Wahrheit und ergötzt damit eine bedürftige Welt in der dunklen Hoffnung, fast in der Zuversicht, daß Wahrheit und heitere Form wohl seelisch befreiend wirken und die Welt auf ein besseres, schöneres, dem Geiste gerechteres Leben vorbereiten können.«[145]

Den Wunsch nach diesem schöneren und gerechteren Leben in der Fiktionalität des Textes zum Ausdruck zu bringen und zugleich nicht zu leugnen, daß diesem Wunsch ungeheure Hindernisse entgegenstehen, ist die Absicht des ernsthaften Autors. Er verrät diesen Wunsch nach einem schöneren und gerechteren Leben nicht an die dürftigen Tröstungen einer Ideologie und nicht an den faden Ersatz des Tagtraums. Er leugnet nicht, daß dem Wunsch Hindernisse entgegenstehen, die unüberwindlich scheinen, und er hält dennoch an dem Wunsch fest. So entsteht diese Spannung zwischen Wunsch und Versagung, die aufrechterhalten wird und für einen Moment zur Ruhe kommt: in der Fiktionalität des Textes. Wenn diese Spannung erhalten bleibt, geht der Wunsch nach Erfüllung über in den Wunsch nach dem Gelingen der Konstruktion und findet seine Befriedigung im gelungenen Werk. So wird der Text – für den Autor, für den Leser – zum Ort der Befriedigung, einer Befriedigung allerdings, die von anderer Art ist, als die ursprünglich erhoffte.

Wer an dieser ursprünglich erhofften Befriedigung festhält, wird über den Text hinausgehen; er wird in einer zukünftigen Realität suchen, was er in der jetzigen nicht finden kann. Diese messianische Hoffnung trägt einen Rest ihrer alten religiösen Kraft noch mit sich. Sie ist die Hoffnung eines jeden, der sich mit dem gegenwärtigen Elend nicht abfinden kann. Sie erwartet von der Utopie allerdings mehr, als diese wird geben können. Keine Utopie wird den entscheidenden menschlichen Wunsch erfüllen können: den nach Überwindung des Todes. Der Wunsch nach Unsterblichkeit, nach Allmacht, nach Einheit mit der Welt, der aus der frühen Kindheit kommt, als

Erfüllung noch möglich schien und das Individuum noch nicht völlig von der Welt abgespalten war, dieser Wunsch kann beim Erwachsenen, der gelernt hat, sich mit Versagungen einzurichten, nur noch geringe Hoffnung auf Erfüllung finden.

In der ästhetischen Literatur kann der Autor – stellvertretend auch für den Leser – eine gewisse Allmacht in der souveränen Gestaltung des Textes zeigen, die verlorene Einheit der Welt kann ihren Abglanz in der Einheit des Werks finden und der Tod kann durch ein »unsterbliches«, »zeitloses« Werk, das seinen Autor ein wenig überdauert, scheinbar überwunden werden.

XXI. Reproduktion und Rezeption

Der, der schreibt, ist ein Einzelner; der, der liest, ist ein Einzelner. Jürgen Habermas weist nicht ohne Vorwurf in einer Bemerkung zu Theodor W. Adornos ästhetischer Theorie darauf hin: »Interessanterweise läßt sich Adornos These mit Beispielen aus Literatur und Musik belegen, soweit diese von Reproduktionstechniken abhängig bleiben, die einsame Lektüre und kontemplatives Hören, also den Königsweg bürgerlicher Individuierung vorschreiben. Für die kollektiv rezipierten Künste – Architektur, Theater, Malerei – zeichnet sich hingegen ebenso wie für die Gebrauchsliteratur und -musik, die von den elektronischen Medien abhängig geworden ist, eine Entwicklung ab, die über bloße Kulturindustrie hinausweist und Benjamins Hoffnung auf eine verallgemeinerte profane Erleuchtung nicht a fortiori entkräftet.«[146]

Es erstaunt uns, die Malerei als kollektiv rezipierte Kunst hier zu finden, die Musik hingegen als eine, die »einsames« kontemplatives Hören verlangt oder doch ermöglicht. Genauso wie das Theater setzt die Musik zunächst einmal ein Kollektiv (seltener einen Einzelnen) voraus, der sie ausübt, damit andere sie hören können. Die Musik ebenso wie das Theater dürfte also zu den Künsten gehören, die kollektiv nicht produziert, aber doch reproduziert werden, und die in der Regel kollektiv rezipiert werden. Hier zeigt sich die Erbschaft des religiösen Kultus, aus dem beide sich herausgelöst haben. Im Gottesdienst wird noch heute kollektiv gebetet und gesungen, im Wechselgesang der Litanei und im Choral der Lieder. Diese kollektive Reproduktion und kollektive Rezeption wurde späterhin, wie Benjamin es genannt hat, vom »Kultwert« auf den »Ausstellungswert« des Kunstwerks verlagert.[147] Als sich die Kunst in neuerer Zeit von ihrer Bindung an den Kultus befreite, gewann sie ihren Ausstellungswert, aus dem Altarbild wurde das Bild für eine Ausstellung, aus der Messe wurde die Symphonie. Erst mit der technischen Reproduzierbarkeit ist in diesem Falle eine »einsame« Rezeption möglich geworden: durch die Schallplatte, die eine Symphonie festhält; sie kann von einem Einzelnen in seinem Zimmer jederzeit abgespielt werden.

Gerade Theateraufführungen und Konzerte waren und sind immer noch »gesellschaftliche« Ereignisse, die man im Kollektiv erlebt. Erst durch die technische Reproduzierbarkeit, durch elektronische Bildkassette und Tonband, durch Film und Schallplatte wurde das grundlegend geändert. Erst seitdem ist möglich, was nur König Ludwig II. von Bayern sich zu seiner Zeit leisten konnte: eine Wagner-Oper allein anzuhören. Damit ist die Musik – auf den Film kommen wir noch zu sprechen – in ein Stadium der Rezeption getreten, das die Literatur bereits vor Jahrhunderten durch die Erfindung des Buchdrucks erreichte.[148] Diesen Übergang der Literatur von einem Stadium des mündlichen Vortrags, des Erzählens, des Singens und Deklamierens der Texte durch den Sänger, Schauspieler oder Erzähler in ein neues Stadium der technischen Reproduzierbarkeit hat Walter Benjamin zu beschreiben versucht, allerdings nicht in dem vielzitierten Aufsatz *Das Kunstwerk im Zeitalter seiner technischen Reproduzierbarkeit*[149], sondern in dem weniger beachteten Beitrag über den russischen Schriftsteller Nikolai Lesskow: *Der Erzähler.*[150] Beide Aufsätze wurden 1936 publiziert; in einem »Curriculum vitae« betont Benjamin, daß der dort *Romancier und Erzähler* genannte Beitrag eine dem *Kunstwerk*-Aufsatz analoge Problemstellung in der Literatur erörtert.

In *Der Erzähler* umreißt Benjamin die gesellschaftliche Situation, in der das Erzählen seine Rolle spielt. Es sei verbunden mit dem Handwerk, dem bäuerlichen, dem maritimen, schließlich dem städtischen, und sei selbst als eine Art Handwerk zu verstehen. Die Erzählung überliefere nicht die Sache »an sich«, wie eine Information oder ein Rapport: »Sie senkt die Sache in das Leben des Berichtenden ein, um sie wieder aus ihm herauszuholen. So haftet an der Erzählung die Spur des Erzählenden wie ›die Spur der Töpferhand an der Tonschale‹.« Der Erzähler »weiß Rat«, er schildert seinen Zuhörern eine Welt, in der ihm alles etwas zu »bedeuten« hat, nicht nur die Handlungen der Menschen, auch die Tiere, Pflanzen, Sterne und Steine; die Welt, wie der Erzähler sie sieht, hat Bedeutung für ihn, spricht mit ihm; er macht sie für die Zuhörer sprechend. Die Erzählung dient dem Austausch von Erfahrungen *vor dem Hintergrund einer geordneten Welt.*

Anders der Roman, der nicht erst in jüngster Zeit entsteht, es gibt ihn schon im Ausgang der Antike, seine wahre Entfaltung erlangt er allerdings erst in neuerer Zeit, mit der Blüte des Bürgertums. Und hier bringt der fortgeschrittene Stand der Produktionsmittel eine technische Reproduzierbarkeit des literarischen Kunstwerkes: durch den Buchdruck. Dazu sagt Benjamin: »Die Ausbreitung des Romans wird erst mit der Erfindung der Buchdruckerkunst möglich. Das mündlich Tradierbare, das Gut der Epik, ist von anderer Beschaffenheit als das, was den Bestand des Romans ausmacht. Es hebt den Roman gegen alle übrigen Formen der Prosadichtung – Märchen, Sage, ja selbst Novelle – ab, daß er aus mündlicher Tradition weder kommt noch in sie eingeht. Vor allem aber gegen das Erzählen. Der Erzähler nimmt, was er erzählt, aus der Erfahrung; aus der eigenen oder berichteten. Und er macht es wiederum zur Erfahrung derer, die seiner Geschichte zuhören. Der Romancier hat sich abgeschieden. Die Geburtskammer des Romans ist das Individuum in seiner Einsamkeit, das sich über seine wichtigsten Anliegen nicht mehr exemplarisch auszusprechen vermag, selbst unberaten ist und keinen Rat geben kann. Einen Roman schreiben, heißt, in der Darstellung des menschlichen Lebens das Inkommensurable auf die Spitze treiben. Mitten in der Fülle des Lebens und durch die Darstellung dieser Fülle bekundet der Roman die tiefe Ratlosigkeit des Lebenden.«[151]

So wie die Erzählung als Handwerk unter Handwerkern gehandhabt wurde, so hat auch der Roman nunmehr in Produktion, Reproduktion und Rezeption Anteil an der Gesellschaft, in der er erscheint. Die Vereinzelung des Schreibers und des Lesers entspricht einer allgemeinen Isolierung des Individuums. Der Roman ist die literarische Gattung, die Georg Lukács, den Benjamin zitiert, als »die Form der transzendentalen Heimatlosigkeit« bezeichnet hat.[152] Benjamin schreibt: »Hier ›Sinn des Lebens‹ – da ›Moral von der Geschichte‹: mit diesen Losungen stehen Roman und Erzählung einander gegenüber, und an ihnen läßt sich der gänzlich verschiedene geschichtliche Standindex dieser Kunstform ablesen.«[153] Allerdings hat der Roman immer noch Verwandtschaft mit der Erzählung, das müssen wir betonen, er ist auch noch eine Form des Erzählens, allerdings eine neue, unter neuen Bedingungen entstandene, die sich wiederum ändern wird, wenn sich die Bedingungen ändern werden, wofür es Anhaltspunkte gibt. Auch darauf macht Benjamin aufmerksam.

Die Wandlung der epischen Formen hat Jahrtausende in Anspruch genommen, so wäre es töricht, meint er, von einem »Verfall«, gar einem »modernen« zu sprechen: »Vielmehr ist es nur eine Begleiterscheinung säkularer geschichtlicher Produktionskräfte, die die Erzählung ganz allmählich aus dem Bereich der lebendigen Rede entrückt hat und zugleich eine neue Schönheit in dem Entschwindenden fühlbar macht.«[154] Und die es mit sich bringt, daß neue Formen der Mitteilung aufkommen. Benjamin nennt eine wichtige: die Information, deren Medium die Presse ist. Die Information behauptet, jederzeit nachprüfbar zu sein, sie will »an und für sich verständlich« sein, sie überliefert jede Begebenheit mit einer Erklärung: Das sind die drei Kriterien, die wir dem Aufsatz entnehmen. Zwei fügen wir hinzu: Sie ist kurz und sie ist kurzlebig.

Bei genauerer Betrachtung fällt uns auf, daß Benjamin hier Vorgänge beschreibt, die nicht im Nacheinander zeitlichen Ablaufs, wie man zunächst meinen sollte, sich abspielen, sondern nahezu gleichzeitig: in der gleichen geschichtlichen Situation, die verschiedene Erscheinungen vereint, solche, die auf Vergangenes sich berufen, solche, die Künftiges vorausnehmen, und schließlich solche, in denen die Gegenwart voll zu ihrem Ausdruck kommt.

Die großen Erzähler, die Benjamin nennt, sind Autoren des 19. Jahrhunderts: Hebel, Hauff, Poe, Lesskow, Stevenson. Sie schreiben zu einer Zeit, in welcher der Roman einen Höhepunkt seiner Entwicklung erreicht. Denn hat der Roman auch den Buchdruck als Mittel der Vervielfältigung zur Voraussetzung, so entsteht er doch nicht mit dem Buchdruck; der Buchdruck ist eine, aber nicht die einzige Bedingung seines Entstehens. Gutenberg erfindet um 1450 in Mainz den Buchdruck, Samuel Richardson schreibt 1740 seine *Pamela*, mit der wir den Beginn des modernen Romans datieren. In Deutschland verzögert sich der Beginn um einiges; Sophie La Roche steht neben anderen an diesem Beginn.

Der Buchdruck bietet zwar die Möglichkeit der mechanischen Vervielfältigung eines Textes, aber er ist noch ein Handwerk, das von Hand, in Handsatz und Handpresse, ausgeübt wird. Die Bücher dieser frühen Jahre sind religiöse Werke, danach solche der Kunst und Wissenschaft für ein kleines gelehrtes Publikum, die populären Schriften sind dann Flugblätter, Kalender, vor allem aber und immer wieder religiöse Erbauungsschriften. Das ändert sich erst im Laufe des 18. Jahrhunderts, als die Werke der ästhetischen Literatur an Zahl die der religiösen Literatur zu übersteigen beginnen. Dieser Prozeß ist ausführlich beschrieben worden[155], so daß wir uns mit einem Hinweis begnügen, der das, was Benjamin wie in einem Brennglas gebündelt zusammenfaßt, wieder an seinen rechten Ort zurückführt. Erst als das Analphabetentum Ende des 18. Jahrhunderts zurückgeht und schließlich im 19. Jahrhundert ganz verschwindet, worin sich die Aufklärung des neuen bürgerlichen Zeitalters zeigt, erst dann hat die erzählende Prosa ihr breites Publikum, erst dann kommt der Aufschwung von Roman *und* Erzählung – und nicht nacheinander, sondern gleichzeitig. Und von Beginn an sehen wir diesen Wechselprozeß zwischen Literatur und Publikum: Die Literatur sucht sich ihr Publikum, das sich den Ansprüchen der Literatur stellt, zunächst dem erheblichen, lesen zu lernen, schließlich dem weiterführenden, »lesen« zu lernen in einem erweiterten Sinne, nämlich den Code des Textes zu entziffern. Und das Publikum sucht sich eine Literatur, die auf seine Wünsche eingeht. Verleger und Autoren schaffen ihm diese Literatur, die des raschen, des kommerziellen Erfolges willen produziert und reproduziert wird. Mit der modernen Literatur entsteht im 18. Jahrhundert auch die moderne Trivial- und Unterhaltungsliteratur. Das breite Lesepublikum erwartet und erhält ein breit gefächertes literarisches Angebot, das unterschiedliche Ansprüche erhebt. An dieser Situation ändert sich nichts grundlegend, als die Drucktechnik Fortschritte macht. Die Schnellpresse, der Rotationsdruck, der Maschinensatz ermöglichen schließlich eine Reproduktion, die sehr schnell sehr viele Texte reproduzieren kann. Die Zeitung als neue Form der Mitteilung, Benjamin nennt sie, verdrängt den Roman nicht, sie befördert ihn sogar als »Feuilletonroman«, dem wir so wichtige Werke wie die von Balzac verdanken.[156]

Wir finden also die drei laut Benjamin für ein Nacheinander

der geschichtlichen Entwicklung typischen Formen der Mitteilung zur gleichen Zeit: die Erzählung, den Roman, die Information. Und dennoch hat Benjamins Aufsatz seine Wahrheit, die uns nicht verloren gehen darf. Die Erzählung, die er meint, ist eine alte literarische Form und bezieht sich in der Tat auf eine geordnete, ständestaatliche, agrarwirtschaftliche Gesellschaft, die schon im Schwinden begriffen war, als die großen Erzähler im 19. Jahrhundert ihr Werk in Angriff nahmen. Hauff und Hebel sind dafür die besten Beispiele aus der deutschen Literatur. Es kommt uns vor, als sei hier die Erfahrung vergehender Zeit, die heute für uns vollends Vergangenheit geworden ist, noch gerade festgehalten worden, damit sie späteren Generationen übermittelt werden kann. Diese Erzählungen könnten heute nicht mehr geschrieben werden. Ihre Zeit ist vorüber, so wie die Zeit des großen »realistischen« Romans des 19. Jahrhunderts vorüber ist, der ganz Ausdruck der gesellschaftlichen Situation seiner Entstehungszeit war. Erzählungen und Romane, die heute geschrieben werden, haben eine andere Gestalt, wenn sie sich den Herausforderungen der Zeit ihrer Entstehung ernsthaft stellen. Die Gattungen haben also eine andere Gestalt, aber sie verschwinden nicht. Benjamin macht ja auf den langwierigen Umwandlungsprozeß literarischer Formen aufmerksam; er spricht von Wandlungen, die denen gleichen, »die im Laufe der Jahrtausende die Erdoberfläche erlitten hat.« So schnell entstehen literarische Gattungen nicht, so schnell verschwinden sie nicht, wenn sie auch ihr Aussehen verändern. Um in dem geologischen Bild zu bleiben: Verschiedene Schichten sind gleichzeitig vorhanden, ältere und jüngere, die einander überlagern, aber nicht verdrängen, und durch Erdfaltungen können vordem verdeckte oder ganz neue an die Oberfläche treten – denn gar so langsam wie die geologische Entwicklung geht die epische nun doch nicht.

Benjamins Aufsatz *Der Erzähler* hat seine Wahrheit darin, daß er auf dem Höhepunkt der Erzählung des 19. Jahrhunderts die »Krise des Erzählens« im 20. Jahrhundert deutlich macht. »Krise des Erzählens« meint eine aktuelle literarische Situation, die jedoch eine permanente ist, weil die Arbeit an den Bildern und Symbolen der Literatur niemals stillstehen darf, da sonst die Bilder und Symbole zu Klischees entleert würden.

Diese Literatur ist einerseits konfrontiert mit ihren eigenen »überlebten« Klischees erstarrter Formen, die im Zeitalter der technischen Reproduzierbarkeit eine massenhafte Verbreitung finden. Sie ist andererseits konfrontiert mit den übrigen Formen der Mitteilung. Benjamin nennt die Information der Zeitung, die oft nicht exakter ist als die Kunde, die man in früheren Jahrhunderten durch Flugblatt und Kalender oder durch fahrendes Volk erfuhr, die aber mit ihrem Anspruch der Nachprüfbarkeit eine wissenschaftliche Kategorie ins Spiel bringt, die nicht nur die Exaktheit, sondern auch die Verwertbarkeit der Information meint. Allerdings wird sie auch dieser Verwertbarkeit nicht immer gerecht, denn viele Informationen, die uns die Zeitung täglich bringt, sind für uns ohne Bedeutung. Sie haben mit dem Leben, das wir führen, nichts zu tun.

Die Literatur reagiert auf die Formen der primären und sekundären Kommunikation. Wenn eine bestimmte Form des Erzählens aus der primären Kommunikation entschwindet, muß das auch zu einer »Krise« dieser Form des Erzählens in der Literatur führen. Die Produktivität der Literatur zeigt sich dann darin, daß sie – in Auseinandersetzung mit den herrschenden Formen der primären und sekundären Kommunikation – neue literarische Formen entwickelt. Und ihre Produktivität bekundet sich nicht nur auf ihrem eigenen Felde – also im geschriebenen und gedruckten Wort –, sondern auch da, wo das Wort zurücktritt und die visuelle Kommunikation dominiert: in Comic Strips, Film und Fernsehen. Es ist erstaunlich, wie wenig neue Formen die neuen Medien entwickelt haben; im wesentlichen reproduzieren sie die alten, durch die Literatur tradierten, die sie sich aneignen. Klassisches Schauspiel, Volksstück und Boulevardstück als dramatische Formen, Novelle und Roman als erzählende Formen bestimmen die Fernsehspiele und Filme. Die jahrhundertealten Muster des Liebes- und Abenteuerromans, die in die Trivialliteratur abgesunken sind, tauchen in den flüchtigen Bildern wieder auf. Der Schlager der Unterhaltungssendungen erinnert an das, was einmal das Lied war. Und die einfachen Formen des Erzählens – Rätsel, Legende, Witz, Anekdote[155] – erscheinen in verkommener Gestalt in den Quizsendungen, in den Fernsehspots der Werbung und den Plaudereien der Conferenciers. Auch Reportage und Interview sind nicht Erfindungen des Films oder Fernsehens, es sind literarische Gattungen, die die Zeitung hervorgebracht hat. So treten die neuen Massenmedien in Konkurrenz zur Literatur mit visualisierten Formen der Literatur, die diese hinter sich zurückgelassen hat, weil sie einem überholten Standort entsprechen, der andere Formen der Kommunikation, andere Vorstellungen der Welt – die Erzählung war uns ein Beispiel – hatte. Allerdings ist nicht gesagt, daß damit diese alten Formen ihren Sinn verloren hätten. Sie müssen sich wandeln, um fortzubestehen. Rätsel, Witz, Anekdote sind elementare Formen der verbalen Kommunikation, sie werden immer ihren Platz behaupten. Die von Film und Fernsehen adaptierten Formen sind als zurückgebliebene vor allem deshalb zu tadeln, weil sie die alten Formen in den alten Klischees halten und so eine Wandlung im neuen Medium vortäuschen, die sie nicht bieten. Diese alten Klischees sollen leichte Zerstreuung bringen, und darin besteht ihre ideologische Funktion.

Die neuen Medien Film und Fernsehen haben allerdings zwei Formen gebracht, die neue sind, die dem Alten gegenüber sich behaupten können, wenn sie nur zum Zuge kommen. Es ist einmal der authentische Bericht; die Kamera ist dabei, wenn irgendwo in der Welt etwas geschieht, und wir, die Zuschauer, sind dadurch ebenfalls dabei, als ob wir anwesend wären; das kann bei Direktübertragungen des Fernsehens gleichzeitig sein, bei Filmaufzeichnungen um einiges später. Dies wäre die Authenzität, die mit keinem anderen Medium zu vergleichen ist. Es ist zum zweiten der Film, der sich von den verfestigten Klischees der Trivialliteratur frei macht und die vielfältigen Assoziationen des Traums in Bildreihen zu formen versucht, deren Reihenfolge nicht von der Logik der Vernunft und der Sprache, sondern von der der Bilder bestimmt wird, die unvermittelt Fremdes aneinanderreihen, den Gesetzen der Assoziation folgend. So kann der Film seine eigene Bildsprache finden und zu einer selbständigen Kunst werden. Was ihm heute nur noch in Einzelfällen gelingt, in den Werken von Einzelnen, die günstige Produktionsbedingungen finden – denn diese sind ganz vom technischen Apparat und kollektiver Bedienung des Apparats abhängig –, diese kreative Leistung einer neuen Bildsprache schien zu Beginn der Filmgeschichte eine kollektive Leistung zu sein und eine Leistung des neuen Mediums selbst. Und sie war es; darin hat Benjamins Aufsatz über das *Kunstwerk im Zeitalter seiner technischen Reproduzierbarkeit* seine Wahrheit, wenn auch die Hoffnungen, die Benjamin an diese Wahrheit knüpfte, getrogen haben – in der bisherigen Geschichte des Films wenigstens, die noch nicht zu Ende ist.

Wir können hier diesen Aufsatz nicht ausführlich diskutieren. Dieter Prokops Arbeit *Soziologie des Films* böte eine Basis für diese Diskussion,[158] weil sie anhand des Materials, das sie geordnet darbietet, darauf aufmerksam macht, daß auch hier all das, was Benjamin wie in einem Brennglas in seinem Aufsatz zusammenfaßt, an den Ort zurückgeführt werden müßte, von dem es ausging. In seinem 1936 publizierten Aufsatz bezieht sich Benjamin nämlich auf eine Situation des Films, die damals schon Vergangenheit war, auf die Zeit des frühen Stummfilms – Vergangenheit also hier des Films wie der Erzählung dort –, so daß in beiden Fällen die gleiche Melancholie am Platz wäre, die dem Entschwindenden gilt, aber auch die gleiche Hoffnung im Vergangenen, denn was es in der Vergangenheit an verwirklichten Möglichkeiten der Kommunikation gab, das kann es an Möglichkeiten auch in der Zukunft geben – sie müßten dann freilich auf andere Weise neu verwirklicht werden.

Dies ist der eine Punkt, den wir festhalten wollen. Benjamin erkennt die Möglichkeit, die eine Gattung wie die Erzählung bietet, er erkennt die Möglichkeit, die ein Medium wie der Film bietet, doch er verwechselt das, was als Konkretum jeweils in einer historischen Situation verwirklicht wurde, mit der Gattung selbst, mit dem Medium selbst. Sicher, auch Gattung, auch Medium sind abhängig von der historischen Konstellation, in der sie auftreten, genauer: die sie hervorbringt; doch wenn Gattung und Medium einmal geschaffen sind, bleiben sie lange als Instrument der Kommunikation erhalten. Allerdings ändert sich in neuer Situation die Gestalt der Gattung bzw. die Funktion des Mediums. Es ist Benjamins großes Verdienst, daß er am Beispiel der Photographie und des Films die Einflußnahme des jeweiligen Stands der Produktionskräfte auf die Künste gezeigt hat, die Einflußnahme durch die technische Reproduzierbarkeit des Kunstwerks, die vom Stand der Produktivkräfte abhängt. Gerade an dieser Abhängigkeit des Films von den allgemeinen Produktionsverhältnissen der Gesellschaft läßt sich die Entwicklung des Films erklären: vom frühen mit wenig technischen und finanziellen Mitteln, von vielen kleinen Firmen produzierten Stummfilm geht der Weg zum späten mit viel technischem, also auch finanziellem Aufwand von wenigen Großfirmen produzierten Tonfilm. Prokop beschreibt dise Entwicklung vom »Polypol« vieler Produzenten über das »Oligopol« weniger zum »Monopol« einiger Firmen. Die dem kapitalistischen Wirtschaftssystem entsprechende Produktionsweise determiniert das Produkt: die Schauspieler als Stars, die eingefahrenen Klischees der Trivialliteratur, die falschen Probleme und die falschen Lösungen. All das, was eine böswillige Kritik der ernsthaften ästhetischen Literatur vorwerfen könnte, trifft hier tatsächlich zu: der flüchtige Schein, der die Rezipienten in eine Wunschtraumwelt führt und dessen Faszination durch das Bild stärker ist, als je die Trivialliteratur sein kann.

Das ist der zweite Punkt, den wir festhalten wollen, und damit kommen wir zu der am Anfang dieses Kapitels zitierten Bemerkung von Habermas zurück: zur Art der Rezeption. Unsere These, die wir der von Habermas entgegenstellen, lautet: Erst die technische Reproduzierbarkeit des Kunstwerks bringt die individuelle Rezeption als konstitutiv mit sich. So ist es in der Literatur seit dem Buchdruck, so ist es in der Musik seit der Schallplatte und dem Tonband. So ist es auch in der Malerei; noch die Rezeption des Originals im Museum ist eine kollektive; schon die Lithographie, erst recht der Kunstdruck bringen eine individuelle Rezeption. Und das ist eine demokratische Entwicklung. Der einst auf eine kleine Elite begrenzte Zugang zur Kunst – nachdem diese vom Kultwert zum Ausstellungswert übergegangen war, beim Kultwert war dieser Zugang allen offen, die am Kult teilnahmen – steht jetzt allen offen. Allerdings verlangt dieser Zugang von allen auch eine Anstrengung, die wir als Kunstperformanz beschrieben haben; die Kunst jedoch, die als Unterhaltung sich anspruchslos darbietet, verliert ihren Wert und zerstört ihr Publikum gerade dadurch, daß sie vorgibt, auf seine Wünsche einzugehen. Dazu eine Notiz von Max Horkheimer:

»In der Politik der fünfziger Jahre ist es jetzt so wie in der motion picture industry. Man steht nicht zu einer Sache und sucht, das Publikum für sie empfänglich zu machen, sondern man will sich fürs Publikum empfänglich machen und dann zu ihm stehen. Solcher Verlust der einen Seite, nämlich der Sache, muß notwendig die hypostasierte andere Seite, nämlich das Publikum, schließlich zunichte machen, also gerade das Gegenteil von dem zustande bringen, was scheinbar beabsichtigt ist. Das vorgeblich respektvolle Verhalten zum Publikum erweist sich als Verachtung und Selbstgerechtigkeit, denn in ihrem tiefsten Innern ahnen die sozialdemokratischen Bürokraten nicht weniger als Metro-Goldwyn-Mayer, daß das Publikum eben durch die Sache, die sie ihm schaffen sollten, sei sie theoretisch oder ästhetisch, politisch oder bildnerisch, jeweils erst ein Wesen erhält. Sie sollen die Arbeit fortführen, durch die die Öffentlichkeit Achtung verdient. Indem sie nun nur die Sache dem Publikum und gar nicht mehr dieses der Sache gleichmachen wollen, wird die bloße Anpassung zur Sache selbst; anstelle des Publikums als eines bestimmten, dem sie zu dienen behaupten, treten ihre eigenen bornierten und vergröberten Vorstellungen von ihm als einziger Leitfaden, sei's bei der Herstellung des Films oder der politischen Propaganda. Hinter der Selbsttäuschung aber verbirgt sich der bloße Wille zur Selbstperpetuierung, der disziplinlose Hunger auf box office oder Wahlerfolge; die Machtgier, verbunden mit der maßlosen, nicht zuletzt aus Schuldgefühl über das zu ihrem Leidwesen nicht ganz verdrängbare aufklärerische Erbe stammenden Angst, bedingt den katastrophalen Mangel an Phantasie.«[159]

Diesen katastrophalen Mangel an Phantasie können wir heute an den Programmen der Kinos und der Fernsehsender beobachten. Er befördert analog zur derzeitigen Politik in den meisten westlichen Ländern beim Rezipienten eine Konsumentenhaltung, die der Haltung entspricht, die das wirtschaftliche System von ihm erwartet.[160] Die heute auch in der Literaturkritik verbreitete Ansicht, die Kunst müsse leicht verständlich und allen sogleich zugänglich sein, hat hier ihre Wurzel. Sie geht nicht von einem Rezipienten aus, der sich aktiv ein Werk anzueignen versucht, sondern von einem Konsumenten, der, passiv, es serviert bekommen möchte wie die gebratenen Tauben des Schlaraffenlands. Wer die große Zahl der Rezipienten als entscheidend für die Bedeutung eines Kunstwerks betrachtet und nicht dessen Qualität, bringt den Marketing-Gesichtspunkt der Warenindustrie auch in Kunst und Literatur zur Geltung; für ihn zählt nur, was Absatz findet, was sich gut verkauft, nicht aber das, was nützlich ist und haltbar im Gebrauch. Hier erhebt sich zugleich die Frage, ob der Aufschwung der Rezeptionsforschung in den letzten Jahren nicht darin seine wahre, seine gesellschaftliche Ursache hat.

Die Konsumentenhaltung finden wir auch in der Art der individuellen Rezeption des Films, was unsere These bestätigt. Dieter Prokop faßt die Ergebnisse amerikanischer Untersuchungen zusammen: »Der Film ist in diesem Sinne weniger Lehrmeister der ›inneren Manipulation‹ als vielmehr Lehrmeister der individuellen Rezeption: Indem er ein typisches ›Publikums‹-Verhalten sozialisiert, gewöhnt er die Individuen daran, ihre Anpassungsprobleme (z. B. ihre relative Deprivation) *individuell* (bzw. im Rahmen homogener Gruppen) zu lösen und sich auch in anderen Bereichen – im Konsumverhalten oder im politischen Verhalten – trotz der Anwesenheit anderer als individuelle Rezipienten zu verhalten. Sowohl die Aussagen Talcott Parsons, der ein gewisses Ausmaß an nicht-rationalen Mechanismen für funktional notwendig erachtet, als auch Daniel Lerners, der ein hohes Maß an Identifikationsbereitschaft (›empathy‹) der Gesellschaftsmitglieder zum Funktionieren ›moderner‹ Gesellschaften für erforderlich hält, lassen sich auf diesen Handlungsaspekt hin umformulieren: In ›komplexen, industriellen Gesellschaften‹ ist die starke Bereitschaft der Gesellschaftsmitglieder zu spezifischen ›Publikums‹-Verhalten, d. h. zur individuellen Rezeption vorgegebener Modelle (des sozialen, Konsum- und politischen Verhaltens) funktional. Schon 1925 (also noch zur Zeit des Oligopols) hatten Robert S. und Helen M. Lynd konstatiert, daß der Film, wie das Automobil und der Rundfunk, die Freizeit zu einer individuellen oder zumindest familien- und kleingruppenbezogenen Tätigkeit umstrukturiert habe und damit eine Gegenbewegung zum ›Trend zur Organisation‹, der sich in Klubs und anderen Freizeitaktivitäten so ausgeprägt erweist, darstelle. Heute hat im ›Kampf der Artikulationsmedien‹ das zu individueller Rezeption führende Medium, der Film, die Übermacht.«[161]

Nicht nur daß eine individuelle Rezeption stattfindet, scheint uns ein wichtiges Kriterium, sondern auch auf welche Weise sie stattfindet: ob in der kritischen Haltung einer Auseinandersetzung etwa oder in der kritiklosen Haltung einer Konsumtion. Und, so fragen wir uns, ist nicht jegliche Rezeption letztlich individuell? Auch die kollektive läßt den Einzelnen mit seinen Vorstellungen, seinen Assoziationen, seinen Entwürfen zu dem, was er sieht oder hört, doch allein.

Allerdings gibt es hier Grade der Abstufung. Die Einsamkeit des Lesenden in seinem Zimmer ist eine andere als die dessen, der im Dunkeln des Kinosaals mitten in der Menge der Betrachter mit den beweglichen Bildern allein ist. Und derjenige, der in der Kleingruppe der Familie, also ebenfalls im Kollektiv, ein Fernsehprogramm sieht, ist in anderer Situation als der andere, der im Theater einer Aufführung beiwohnt. Er wohnt ihr bei, d. h. er ist anwesend, während sie geschieht. Wahrscheinlich ist dies die einzig wahrhafte kollektive Rezeption: die des Theaters, des Konzerts, der Lesung, also die Rezeption, die im Augenblick der Reproduktion stattfindet. Denn hier ist ein besonderer Ort und ein besonderer Augenblick, der nur jetzt und hier statthat: in dieser Reproduktion und in dieser Rezeption. Und die Art des rezipierenden Kollektivs (seine Aufmerksamkeit, seine Sympathie, seine Abneigung) nimmt Einfluß auf die Reproduktion: Es gibt gute und weniger gute Reproduktionen desselben Theater- und Musikstücks. Währenddessen liegt die Fernsehsendung fertig vor, wenn sie durch das elektronische Medium reproduziert wird, und sie kann auf solche Weise immer wieder reproduziert werden. Der Rezipient hat keine Möglichkeit der Antwort auf die Sendung, ob er nun allein oder in der Kleingruppe der Familie sie rezipiert. Immerhin gibt ihm die Rezeption im halb erleuchteten Zimmer im Kreis der Freunde oder Verwandten die Möglichkeit der Unterbrechung, die ihm Distanz schafft für das Gespräch in der Gruppe und für die Reflexion des Gesehenen.[162]

XXII. Wort und Bild

Warum Jürgen Habermas von einer kollektiven Rezeption mehr erwartet als von einer individuellen, wird dem verständlich, der sich in Erinnerung ruft, daß lange nur relativ wenigen, auserlesenen Einzelnen der Zugang zur Kunst möglich war. Nun soll sie vielen zugänglich sein, ohne daß sie das verliert, was den Zugang erstrebenswert macht: ihre Wahrheit in der Darstellung der Sache. Aus dieser Schwierigkeit, daß der Zugang der vielen mit dem Verlust dieser Wahrheit erkauft wird, sollte der kollektive Akt der Rezeption herausführen, um »im Nu« dem Kollektiv eine »Erleuchtung« zu bringen. Das ist eine schöne Hoffnung, die freilich auch dann, wenn sie sich einmal erfüllt haben mag, wie Benjamin es für den frühen Stummfilm annimmt, zu flüchtig ist, um den zureichenden Grund für eine Kunsttheorie bilden zu können. Zudem sind in der Konzentration auf das Kollektiv die Schwankungen der deutschen Ideologie zu erkennen, die einmal den auserlesenen Einzelnen als bestimmend herauslöst und das Kollektiv verketzert, ein andermal das Kollektiv als Bestimmung ansieht und das Individuum verspottet. So ist hier das Kollektiv zu seiner Erhebung gekommen, weil es zuvor als »dumme Masse« diffamiert wurde. Das sind Schwankungen der Ideologie, nicht der Wissenschaft, die über den Streit, was zuerst da sei, das Individuum oder die Gesellschaft, hinausgelangt ist. Piaget sagt: »Es hat wirklich keinen Sinn auf die alten Argumente zurückzukommen.«[163] Wir haben in vorhergehenden Kapiteln auf die wechselseitige Abhängigkeit von Individuum und Gesellschaft hingewiesen.

Die Einmaligkeit des frühen Stummfilms hatte ihre Ursache in dem Medium, das eine Darstellungs- und Wahrnehmungsweise brachte, die es noch nie gegeben hatte. Es war tatsächlich eine Revolution, die sich in der Photographie ankündigte und im Film zu ihrer Vollendung kam. Der technische Apparat ermöglicht ein »realistisches« Abbild der Realität, das jedem zu machen möglich ist, ohne daß er eine beschwerliche künstlerische oder handwerkliche Ausbildung dazu braucht. Das photographische Abbild hatte noch seine Nähe zur Malerei, wenn es auch den Charakter des traditionellen Kunstwerkes zum Verschwinden brachte. Benjamin hat das in seinem Aufsatz beschrieben. Etwas vollends Neues brachte der Film mit dem raschen Nacheinander der Bilder; die Bewegung der Bilder im zeitlichen Ablauf – die Amerikaner weisen in ihrem Wort »movies« mit Recht darauf hin – war das bestürzend Neue des Films. Der Ablauf der Bewegungen, wie wir ihn mit bloßem Auge sehen, war damit nicht zu vergleichen. Schon die Photographie bot nicht nur ein Bild der Realität, das wir für »realistisch« halten, sondern sie beeinflußte gleichzeitig auch unsere Vorstellung von dem, was »realistisch« sei, so daß wir jetzt dazu neigen, das Bild für »realistisch« zu halten, das uns die Photographie bietet. Dieser »Realismus« entspricht der konventionalisierten Sehweise.[164]

Ebenso wie die Photographie prägt auch der Film unsere Vorstellung von »realistisch« durch seine Darstellungsweise, die denkbar künstlich ist. Ein Vorgang kann in Minuten zusammengezogen werden, der Jahrzehnte dauert, und ein kurzer kann immens verlängert werden; ein Detail kann in einer Größe gezeigt werden, die das bloße Auge nie wahrnimmt, und eine Sicht über Stadt und Land kann geboten werden wie im Vogelflug. Und vor allem: Die Abfolge der Bilder ist keine chronologische oder logische, sie ist eine assoziative, die dem Betrachter oft willkürlich erscheint, ihr Prinzip ist die Montage, die zur gleichen Zeit auch in der Literatur und der Bildenden Kunst sich bemerkbar macht. Die Montage nimmt sich große Freiheit in der Zusammenstellung der Bilder, und sie nimmt dem Rezipienten einen Teil seiner Freiheit, die ihm einen eigenen Assoziationsablauf ermöglicht. Dazu Benjamin: »Man vergleiche die Leinwand, auf der der Film abrollt, mit der Leinwand, auf der sich das Gemälde befindet. Das letztere lädt den Betrachter zur Kontemplation ein; vor ihm kann er sich seinem Assoziationsablauf überlassen. Vor der Filmaufnahme kann er das nicht. Kaum hat er sie ins Auge gefaßt, so hat sie sich schon verändert. Sie kann nicht fixiert werden. Duhamel, der den Film haßt und von seiner Bedeutung nichts, aber manches von seiner Struktur begriffen hat, verzeichnet diesen Umstand mit der Notiz: ›Ich kann schon nicht mehr denken, was ich denken will. Die beweglichen Bilder haben sich an den Platz meiner Gedanken gesetzt.‹

In der Tat wird der Assoziationsablauf dessen, der diese Bilder betrachtet, sofort durch ihre Veränderung unterbrochen. Darauf beruht die Chokwirkung des Films, die wie jede Chokwirkung durch gesteigerte Geistesgegenwart aufgefangen sein will.«[165]

Gegen einen Chok, der häufig wiederholt wird, härtet man ab. Heute sieht man mit Gelassenheit an, was früher noch Aufregung nach sich zog. Die Geistesgegenwart weicht nur allzu gern der Bereitschaft, sich vom Assoziationsablauf der Bilder tragen zu lassen.

Der Reiz des frühen Stummfilms liegt darin, daß hier ein Medium seine Kindheit erlebte, die unwiederbringlich dahin ist. Wir wollen dies in zwei Punkten festhalten, die uns zugleich wieder zu unserem Thema, der literarischen Kommunikation, zurückführen: einmal die Symbolbildung des frühen Stummfilms, zum andern die Rezeption des frühen Stummfilms.

Zum ersten: Der frühe Stummfilm wird noch gespeist aus volkstümlichen Kunstformen, die außerhalb der offiziellen Künste blieben, also von all dem, was früher auf dem Jahrmarkt, im Zirkus und im Varieté vorgeführt wurde, die schließlich von Film und Fernsehen verdrängt wurden. Aus diesen alten Formen holt der frühe Film seine Kraft, aus ihrem Entschwinden seine Schönheit. Zugleich kann er ganz Neues bieten, das aus dem neuen Medium kommt: Der Assoziationsablauf der Bilder und die Möglichkeit der totalen Manipulation der Realität in den trickreichen Bildern bringen die Bildwelt des Traumes fast unmittelbar zur Darstellung. Denn nicht die »realistische« Darstellungsweise allein ist dem Film angemessen, die »surrealistische« ist es ebenso, also nicht nur Nachahmungen der Realität als Akkomodation, sondern auch symbolische Darstellungen als Assimilation. So haben die frühen Filme eines Charlie Chaplin, eines Buster Keaton unmittelbar zur Darstellung gebracht, was zuvor als Traum in unsere Köpfe eingeschlossen war; ebenso übrigens wie der »Surrealismus« zur gleichen Zeit in der Malerei. Die frühen Filme haben ihre Symbole analog zu denen des Traums gebildet, die äußeren Bilder des Films stehen in Verbindung mit den inneren Bildern der Vorstellung. Daß es in einem Augenblick, der günstig war, gelungen ist, die neuen Bilder des Films mit den alten des Zirkus, die wohl aus der gleichen Quelle sich speisten, zu koppeln, das macht die Größe dieser frühen Filme aus. Sie endet in dem Augenblick, in dem der Film literarisiert wird und dadurch seine symbolbildende Kraft verliert; d. h. er übernimmt die zu Klischees verkommenen Symbole der Literatur, wie er sie in der Trivialliteratur vorfindet, und »verfilmt« sie. Das ist mit dem Tonfilm besiegelt. Seitdem gelingt nur noch Einzelnen, wie auch sonst in den Künsten, was in dieser frühen und kurzen Zeit – der Film entwickelte sich rasch – sozusagen jedem gelang: an einer bildlichen Symbolbildung mitzuwirken, die Kommunikation ermöglichte.

Zum zweiten Punkt: Es ist uns jetzt leicht verständlich, warum die Rezeption des frühen Films »unmittelbar« möglich war und keiner besonderen Kunstperformanz bedurfte. Die Zeitungsjungen konnten, wie Benjamin schreibt, mit gleichem Sachverstand ein Radrennen diskutieren wie einen Film. Aber warum? Das, was der Film zeigte – etwa eine Verfolgungsjagd, hundert Polizisten jagen Charlie Chaplin –, war von einem Radrennen nicht sehr unterschieden. Der Film knüpfte eben an die Formen des Jahrmarkts und des Zirkus an, die jeder kannte und die unmittelbar verständlich sind; ihr Code ist nämlich einfach: ein Clown haut einen anderen und läuft weg, der andere verfolgt ihn daraufhin, sie stolpern beide und fallen hin; das ist unmittelbar evident. Und der Film brachte Bilder des Traums, Verfolgungsjagden haben wir im Traum selbst erlebt, die Aufregung, sie auf der Leinwand wiederzusehen, die Schadenfreude über die Verfolger, das versteht jedes Kind, dazu bedarf es keiner besonderen Fähigkeit. Aber das ist eine Ausnahme, weshalb wir auf diese Situation des frühen Stummfilms nicht als auf den Regelfall die Rezeption des Films aufbauen können.

Aus seiner Nähe zum Traum erklärt sich die Faszination des Films überhaupt, nicht nur die des frühen Stummfilms. Der Film steht in Beziehung zu den inneren Bildern unserer Vorstellung, wie die Literatur zu dem inneren Sprechen in Beziehung steht. So sehen wir im Film nicht eine Konkurrenz der Literatur, sondern etwas ganz anderes als Literatur, das auf seine Weise in seinem Sektor zur künstlerischen Darstellung beitragen kann – wie die Literatur in ihrem Bereich. Es muß eben jeweils untersucht werden, ob in einem vorliegenden Werk, sei es der Literatur, sei es des Films, eine Darstellung gelungen scheint oder nicht.

Die bildliche Darstellung bezieht sich direkt auf die wahrgenommenen Gegenstände, sie versucht eine – wenn auch vereinfachte – Darstellung des Gegenstandes selbst zu geben. Zwischen dem bildlichen Symbol und dem wahrgenommenen Gegenstand gibt es eine Ähnlichkeit. Gerade in dieser erstrebten Ähnlichkeit zum Gegenstand liegt die Leistung des bildlichen Symbols. Diese Nähe zum Gegenstand macht den Reiz des Bildes aus: Es kann fast wie der Gegenstand selbst einen Affekt beim Betrachter auslösen.[166] Die Affektnähe, die aus der Gegenstandsnähe kommt, läßt das Bild auch im Traum seine Königsrolle spielen, wo es als Symbol für erlebte und erwünschte Realität auftaucht.

Bilder sind zudem offener für individuelle Abweichungen; die Bildsprache ist nicht in gleichem Maße festgelegt wie das verbale Zeichensystem; Bilder sind deshalb freier von Konvention und Zensur. Was beim Wort als Versprecher sogleich belacht und damit geahndet wird, das kann beim Bild leicht als Abweichung durchgehen. Bilder sind umfassend und haben ein weites Bedeutungsfeld, in dem vieles sich einnisten kann. Sie sind wandelbar, sie können sich leicht von einem Bild in ein anderes verwandeln.

Jean Piaget hat die Besonderheit des bildlichen Denkens an Kindern untersucht.[167] Er hat zwei Stufen der Entwicklung festgestellt; die erste, die bis zum 7. oder 8. Jahr reicht, nennt er die präoperative Stufe, die zweite, die nach dem 7. oder 8. Jahr einsetzt, ist die operative Stufe. Unter den Bildern unterscheidet er zwischen reproduktiven, die bereits wahrgenommene Anblicke in Erinnerung rufen, und antizipierenden, die nicht Wahrgenommenes vorstellen können. Sowohl bei den reproduktiven als auch bei den antizipierenden gibt es wiederum drei Sorten, die durch Statik, durch Kinetik, durch Transformation gekennzeichnet sind. In der präoperativen Stufe dominieren die statischen Bilder eindeutig. Die Bewegungs- und Transformationsbilder werden erst in der operativen Stufe möglich, »und das nur dank Antizipationen und Reantizipationen, die sich selbst zweifellos auf das operative Verständnis stützen.«[168] Das operative Denken fördert also das bildliche Denken, treibt es voran; die Bilder können dem operativen Denken dienen – ebenso wie die Sprache. »Wenn das Bild mit 7 bis 8 Jahren antizipierend wird und sich dann besser dazu eignet, den Operationen als Stütze zu dienen, so resultiert dieser Fortschritt nicht aus einer inneren und selbständigen Modifizierung der Bilder, sondern aus der Einwirkung äußerer Faktoren, die auf die Ausbildung der Operationen zurückzuführen sind. Diese leiten sich freilich aus dem Tun selbst und nicht aus der bildhaften Symbolik ab, ebensowenig aus dem System der verbalen Zeichen oder der Sprache.«[169] Durch das Handeln wird das operative Denken gefördert, bildliches und verbales Zeichensystem stützen und begleiten dieses Denken, die Sprache allerdings auf eine Weise, die wiederum das Denken befördert.

Denn die Sprache leistet zweierlei. Einmal stellt sie in ihrer Begrifflichkeit Zeichen für das operative Denken zur Verfügung, sie beschleunigt dieses Denken, löst es vom unmittelbaren Tun, schafft Vorstellungen und Gesamtvorstellungen von Auseinanderliegendem. Zum andern kann die Sprache die Bilder und Symbole des anschaulichen Denkens beim Wort nennen, wir haben darauf hingewiesen. So ist die Sprache die Vermittlungsinstanz zwischen Bildern und Symbolen und operationalen Strukturen innerhalb der Vorstellungswelt des Individuums, also in seinem inneren Denken und Sprechen, und sie bringt diese inneren Vorgänge in ein allgemein verständliches äußeres Zeichensystem, so daß eine Kommunikation darüber möglich wird. Nicht die Bilder, nicht die logischen Strukturen dienen unmittelbar der allgemeinen Kommunikation, sondern die Sprache. Die logischen Operationen können auch ihre eigenen Zeichen wie in der Mathematik finden, die bildlichen Vorstellungen können auch ihre eigenen Zeichen wie in der Bildenden Kunst, im Film, in der Photographie entwickeln. Doch das sind besondere Bereiche; erst durch Verbalisierung können sie mit der alltäglichen Kommunikation verknüpft werden.

Gerade an dieser Sprache, die hier zum Bild, dort zum Begriff ihre Nähe hat, arbeitet die ästhetische Literatur. Ihre grundlegende Funktion im Bildungsprozeß resultiert aus der allgemeinen Bedeutung der Sprache. Piaget sagt: »Man muß aber zugeben, daß die Sprache in diesem Bildungsprozeß eine besonders wichtige Rolle spielt, denn sie ist im Gegensatz zu den anderen semiotischen Werkzeugen (Bilder usw.), die vom Individuum je nach den Bedürfnissen aufgebaut werden, sozial schon voll ausgearbeitet und enthält zum Vorteil der Individuen, die sie lernen, bevor sie selbst zu ihrer Bereicherung beitragen, ein System von kognitiven Werkzeugen (Beziehungen, Klassifizierungen usw.) im Dienste des Denkens.«[170]

XXIII. Leser und Kritiker

Es gibt unterschiedliche Typen von Lesern und unterschiedliche Arten des Lesens. Ob man Leser wird und welcher Typus von Leser man wird, das hängt von den Sozialisationsbedingungen ab, die einen geprägt haben. Wir haben das an früherer Stelle mit Motivation und Disposition bezeichnet. Gerhard Schmidtchen, der eine demoskopische Untersuchung über die Lesekultur in Westdeutschland 1974 durchgeführt hat, hat die für das Lesen günstigen Sozialisationsbedingungen zusammengestellt.[171] Es sind dies: das gute Einkommen der Eltern, also deren Zugehörigkeit zur sozialen Mittelschicht, die lange Ausbildung, also weiterführende Schulen, schließlich Anregungen und Bestärkungen im sozialen Prozeß, also Lesekultur im Elternhaus, bei Freunden, bei Berufskollegen, so daß Belesenheit als wertvoll eingeschätzt wird.

Diese drei Bedingungen wirken zusammen, die weiterführende Schule ist also nicht die einzige, gleichwohl ist sie als Anhaltspunkt nützlich, weil sie in der Regel anzeigt, daß die beiden anderen Bedingungen ebenfalls zutreffen; auch kann die Schule den beiden anderen Bedingungen, falls diese ungünstig sind, günstig entgegenwirken. Denn auch bei ungünstigen Sozialisationsbedingungen kann man zum Leser werden. Schmidtchen hat eine Kurve aufgezeichnet, aus der sich der Einfluß von günstigen Sozialisationsbedingungen auf die positive Einschätzung des Lesens erkennen läßt.[172] Demnach schätzen das Lesen 76 % derjenigen, die sehr günstige Sozialisationsbedingungen hatten, und nur 16 % derjenigen, die sehr ungünstige hatten; immerhin noch 16 %. Die ungünstigen Bedingungen können also individuell durchbrochen werden, allerdings nur in relativ wenigen Fällen. Es läßt sich daraus schließen, daß nur durch die Veränderung der Sozialisationsbedingungen ein weiterer Zugang zur Lesekultur möglich ist, also vor allem durch die Hebung des materiellen und kulturellen Niveaus der unteren sozialen Schichten, was wirkungsvoll durch Verbesserung des Einkommens und durch Ausbau des Bildungswesens geschehen könnte. Allerdings ist damit die Stellung im Arbeitsprozeß noch nicht verändert, die letztlich ausschlaggebend sein dürfte für die soziale Einstellung, auch für die Einstellung zur Literatur. Die sozialen Voraussetzungen müßten also verändert werden; Veränderung in der Literatur selbst oder Veränderungen durch die Literatur wirken nicht auf das von der Lesekultur ausgeschlossene Publikum, weil dieses eben nicht liest.

Unterschiedliche Arten des Lesens gibt es bei denen, die zur Lesekultur Zugang haben. Das geht schon aus den verschiedenen Typen der Literatur hervor, aus Sachliteratur, die der Information oder Weiterbildung dient, aus solcher Literatur, die der Unterhaltung dient. Schmidtchen hat in seiner Untersuchung, die dem Lesen jeglicher Literatur galt, nach Information, Weiterbildung, Unterhaltung aufgegliedert und dabei festgestellt, daß jede Lektüre stark zweckgerichtet ist. Eine Typologie des Lesens und demnach auch des Lesers böte sich schon nach unseren vier Funktionen an, mit deren Hilfe wir die Typen der Literatur sortiert haben: subjektive Literatur, Gebrauchsliteratur, Sachliteratur, ästhetische Literatur. In der Tat finden wir in einer Typologie, wie sie Hans E. Giehrl vorschlägt, Vergleichbares.[173]

Giehrl unterscheidet vier Haupttypen: den funktional-pragmatischen Leser, den emotional-phantastischen Leser, den rational-intellektuellen Leser und den literarischen Leser. Zum ersten: Der funktional-pragmatische Leser sucht in der Lektüre Information, Orientierung, die vor allem seiner Selbstbehauptung in Beruf und Gesellschaft dient. Drei Untertypen fügt Giehrl ein: die Nicht-Leser, die zwar lesen können, aber es nicht tun; die lesenden Analphabeten, wie er sagt, die sich auf Zeitungen und Zeitschriften beschränken, vor allem auf Boulevard-Blätter; schließlich die reinen Zweck-Leser, die nur aus beruflichen, politischen, gesellschaftlichen Gründen zu einem Buch greifen.

Zum zweiten: der emotional-phantastische Leser. Er ist ebenfalls sehr häufig wie der erste Typus. Bei geringer Distanz zu dem, was er liest, sucht er vor allem Gefühlserlebnisse, emotionale Anregungen und Abregungen. Ihn kennzeichnet das evasorische Lesen. Auch hier zwei Untertypen: der passiv genießende Leser, der Sensationsbedürfnis und Glücksgefühl beim Lesen befriedigt, und der emotional-phantastische Leser im engeren Sinne, der aus der Lektüre auch Anregungen für sein reales Handeln erfährt. Bei ihm »wirkt stark das kognitive Lesen mit, freilich mehr als Einsicht des Herzens denn als Verstandeserkenntnis. Das wahrhaft Phantastische hat für diesen Leser nicht den Eigenwert wie für den literarischen, es wird vielmehr gebraucht als Bühne, auf der sich die gesuchten Gefühlserlebnisse entfalten können. Das bevorzugte Literaturgut dieses Lesers ist die Unterhaltungs- und Trivialliteratur.«

Der dritte Typus: der rational-intellektuelle Leser. Er sucht geistige Auseinandersetzung, er bevorzugt wissenschaftliche Literatur; Romane und Dramen liest er nur der sozialen oder philosophischen Problematik wegen; als Unterhaltung akzeptiert er Detektivromane.

Der vierte Typus schließlich: der literarische Leser. Er ist ebenso selten wie der dritte Typus. Er liest ästhetische Literatur, laut Giehrl: »Er liest sie um ihrer selbst willen, nicht um irgendwelcher Problemgehalte oder Stoffe willen.« Dies wäre also der Leser der hier erörterten Literatur, der ästhetischen, wobei wir annehmen dürfen, daß Überschneidungen mit anderen Typen vorkommen, mit dem phantastisch-emotionalen wie mit dem rational-intellektuellen. Aber der literarische Typus geht nicht in diesen Typen auf, weder ist er durch emotionale Bedürfnisse noch durch kognitive Interessen hinlänglich definiert; was seine Besonderheit ausmacht, ist eben sein Interesse, das ästhetische Erfahrungen sucht, nicht lediglich Gefühle oder Gedanken. Wir erinnern an die von Jauß für die ästhetische Erfahrung wiederaufgenommenen Begriffe Poeisis, Aisthesis und Katharsis. Der literarische Leser, so können wir annehmen, erwartet diese ästhetische Erfahrung.

Hier erhebt sich eine Frage: Gehören viele Literaturkritiker, die mit kognitivem Interesse an die ästhetische Literatur herangehen, nicht eher zum Typus des rational-intellektuellen Lesers als zum Typus des literarischen Lesers?[174] Sie suchen vor allem den Problemgehalt des Werkes; auch wo sie auf seine Gestalt eingehen, wird diese ihnen zum Problem, über das sie reflektieren; sie sehen die Gestalt nicht als Gestalt, sondern als ein Problem, das sie nicht innerhalb des Textes belassen, sondern in Beziehung setzen zu anderen Problemen, die sie aus anderen Texten desselben Autors oder anderer Autoren kennen. Hier sehen wir eine Gefahr der Kritik: Sie kann in der Interpretation am Text vorbeigehen, wenn sie mit einem rein kognitiven Interesse an den ästhetischen Text herangeht und ihn auf ein nicht-ästhetisches Problem hin betrachtet: ein philosophisches, ein theologisches, ein ideologisches, ein historisches, ein literarhistorisches. Das ist eine Gefahr, der viele Kritiker erliegen; sie kommt aus den Schwierigkeiten, denen jeder Kritiker sich stellen muß: den Schwierigkeiten der Interpretation. Davon muß noch die Rede sein, bevor wir unsere Überlegungen abschließen.

Wir haben vom Bezugsfeld des Lesers gesprochen und vom Bezugsfeld des Textes, das in der Fiktionalität des Textes entsteht; wir müssen ebenso vom Bezugsfeld des Autors sprechen, der den Text konstruiert. Alle drei stehen in der literarischen Kommunikation miteinander in Beziehung, ohne miteinander identisch zu sein. (Siehe Modell 4.) Innerhalb seines Bezugsfelds lebt und denkt der Autor, innerhalb dieses Bezugsfelds erarbeitet er seinen Text. Der Text erreicht in der Fiktionalität eine Eigenständigkeit, wie sehr er auch vom Autor abhängig ist. Alles, was im Text steht, kommt aus der Erfahrung und Kenntnis des Autors; aber alles muß eine Verwandlung durchmachen, damit es neu geordnet auf neuer Ebene, auf der der Fiktionalität, erscheint. Der Text ist etwas anderes als die Intention des Autors. Nicht alles, was der Autor beabsichtigt, gelingt ihm; nicht alles, was er beabsichtigt, gelingt ihm so, wie er es beabsichtigt. Nicht alles, was in den Text eingeht, ist dem Autor bewußt. So besteht ein Unterschied zwischen dem Produktionsniveau des Autors und dem Emissionsniveau seines Textes, obschon das zweite vom ersten abhängig ist. Der schriftlich festgelegte Text ist eine feste Größe, die sich nicht mehr verändern kann, es sei denn durch Verlust von Teilen des Manuskripts, durch Streichungen oder andere Eingriffe in den Wortlaut. Dieser festen Größe tritt eine variable gegenüber: das Rezeptionsniveau des Lesers, das sich je nach Leser verändert, wobei wir individuelle, soziale, historische Unterschiede in Betracht ziehen müssen. (Siehe Modell 5, das unsere Überlegungen zusammenfaßt.) Was der Leser rezipiert, ist nicht willkürlich, weil es nicht nur von seinem jeweiligen Rezeptionsniveau abhängt. Es hängt ebenso vom Emissionsniveau des Textes ab. Zwischen diesen beiden, zwischen Emissionsniveau und Rezeptionsniveau, verläuft der Prozeß der Rezeption, der das vom Text Angebotene aktualisiert. Erst in der Aktualisierung durch den Rezipienten zeigt der Text sein Rezeptionsangebot. Man wird annehmen können, daß durch diese Aktualisierung der komplexe Text nicht voll ausgeschöpft werden kann. Wenn er voll ausgeschöpft werden könnte, gäbe es keine unterschiedlichen Rezeptionsweisen, die durch unterschiedliche Rezeptionsniveaus entstehen. Es ist also zu unterscheiden zwischen der objektiven Gestalt des Textes – einer Objektivation des Autors – und der subjektiven Rezeption des Lesers. Von der subjektiven Konstitution des Lesers hängt es ab, auf welche Weise er die objektive Gestalt des Textes aufnimmt.

Das ist die erste Schwierigkeit der Interpretation: Die objektive Gestalt des Textes läßt sich zunächst nicht objektiv erfassen, sondern nur subjektiv – in der Rezeption. Auch der Interpret ist ein Leser. Nur als Subjekt kann er den Text, der von einem Subjekt für ein Subjekt geschrieben wurde, verstehen. Was der Text sagen will, ist überdies keine wissenschaftliche Erkenntnis. Das wäre ja das Mißverständnis, das wir genannt haben: daß ein ästhetischer Text lediglich auf ein kognitives Problem hin gedeutet wird. Die Botschaft des ästhetischen Textes kommt aus dem nicht-wissenschaftlichen Bereich, nämlich aus der Lebenserfahrung des Autors, aus dessen verarbeiteter, reflektierter Lebenserfahrung, die er in den Bildern und Symbolen des anschaulichen Denkens darstellt. Und diese Botschaft geht wiederum in den nicht-wissenschaftlichen Bereich, nämlich in die Lebenserfahrung des Lesers. Der Text ist aufgrund der Eigenart seiner Konstruktion aus der Lebenserfahrung herausgehoben, hat aber hier, im Bezugsfeld des Autors, und dort, im Bezugsfeld des Lesers, seine Verbindungen zu dieser Lebenserfahrung.

Die literarische Kommunikation kann der Interpret nur verstehen, wenn er sich ihr einfügt mit seiner eigenen Lebenserfahrung, und insofern ist sein Verstehen zunächst ein »vorwissenschaftliches«. Da er sich aber den Prozeß des Verstehens vergegenwärtigt, da er sich seiner Subjektivität bewußt ist, ist er mehr als ein normaler Leser: Er ist ein kontrollierter Leser, der über den Prozeß des Verstehens reflektiert. So verläuft die Interpretation auf zwei Ebenen: einmal der üblichen, der subjektiven Rezeption, zum andern der Reflexion, die sich der Subjektivität bewußt ist und sie zur Objektivität hin überschreitet. Auf der ersten Ebene ließe sich von *Verstehen* sprechen, auf der zweiten von *Erklären*.[175] Ohne Verstehen ist kein Erklären möglich, ohne Erklären bleibt das Verstehen im nicht-wissenschaftlichen Bereich. Das Geschmacksurteil üblicher Literaturkritik wäre im Bereich des Verstehens einzuordnen; die Interpretation der Literaturwissenschaft im Bereich des Erklärens. Zwischen beiden – Literaturwissenschaft und Literaturkritik – sollte deutlich unterschieden werden.

Roman Jakobson sagt: »Leider bringt die terminologische Konfusion von ›Literaturwissenschaft‹ (literary studies) und ›Literaturkritik‹ (criticism) den Literaturforscher in Versuchung, die Beschreibung von immanenten Werten eines Werkes der Literatur durch ein subjektives, zensierendes Verdikt zu ersetzen. Die Bezeichnung ›Literaturkritiker‹ für einen Literaturwissenschaftler ist ebenso irrig, wie wenn man den Linguisten ›Grammatik- (oder Wort-)Kritiker‹ nennen wollte. Syntaktische und morphologische Untersuchungen können von einer normativen Grammatik nicht ersetzt werden, und ebensowenig kann ein Manifest, das uns des Kritikers eigenen Geschmack und eigene Ansichten über kreative Literatur aufhalst, die objektive wissenschaftliche Analyse des Wortkunstwerkes ersetzen.«[176]

Es käme also darauf an, im Erklären die Subjektivität zu überwinden und sich der Objektivität so weit als möglich zu nähern. Wenn die Strukturen der Werke beschrieben und analysiert werden, wenn die Kriterien der Interpretation deutlich benannt werden und wenn sie in der Analyse der Texte immer wieder neu überprüft werden, dann dürfte die Literaturwissenschaft der Objektivität nahekommen. Die Kriterien der Interpretation haben sich zudem nicht nur in jeder Analyse neu zu bewähren, sondern sie haben sich auch in der Diskussion der Literaturwissenschaftler untereinander einem übersubjektiven Konsensus zu unterwerfen, einem Konsensus, der ebenfalls immer wieder einmal überprüft werden muß.

Die zweite Schwierigkeit der Interpretation sehen wir darin, daß die Eigenart der wissenschaftlichen Sprache die Eigenart der ästhetischen Sprache verdecken kann. Die wissenschaftliche Sprache muß sich bemühen, das, was im ästhetischen Text Bild und Symbol geworden ist, auf den Begriff zu bringen. Wir haben schon darauf hingewiesen, wie das anschauliche Denken zum begrifflichen Denken hinstrebt und wie das begriffliche Denken sich durch das anschauliche nährt. Die anschaulichen Äußerungen der ästhetischen Literatur müssen von den begrifflichen Zeichen der wissenschaftlichen Literatur erfaßt werden: Das ist die Aufgabe der Interpretation. Sie muß auf solche Weise gelöst werden, daß der ästhetischen Literatur nicht Gewalt angetan wird, indem ihre komplexe Äußerung auf einen einfachen Begriff gebracht wird.

Die Wissenschaft verlangt eindeutige Aussagen, die Botschaft des ästhetischen Textes ist mehrdeutig. Doch das stellt die Interpretation nicht vor eine unlösbare Aufgabe – das erste liegt auf der Ebene des Erklärens, das zweite auf der Ebene des Verstehens. Die im Verstehen mehrdeutige Botschaft darf vom Interpreten nicht auf der Ebene des Erklärens als eindeutige vereinfacht werden. Ihre Mehrdeutigkeit muß erhalten bleiben, auch auf der Ebene des Erklärens. Doch dort muß aufgezeigt werden, welche möglichen Deutungen der Text in seiner Struktur anbietet. Die Struktur muß eindeutig herausgearbeitet werden, so daß ersichtlich wird, auf welche Weise diese Struktur mehrdeutig ist. So wird dem wissenschaftlichen Anspruch Genüge getan, und der Kunstcharakter des Werks wird nicht verfälscht. Die nicht-wissenschaftliche Botschaft des Textes, die auf der Ebene des Verstehens als Lebenserfahrung für den Rezipienten erkenntlich wird, kann auf der

Modell 4
Rezeption

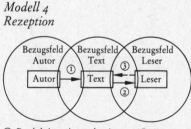

① Produktionsniveau des Autors (Codieren)
② Emissionsniveau des Textes (Code)
③ Rezeptionsniveau des Lesers (Decodieren)

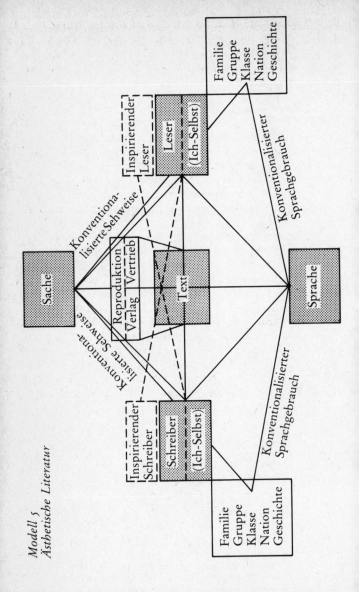

Modell 5
Ästhetische Literatur

Ebene des Erklärens von der wissenschaftlichen Erkenntnis der Interpretation eingeholt werden: Ziel dieser Erkenntnis ist die Struktur des Textes, aus der die Botschaft jeweils abgelesen werden will, Ziel ist der gesamte Prozeß der Produktion und Rezeption des Textes.

XXIV. Lebensgeschichte

Die Schwierigkeiten der Interpretation stellen sich mit jeder Interpretation neu, und jede Interpretation muß sie neu bewältigen. Diese Schwierigkeiten kennt die Literaturwissenschaft nicht allein, es gibt sie auch in anderen Kulturwissenschaften, die sich mit Objektivationen des Menschen beschäftigen. Jürgen Habermas hat sie am Beispiel der Psychoanalyse erörtert.[177] Auch der Psychoanalytiker ist gehalten, einen Text zu interpretieren: den seines Patienten. Allerdings ist es zunächst seine Aufgabe, den Patienten zu veranlassen, einen Text zu erstellen, »seine Geschichte zu erzählen«. Erst wenn diese Erzählung vorliegt, sind Verstehen und Erklären in der Analyse möglich.

Der ästhetische Text liegt bereits vor, wenn die Interpretation einsetzt. Das ist ein wichtiger Punkt, der uns zeigt, daß das psychoanalytische Modell nicht ohne weiteres auf die literarische Kommunikation übertragbar ist. Der Leser steht dem Text gegenüber wie etwa der Freund der Erzählung eines anderen Freundes, er wird versuchen, ihn zu verstehen. Der Interpret sieht den Text eher wie der Analytiker die Erzählung des Patienten, er wird ihn zu erklären suchen. Zugleich aber, und das ist der Unterschied zum psychoanalytischen Modell, bietet der Autor einen Text an, der dem Leser, dem Interpreten, hilft, sich selbst zu verstehen und zu erklären. Weil die schwierige Verbalisierung vom Autor bereits geleistet wurde, wird der Autor sozusagen vom »Patienten« zum »Psychoanalytiker«, der den Leser anregt, seine eigene Geschichte zu verbalisieren, soweit er diese nicht in der Erzählung des Autors erkennt, und sie zu reflektieren. Der ästhetische Text erzählt eine einmalige Geschichte und zugleich – in seinen Bildern und Symbolen – eine Geschichte von unverkennbar allgemeiner Bedeutung. »Jede Geschichte ist, da sie einen individuierten Zusammenhang repräsentiert, eine besondere Geschichte. Jede historische Darstellung impliziert den Anspruch der Einmaligkeit. Eine allgemeine Interpretation hingegen muß, obwohl sie die Ebene narrativer Darstellung nicht verläßt, diesen Bann des Historischen brechen. Sie hat die

Form einer Erzählung, weil sie Subjekten dazu dienen soll, die eigene Lebensgeschichte in narrativer Form zu rekonstruieren: aber sie kann nur Folie für viele solcher Erzählungen sein, weil sie nicht nur für einen individuellen Fall gelten soll. Sie ist eine systematisch verallgemeinerte Geschichte, weil sie das Schema für viele Geschichten mit vorhersehbaren alternativen Verläufen abgibt, obgleich jede dieser Geschichten dann wiederum mit dem Anspruch der autobiographischen Darstellung eines Individuierten auftreten können muß. Wie ist eine solche Verallgemeinerung möglich? In jeder Geschichte, und sei sie noch so kontingent, steckt ein Allgemeines, denn aus jeder Geschichte kann ein anderer Exemplarisches herauslesen. Geschichten werden um so eher als ein Exempel verstanden, je mehr Typisches sie enthalten.«[178]

Habermas spricht hier nicht von ästhetischer Literatur. Und doch wäre ihre Funktion auch in diesem Zusammenhang zu erörtern: die Einmaligkeit ihrer Geschichten, deren exemplarische Bedeutung, deren verschiedene Möglichkeiten der Interpretation. Habermas sieht auch, daß im Erzählen einer Geschichte, die auf Verstehen angelegt ist, Interpretation schon enthalten ist, insofern diese Geschichte einen Sinnzusammenhang konstituiert, in dem sie gedeutet werden will. Da dieser Sinnzusammenhang nicht mehr selbstverständlich gegeben ist, wird er in den fortgeschrittenen ästhetischen Texten mitreflektiert, sei es ausdrücklich durch Reflexionen, die die Erzählung unterbrechen oder ersetzen – wie etwa bei Robert Musil –, sei es durch die Struktur der Texte selbst, die keine schlüssige Interpretation mehr zulassen – wie etwa bei Franz Kafka –, so daß dadurch der Leser auf die Fragwürdigkeit von Interpretationen hingewiesen wird. Freilich läßt sich erst interpretieren, wenn erzählt worden ist, freilich läßt sich die Interpretation erst reflektieren, wenn interpretiert worden ist. So ist die ästhetische Literatur gezwungen zu erzählen, damit Verstehen und Erklären angestoßen werden – und die Reflexion, die den gesamten Prozeß von Erzählen, Verstehen und Erklären in Betracht zieht. Deshalb können wir in dieser Feststellung von Habermas auch die Funktion der ästhetischen Literatur erkennen: »Die Erzählung berichtet nämlich über den zustandsverändernden Einfluß von subjektiv erfahrenen Ereignissen, die in eine Lebenswelt eintreten und für handelnde Subjekte Bedeutung erlangen. Diese müssen in solchen Geschichten sich selbst ebenso wie ihre Welt verstehen können. Die historische Bedeutung von Ereignissen ist implizit immer auf den Sinnzusammenhang einer durch Ich-Identität zusammengehaltenen Lebensgeschichte oder einer durch Gruppenidentität bestimmten Kollektivgeschichte bezogen. Deshalb ist die narrative Darstellung an Umgangssprache gebunden: denn nur die eigentümliche Reflexivität der Umgangssprache ermöglicht es, in unvermeidlich allgemeinen Ausdrücken Individuelles mitzuteilen.«[179]

Wir erleben unser Leben als anekdotisches. Was uns widerfährt, widerfährt uns in der Art einer Geschichte, die wir erzählen können. Wenn wir uns vergegenwärtigen, was wir heute oder gestern erlebt haben, wenn wir es einem anderen berichten, wird es uns unversehens zur Erzählung: einer erzählt, was er erlebte; und einer erlebte, wie er es danach erzählt. Die Art des Erlebens prägt das Erzählen, und die Art des Erzählens prägt das Erleben. Wir erleben, als seien wir die Figur, der »Held« einer Erzählung; wir erzählen unsere Geschichte, als seien wir der Autor einer Erzählung.

So erzählen wir uns und den anderen unsere Geschichte: unsere Lebensgeschichte. Unser Leben wird uns zur Geschichte, nur als Geschichte ist es in Worte zu fassen. Im Laufe unseres Lebens erzählen wir es uns immer wieder neu; Neues, das wir erlebt haben, muß dem Alten angefügt werden, neue Interpretationen müssen die alten einbeziehen oder überwinden: Wir erzählen uns unsere Lebensgeschichte und interpretieren sie zugleich. So vollzieht sich die Arbeit von Ich und Selbst in der Erzählung und in der Interpretation der Erzählung: Identität wird hergestellt als Kontinuität und als Integration, Kontinuität im Ablauf des Geschehenen (Chronologie und Folgerichtigkeit der Erzählung), Integration in der Einordnung des Unterschiedlichen und Widerstreitenden (Einheit der Erzählung). Dies kann bruchstückhaft geschehen, nur einzelne Ereignisse, aktuelle oder aktuell gewordene, werden erzählt, andere werden unberücksichtigt gelassen, auch vergessen, gar verdrängt. Dies kann auch schubweise geschehen, wenn wir in einem bestimmten Stadium, einer Krise etwa, eine Summe des bisherigen Lebens ziehen.

»Im eigenen Bildungsprozeß sind wir freilich«, schreibt

Habermas, »Schauspieler und Kritiker in einem. Am Ende muß uns, die wir in das Drama der Lebensgeschichte verstrickt sind, der Sinn des Vorgangs selbst kritisch zu Bewußtsein kommen können; muß das Subjekt seine eigene Geschichte auch erzählen können und die Hemmungen die der Selbstreflexion im Wege standen, begriffen haben.«[180] Habermas zielt hier auf die Reflexion, die durch die Psychoanalyse erstrebt wird.

Doch es ist kein Zufall, daß er immer wieder Begriffe der ästhetischen Literatur verwendet: Drama, Geschichte, Erzählung. Das kommt aus der Nähe der ästhetischen Literatur zum alltäglichen Leben, zur umgangssprachlichen Kommunikation, denn sie greift ja die Formen der primären Kommunikation auf und stellt sie dar – in ihren Fiktionen als exemplarische Lebensgeschichten. Die ästhetische Literatur erzählt Geschichten, die von Lebensläufen, Identitätssuche, Rollenkonflikt, Entwicklungsgang handeln, und das nicht nur da, wo sie wie in der Autobiographie und im Entwicklungsroman thematisiert werden, sei es in der Autobiographie als Aufzeichnung eines tatsächlich gelebten Lebens, sei es im Bildungsroman als exemplarische Darstellung eines Falles in der Fiktion. Auch in anderen Formen der Prosa-Gattung, auch im Drama lassen sich solche Angebote von Identitäten sehen, die der Leser in Analogie zu seiner eigenen Lebensgeschichte verstehen und erklären kann.

Die ästhetische Literatur hilft uns – und dies in allen ihren Gattungen –, zu verbalisieren, Symbole zu bilden, aus dem inneren Sprechen in das äußere Sprechen zu übersetzen, Geschichten zu erzählen und Identitäten zu finden, indem sie uns das vorführt: das Verbalisieren, das Symbole-Bilden, das »Übersetzen«, das Geschichten-Erzählen, das Identitäten-Suchen. Freilich tut sie das nicht mit wissenschaftlichem Anspruch, und hier muß die Grenze zur Psychoanalyse, wie Habermas sie vorstellt, scharf gezogen werden. Die Psychoanalyse bietet in ihren allgemeinen Interpretationen eine »Erzählfolie« (Habermas), die Anspruch auf allgemeine Gültigkeit erhebt. Ihre Prognosen müssen sich in jeder Untersuchung bewähren, die empirische Beobachtung dient der Kontrolle ebenso wie das Gespräch unter den Analytikern; Habermas hat die Regeln, denen allgemeine Interpretationen unterworfen sind, festgehalten.

Die ästhetische Literatur dagegen macht Vorschläge, Angebote, die sie dem Leser vorlegt: So könnte eine Geschichte sich zugetragen haben, so könnte sie interpretiert werden. Nicht nur daß die Geschichte, die erzählt wird, den Charakter einer oder mehrerer Individualgeschichten hat, sie geht auch aus einer Individualgeschichte hervor: aus der des Autors. Das hat seinen Grund in dieser Doppelbödigkeit der ästhetischen Literatur, die auf zwei Ebenen verläuft, auf der der primären Kommunikation, die sie als Individualgeschichten in ihren Fiktionen darstellt, und auf der der sekundären Kommunikation, auf der die Fiktionen als Botschaften eines Erzählers an einen Leser gelesen werden. In ihrem Symbolcharakter haben diese Botschaften allerdings auch Anspruch auf eine Gültigkeit, die über die Individualgeschichte hinausreicht und auf ein Allgemeines hinweist. Doch dieses Allgemeine kann nicht von einer wissenschaftlichen Schule korrigiert, erweitert, modifiziert, »verallgemeinert« werden. Der Interpretationsvorschlag des Autors bleibt als solcher bestehen, und auch die Kritik kann ihn nur beschreiben, prüfen, erklären, aber nicht verändern. Nur in der Rezeption durch den Leser kann er seinen Anspruch auf Allgemeinheit bewähren. Die Einsichten, die der Text enthält, haben nur Geltung, wenn sie vom Rezipienten erkannt und akzeptiert werden. Habermas meint analog dazu: »Analytische Einsichten hingegen können für den Analytiker nur Geltung haben, nachdem sie vom Analysierten selber als Erkenntnis akzeptiert worden sind.«[181]

Die Einsichten der ästhetischen Literatur mögen auch ihre Geltung haben, wenn sie nicht rezipiert und nicht akzeptiert werden, denn ihre Geltung ist von anderer Art als die wissenschaftlicher Literatur. Aber wenn sie nicht rezipiert werden, bleiben die Texte eine stumme Schrift, die darauf wartet, endlich entziffert zu werden. Erst in der Rezeption zeigen sie sich als das, was sie sind. Erst in der Lektüre können sie erweisen, was sie uns zu sagen haben. Das muß sich in der Konfrontation mit unserer Lebensgeschichte bewähren. Nicht aus der Autorität ihres Autors – wie diese auch immer begründet sein mag – kommt die Geltung der Texte, sondern aus der Konfrontation mit unserer Lebensgeschichte. Hier sind *wir* Autor, denn jeder ist der Autor seiner Lebensgeschichte.

Nachwort

»Vorbereitende Bemerkungen« im Untertitel der vorliegenden Arbeit will sagen: Es ging darum, das weite Feld abzustecken, auf dem eine Theorie der literarischen Kommunikation aufzubauen wäre. Mit dem Feld wurde zugleich die mögliche Theorie angedeutet, freilich bisweilen mit einer Handbewegung. Das kam aus der Schwierigkeit des Geländes. Manches Ergebnis der Psychologie und Soziologie mußte erst vorgestellt und erörtert werden, dies in gebotener Kürze, bevor es für die Überlegungen zur Theorie der Literatur herangezogen werden konnte. So kam es bisweilen zu einem Sprung von den Ergebnissen zu ihrer Anwendung auf die Literatur. Das müßte in Einzeldarstellungen genauer miteinander vermittelt werden: Anhand von ästhetischen Texten wären Typen, Gattungen, Symbole, Fiktionalität zu untersuchen. Das will der Verfasser in einer anderen Arbeit versuchen. Hier kam es darauf an, das gesamte Feld der notwendigen Überlegungen aufzuzeigen.

Die Diskussion wird weitergehen. Diese Arbeit will ein Beitrag zu dieser Diskussion sein. Sie wird fortgeführt werden, sobald neue Beiträge sich in einer Kritik der vorliegenden nicht erschöpfen – dann käme die Diskussion nicht von der Stelle –, sondern einen Schritt über diese hinausgehen.

Wenn im Anhang ein Text von Günter Eich abgedruckt wird, so soll dies nicht nur als Ergänzung des Essays verstanden werden. Es soll auch ein Hinweis darauf sein, daß die ernsthaften Autoren der ästhetischen Literatur sich der Problematik dieser Literatur in einem Maße bewußt sind wie nur selten ihre Kritiker und Interpreten. Wir bemerken manchmal in der Interpretation die vergebliche Anstrengung des Kritikers, den Bewußtseinsstand, den der zu interpretierende Autor erreicht hat, einzuholen.

Der Schriftsteller vor der Realität ist eine kurze Rede, die Günter Eich 1956 auf einem deutsch-französischen Schriftstellertreffen in Vézelay gehalten hat. Eich spricht darin von der Realität, die nicht etwas außerhalb der Sprache Vorhandenes sei, sondern etwas, das erst in der Sprache erfaßt werden könne. Deshalb hängt von der Sprache ab, wie und was wir erkennen. Das ist ein allgemeines Problem der Erkenntnis, das auch andernorts erörtert wurde. Für den Schriftsteller ist es jedoch nicht allein ein Problem der Erkenntnis, über das sich reden läßt; für ihn ist es ein Problem der Existenz, an dem er scheitern kann, denn er hat sich entschieden, »die Welt als Sprache zu sehen«.

Anhang
Günter Eich:
Der Schriftsteller vor der Realität
(1956)

Alle hier vorgebrachten Ansichten setzten voraus, daß wir wissen, was Wirklichkeit ist. Ich muß von mir sagen, daß ich es nicht weiß. Daß wir hierher nach Vézelay gekommen sind, dieser Saal, dieses grüne Tischtuch, dies alles erscheint mir sehr seltsam und wenig wirklich. Wir wissen, daß es Farben gibt, die wir nicht sehen, daß es Töne gibt, die wir nicht hören. Unsere Sinne sind fragwürdig; und ich muß annehmen, daß auch das Gehirn fragwürdig ist.

Nach meiner Vermutung liegt das Unbehagen an der Wirklichkeit in dem, was man Zeit nennt. Daß der Augenblick, wo ich dies sage, sogleich der Vergangenheit angehört, finde ich absurd. Ich bin nicht fähig, die Wirklichkeit so, wie sie sich uns präsentiert, als Wirklichkeit hinzunehmen.

Ich will mich auf der andern Seite nicht als einen Narren hinstellen, der nicht weiß, daß man sich an einem Tisch stößt. Ich bin bereit, mich in diesem Raum einzurichten. Aber ich habe etwa die Schwierigkeiten wie ein taubstumm Blinder.

Nun gut, meine Existenz ist ein Versuch dieser Art, die Wirklichkeit ungesehen zu akzeptieren. Auch das Schreiben ist so möglich. Aber ich versuche, noch etwas zu schreiben, was anderswo hinzielt. Ich meine das Gedicht.

Ich schreibe Gedichte, um mich in der Wirklichkeit zu orientieren. Ich betrachte sie als trigonometrische Punkte oder als Bojen, die in einer unbekannten Fläche den Kurs markieren.

Erst durch das Schreiben erlangen für mich die Dinge Wirklichkeit. Sie ist nicht meine Voraussetzung, sondern mein Ziel. Ich muß sie erst herstellen.

Ich bin Schriftsteller, das ist nicht nur ein Beruf, sondern die Entscheidung, die Welt als Sprache zu sehen. Als die eigentliche Sprache erscheint mir die, in der das Wort und das Ding zusammenfallen. Aus dieser Sprache, die sich rings um uns befindet, zugleich aber nicht vorhanden ist, gilt es zu übersetzen. Wir übersetzen, ohne den Urtext zu haben. Die gelungenste Übersetzung kommt ihm am nächsten und erreicht den höchsten Grad von Wirklichkeit.

Ich muß gestehen, daß ich in diesem Übersetzen noch nicht weit fortgeschritten bin. Ich bin über das Dingwort noch nicht hinaus. Ich befinde mich in der Lage eines Kindes, das Baum, Mond, Berg sagt und sich so orientiert.

Ich habe deshalb wenig Hoffnung, einen Roman schreiben zu können. Der Roman hat mit dem Zeitwort zu tun, das im Deutschen mit Recht auch Tätigkeitswort heißt. In den Bereich des Zeitwortes aber bin ich nicht vorgedrungen. Allein für das Dingwort brauche ich gewiß noch einige Jahrzehnte.

Für diese trigonometrischen Zeichen sei das Wort »Definition« gebraucht. Solche Definitionen sind nicht nur für den Schreibenden nutzbar. Daß sie aufgestellt werden, ist mir lebensnotwendig. In jeder gelungenen Zeile höre ich den Stock des Blinden klopfen, der anzeigt: Ich bin auf festem Boden.

Ich behaupte nicht, daß die Richtigkeit der Definition von der Länge oder Kürze der Texte abhinge. Ein Roman von vierhundert Seiten enthält möglicherweise ebensoviel an Definition wie ein Gedicht von vier Versen. Ich bin bereit, diesen Roman zu den Gedichten zu zählen.

Richtigkeit der Definition und Qualität sind mir identisch. Erst wo die Übersetzung sich dem Original annähert, beginnt für mich Sprache. Was davor liegt, mag psychologisch, soziologisch, politisch oder wie immer interessant sein, und ich werde mich gern davon unterhalten lassen, es bewundern und mich daran freuen – notwendig aber ist es mir nicht. Notwendig ist mir allein das Gedicht.

(*Gesammelte Werke*. Band IV. *Vermischte Schriften*. Frankfurt/M. 1973. S. 441/2)

Bibliographie

Adorno, Theodor W., *Ästhetische Theorie (Gesammelte Schriften 7)*, Frankfurt/M. 1970.

Anderegg, Johannes, *Fiktion und Kommunikation. Ein Beitrag zur Theorie der Prosa*, Göttingen 1973.

Auerbach, Erich, *Dante als Dichter der irdischen Welt*, Berlin 1969, 2. Auflage.

Beaujean, Marion, *Der Trivialroman in der zweiten Hälfte des 18. Jahrhunderts*, Bonn 1969, 2. Auflage.

Belke, Horst, *Literarische Gebrauchsformen*, Düsseldorf 1973.

Benjamin, Walter, *Goethes Wahlverwandtschaften.* In: *Illuminationen (Ausgewählte Schriften 1)* Frankfurt/M. 1969.

–, *Das Kunstwerk im Zeitalter seiner technischen Reproduzierbarkeit.* In: *Illuminationen.*

–, *Der Erzähler.* In: *Illuminationen.*

–, *Der Begriff der Kunstkritik in der deutschen Romantik.* Hg. v. Hermann Schweppenhäuser, Frankfurt/M. 1973.

Bierwisch, Manfred, *Poetik und Linguistik.* In: *Mathematik und Dichtung.* Hg. von Helmut Kreuzer und Rul Gunzenhäuser, München 1971, 4. Auflage.

Bourdieu, Pierre, *Zur Soziologie der symbolischen Formen*, Frankfurt/M. 1970.

Brecht, Bertolt, *Schriften zur Literatur und Kunst*, Bd. 1, Berlin 1966.

Bühler, Karl, *Sprachtheorie*, Stuttgart 1965, 2. Auflage.

–, *Die Axiomatik der Sprachwissenschaften*, Frankfurt/M. 1969.

Erikson, Erik H., *Identität und Lebenszyklus*, Frankfurt/M. 1971.

Freud, Sigmund, *Der Dichter und das Phantasieren.* In: *Bildende Kunst und Literatur*, Frankfurt/M. 1969.

–, *Dostojewski und die Vatertötung.* In: *Bildende Kunst und Literatur.*

Germanistik – eine deutsche Wissenschaft. Beiträge von Eberhard Lämmert, Walter Killy, Karl Otto Conrady, Peter von Polenz, Frankfurt/M. 1967.

Goethe, Johann Wolfgang, *Dichtung und Wahrheit*, München 1962.

Goodman, Nelson, *Sprachen der Kunst. Ein Ansatz zu einer Symboltheorie*, Frankfurt/M. 1973.

Grimminger, Rolf, *Abriß einer Theorie der literarischen Kommunikation.* In: *Linguistik und Didaktik*, H. 12, 1972. Und H. 13, 1973.

Groeben, Norbert, *Literaturpsychologie*, Stuttgart 1972.

Habermas, Jürgen, *Vorbereitende Bemerkungen zu einer Theorie der kommunikativen Kompetenz.* In: Jürgen Habermas/Niklas Luhmann, *Theorie der Gesellschaft oder Sozialtechnologie*, Frankfurt/M. 1971.

–, *Bewußtmachende oder rettende Kritik – die Aktualität Walter Benja-*

177

mins. In: *Zur Aktualität Walter Benjamins,* Frankfurt/M. 1972.

–, *Erkenntnis und Interesse.* Mit einem neuen Nachwort, Frankfurt/M. 1973.

Hauser, Arnold, *Sozialgeschichte der Kunst und Literatur,* München 1969.

Hessische Rahmenrichtlinien Deutsch. Analysen und Dokumente eines Konflikts. Hg. von Hannelore Christ, Horst Holzschuh, Valentin Merkelbach, Walter Raitz, Jörn Stückrath, Düsseldorf 1974.

Hirsch-Weir, Ruth, *Language in the Crib,* The Hague 1962.

Horkheimer, Max, *Notizen 1950 bis 1969,* und *Dämmerung. Notizen in Deutschland.* Hg. von Werner Brede, Einleitung von Alfred Schmidt, Frankfurt/M. 1974.

Iser, Wolfgang, *Der implizite Leser. Kommunikationsformen des Romans von Bunyan bis Beckett,* München 1972.

–, *Die Appellstruktur der Texte. Unbestimmtheit als Wirkungsbedingung literarischer Prosa.* In: Rainer Warning (Hg.), *Rezeptionsästhetik. Theorie und Praxis,* München 1975.

–, *Die Figur der Negativität in Becketts Prosa.* In: *Das Werk von Samuel Beckett. Berliner Colloquium.* Hg. von Hans Mayer und Uwe Johnson, Frankfurt/M. 1975.

Jakobson, Roman, *Linguistik und Poetik.* In: *Literaturwissenschaft und Linguistik.* Hg. von Jens Ihwe, Bd. II/1, Frankfurt/M. 1971.

Jandl, Ernst, *Laut und Luise,* Neuwied 1971.

Jauß, Hans Robert, *Literaturgeschichte als Provokation der Literaturwissenschaft.* In: *Literaturgeschichte als Provokation,* Frankfurt/M. 1970.

–, *Negativität und Identifikation. Versuch zur Theorie der ästhetischen Erfahrung.* In: *Positionen der Negativität.* Hg. von Harald Weinrich, *Poetik und Hermeneutik VI,* München 1975.

Jolles, André, *Einfache Formen. Legende – Sage – Mythe – Rätsel – Spruch – Kasus – Memorabile – Märchen – Witz,* Tübingen 1972, 4. Auflage.

Kant, Immanuel, *Kritik der reinen Vernunft,* Stuttgart 1966.

Kern, Peter, *Bemerkungen zum Problem der Textklassifikation.* In: *Forschungsberichte des Instituts für deutsche Sprache in Mannheim 3,* 1969.

Killy, Walter, *Elemente der Lyrik,* München 1972.

Kon, Igor S., *Soziologie der Persönlichkeit,* Köln 1971.

Kosík, Karel, *Die Dialektik des Konkreten. Eine Studie zur Problematik des Menschen und der Welt,* Frankfurt/M. 1967.

Kotik, Jan, *Konsum oder Verbrauch. Versuch über Gebrauchswert und Bedürfnisse,* Hamburg 1974.

Lämmert, Eberhard, *Bauformen des Erzählens,* Stuttgart 1967, 2. Auflage.

Langer, Susanne K., *Philosophie auf neuen Wegen,* Frankfurt/M. 1965.

La Roche, Sophie, *Geschichte des Fräuleins von Sternheim.* Hg. von Kuno Ridderhoff, Berlin 1907.

Lesen – ein Handbuch. Lesestoff, Leser und Leseverhalten, Lesewirkungen, Leseerziehung, Lesekultur. Hg. von Alfred Clemens Baumgärtner, Hamburg 1973.

Lukács, Georg, *Die Theorie des Romans*, Neuwied 1965, 3. Auflage.

Mann, Thomas, *Versuch über Tschechow.* In: *Reden und Aufsätze*, Frankfurt/M. 1974.

Matt, Peter von, *Literaturwissenschaft und Psychoanalyse. Eine Einführung*, Freiburg 1972.

Mayer, Hans, *Außenseiter*, Frankfurt/M. 1975.

Mead, George Herbert, *Geist, Identität und Gesellschaft*, Frankfurt/M. 1973.

Mecklenburg, Norbert/Müller, Harro, *Erkenntnisinteresse und Literaturwissenschaft*, Stuttgart 1974.

Mészöly, Miklós, *Gestaltungen*, Berlin 1975.

Milch, Werner, *Sophie La Roche*, Frankfurt/M. 1935.

Miller, Norbert, *Der empfindsame Erzähler. Untersuchungen an Romananfängen des 18. Jahrhunderts*, München 1968.

Minder, Robert, *Glaube, Skepsis und Rationalismus. Dargestellt aufgrund der autobiographischen Schriften von Karl Philipp Moritz*, Frankfurt/M. 1974.

Moritz, Karl Philipp, *Anton Reiser. Ein psychologischer Roman*, München 1971.

Mukařovský, Jan, *Kapitel aus der Poetik*, Frankfurt/M. 1967.

–, *Kapitel aus der Ästhetik*, Frankfurt/M. 1970.

Piaget, Jean, *Nachahmung, Spiel und Traum. Die Entwicklung der Symbolfunktion beim Kinde.* Mit einer Einführung von Hans Aebli, Stuttgart 1969.

–, *Erkenntnistheorie der Wissenschaften vom Menschen*, Berlin 1972.

–/Inhelder, Bärbel, *Die Psychologie des Kindes*, Olten 1972.

Prokop, Dieter, *Soziologie des Films*, Neuwied 1970.

Sartre, Jean-Paul, *Was ist Literatur? Ein Essay*, Reinbek 1958.

–, *Marxismus und Existentialismus. Versuch einer Methodik*, Reinbek 1964.

–, *L'Idiot de la famille. Gustave Flaubert de 1821 à 1857*, 2 Bd., Paris 1971.

Schirokauer, Arno, *Bedeutungswandel des Romans.* In: Volker Klotz (Hg.), *Zur Poetik des Romans*, Darmstadt 1965.

Schmidtchen, Gerhard, *Lesekultur in Deutschland 1974. Soziologische Analyse des Buchmarkts für den Börsenverein des deutschen Buchhandels.* In: *Börsenblatt für den deutschen Buchhandel, Frankfurter Ausgabe*, Nr. 39, 17. Mai 1974.

Scholem, Gershom, *Walter Benjamin und sein Engel.* In: *Zur Aktualität Walter Benjamins.* Hg. von Siegfried Unseld, Frankfurt/M. 1972.

Searle, John R., *The Logical Status of Fictional Discourse.* In: *New*

Literary History, Vol. VI, No 2. 1975.

Stiehler, Heinrich, *Die Zeit der Todesfuge. Zu den Anfängen Paul Celans.*
In: *Akzente. Zeitschrift für Literatur*, H. 1, 1972.

Székely, Lajos, *Thomas Manns »Tod in Venedig«. Mit Anmerkungen
über psychoanalytische und marxistische Literaturinterpretation.* In:
Psyche, XXVII. Jg., H. 7, 1973.

Szondi, Peter, *Hegels Lehre von der Dichtung.* In: *Poetik und Geschichtsphilosophie I*, Frankfurt/M. 1974.

–, *Antike und Moderne in der Ästhetik der Goethezeit.* In: *Poetik und
Geschichtsphilosophie I.*

Touaillon, Christine, *Der deutsche Frauenroman des 18. Jahrhunderts*,
Wien/Leipzig 1919.

Trotzki, Leo, *Über schöne Literatur und die Politik der RKP,* Rede vom
10. Mai 1924. In: *Parteilichkeit und Literatur oder Parteiliteratur?
Materialien zu einer undogmatischen marxistischen Ästhetik.* Hg. von
Hans Christoph Buch, Reinbek 1972.

Vossler, Karl, *Der Roman bei den Romanen.* In: Volker Klotz (Hg.), *Zur
Poetik des Romans*, Darmstadt 1965.

Wygotski, Lev Semjonowitsch, *Denken und Sprechen*, Frankfurt/M.
1971.

Anmerkungen

1 J.-P. Sartre, *Was ist Literatur? Ein Essay*, Reinbek 1958, S. 7.

2 Vgl. *Germanistik – eine deutsche Wissenschaft*, Beiträge von E. Lämmert, W. Killy, K. O. Conrady, P. v. Polenz, Frankfurt/M. 1967.

3 P. Bourdieu, *Zur Soziologie der symbolischen Formen*, Frankfurt/M. 1970. Besonders Kap. V.: Elemente zu einer soziologischen Theorie der Kunstwahrnehmung, S. 159 ff. – Bourdieus Begriff »Klasse« darf nicht mit dem marxistischen gleichgesetzt werden.

4 M. Bierwisch, *Poetik und Linguistik*. In: *Mathematik und Dichtung*. Hg. von H. Kreuzer und R. Gunzenhäuser, München 1971, 4. Auflage, S. 59.

5 *Hessische Rahmenrichtlinien Deutsch. Analysen und Dokumente eines Konflikts*. Hg. von H. Christ, H. Holzschuh, V. Merkelbach, W. Raitz, J. Stückrath, Düsseldorf 1974, S. 73.

6 Ebd., S. 85 ff.

7 Ebd., S. 91. – Die noch unausgebildete Identität des jungen Menschen läßt sich in dieser radikalen Haltung erkennen: durch hingebungsvolle Identifikation mit einer Gruppe oder Partei wird sie zu erreichen versucht. Allerdings kann starke Identifikation, wenn sie nicht eine vorübergehende Phase der Entwicklung ist, die Herausbildung der Identität gerade verhindern.

8 Th. W. Adorno, *Ästhetische Theorie*, Frankfurt/M. 1970.

9 Ebd., S. 494.

10 Ebd., S. 494.

11 Ebd., S. 494.

12 Peter Szondi, *Hegels Lehre von der Dichtung*. In: *Poetik und Geschichtsphilosophie I. Studienausgabe der Vorlesungen*, Bd. 2, Frankfurt/M. 1974, S. 289/90.

13 Zit. n. Szondi, a.a.O., S. 303.

14 Ebd., S. 305.

15 P. Szondi, *Antike und Moderne in der Ästhetik der Goethezeit*. In: *Poetik und Geschichtsphilosophie I. Studienausgabe der Vorlesungen*, Bd. 2, a.a.O., S. 238.

16 Zit. n. P. Szondi, *Hegels Lehre von der Dichtung*, a.a.O., S. 303.

17 Ebd., S. 303/4.

18 Th. W. Adorno, *Ästhetische Theorie*, a.a.O., S. 544. Die Herausgeber berichten, daß folgendes Motto vorgesehen war: »In dem, was man Philosophie der Kunst nennt, fehlt gewöhnlich eins von beiden; entweder die Philosophie oder die Kunst.«

19 Walter Benjamin, *Der Begriff der Kunstkritik in der deutschen Romantik*. Hg. v. Hermann Schweppenhäuser, Frankfurt/M. 1973, S. 57 ff.

20 Th. W. Adorno, a.a.O., S. 513.

21 Th. W. Adorno, a.a.O., S. 507.

22 Th. W. Adorno, a.a.O., S. 507.

23 W. Benjamin, a.a.O., S. 61.

24 W. Benjamin, a.a.O., S. 60.

25 Th. W. Adorno, a.a.O., S. 15.

26 Hans Robert Jauß, *Negativität und Identifikation. Versuch zur Theorie der ästhetischen Erfahrung*. In: *Positionen der Negativität*. Hg. v. Harald Weinrich, *Poetik und Hermeneutik VI*, München 1975, S. 263-339.

27 Th. W. Adorno, a.a.O., S. 335.

28 Th. W. Adorno, a.a.O., S. 335.

29 Th. W. Adorno, a.a.O., S. 335.

30 H. R. Jauß, a.a.O., S. 269.

31 Th. W. Adorno, a.a.O., S. 26.

32 Th. W. Adorno, a.a.O., S. 420.

33 Die Ähnlichkeit ist wohl nicht zufällig. Die »Kritische Theorie« der Frankfurter Schule um Adorno und Horkheimer lieferte das – nicht selten trivialisierte – theoretische Rüstzeug für die linke Bewegung in der Bundesrepublik nach 1967.

34 Th. W. Adorno, a.a.O., S. 354, S. 362.

35 H. R. Jauß, *Literaturgeschichte als Provokation der Literaturwissenschaft.* In: *Literaturgeschichte als Provokation,* Frankfurt/M. 1970, S. 144-207.

36 H. R. Jauß, *Negativität und Identifikation,* a.a.O., S. 338/39.

37 H. R. Jauß, *Negativität und Identifikation,* a.a.O., S. 270.

38 *Editorisches Nachwort.* In: Th. W. Adorno, *Ästhetische Theorie,* a.a.O., S. 542.

39 H. R. Jauß, a.a.O., S. 286 ff. – Wichtig sind besonders die differenzierenden Darlegungen von Jauß zur Identifikation.

40 G. Scholem, *Walter Benjamin und sein Engel.* In: *Zur Aktualität Walter Benjamins.* Hg. von S. Unseld, Frankfurt/M. 1972, S. 137.

41 P. Szondi, *Antike und Moderne in der Ästhetik der Goethezeit,* a.a.O., S. 238.

42 J. Piaget/B. Inhelder, *Die Psychologie des Kindes.* Olten 1972. – Dies ist eine Zusammenfassung der Ergebnisse, die Piaget in verschiedenen Publikationen vorgelegt hat. Siehe die Bibliographie ebenda.

43 Piaget/Inhelder, a.a.O., S. 153.

44 L. S. Wygotski, *Denken und Sprechen,* Frankfurt/M. 1971. (Die erste russische Ausgabe erschien 1934 in Moskau.)

45 Wygotski, a.a.O., S. 317.

46 G. H. Mead, *Geist, Identität und Gesellschaft,* Frankfurt/M. 1973. (Die erste amerikanische Ausgabe erschien 1934 in Chicago.) – In der Übersetzung von Ulf Pacher wird »I« mit »Ich« und »Me« mit »ICH« wiedergegeben; wir übersetzen hier »Me« mit »Selbst«.

47 Mead, a.a.O., S. 217.

48 Piaget/Inhelder, a.a.O., S. 66.

49 Piaget/Inhelder, a.a.O., S. 70.

50 Mead, a.a.O., S. 198.

51 R. Hirsch-Weir, *Language in the crib,* The Hague 1962.

52 R. Jakobson, *Vorwort.* R. Hirsch-Weir, a.a.O., S. 18. (Übersetzung vom Verf.)

53 Wygotski, a.a.O., S. 335.

54 W. Benjamin, *Angelus Novus,* a.a.O., S. 9.

55 K. Ph. Moritz, *Anton Reiser. Ein psychologischer Roman,* München 1971, S. 86. – Siehe auch die Rede Günter Eichs im Anhang: *Der Schriftsteller vor der Realität.*

56 Mihály Vörösmarthy lebte von 1800 bis 1855. Nach: Miklós Mészöly, *Gestaltungen,* Berlin 1975, S. 7/8.

57 S. Freud, *Der Dichter und das Phantasieren.* In: *Bildende Kunst und Literatur,* Frankfurt/M. 1969, S. 169 ff.

58 S. Freud, a.a.O., S. 173/4.

59 Der Verfasser setzt sich in dieser Arbeit mit Psychoanalyse und Marxismus auseinander, nicht aber mit Positivismus und Pragmatismus. Diese wären nicht in den Gang der Überlegungen einzubeziehen, um die es hier geht. Eine philosophi-

sche Auseinandersetzung kann hier nicht geführt werden. Siehe dazu: Jürgen Habermas, *Erkenntnis und Interesse*. Mit einem neuen Nachwort, Frankfurt/M. 1973, S. 88-178.

60 S. Freud, a.a.O., S. 177.

61 Siehe dazu: P. von Matt, *Literaturwissenschaft und Psychoanalyse. Eine Einführung*, Freiburg 1972, S. 96 ff.

62 Zitiert nach P. v. Matt, a.a.O., S. 99.

63 Zitiert nach P. v. Matt, a.a.O., S. 100.

64 L. Székely, *Thomas Manns »Tod in Venedig«. Mit Anmerkungen über psychoanalytische und marxistische Literaturinterpretation*. In: *Psyche* XXVII. Jg. H. 7/1973, S. 631.

65 S. Freud, a.a.O., S. 177.

66 S. Freud, a.a.O., S. 174.

67 Siehe dazu: E. Lämmert, *Bauformen des Erzählens*, Stuttgart 1967, 2. Auflage, S. 19 ff.

68 E. H. Erikson, *Identität und Lebenszyklus*, Frankfurt/M. 1971, S. 214.

69 I. S. Kon, *Soziologie der Persönlichkeit*, Köln 1971, S. 151.

70 E. H. Erikson, a.a.O., S. 52/53.

71 I. S. Kon, a.a.O., S. 228 ff.

72 E. Jandl, *Laut und Luise*, Neuwied 1971.

73 N. Groeben, *Literaturpsychologie*, Stuttgart 1972, S. 50.

74 J. Habermas, *Erkenntnis und Interesse*, a.a.O., S. 43.

75 Zitiert nach J. Habermas, a.a.O., S. 39.

76 Zitiert nach J. Habermas, a.a.O., S. 39.

77 Zitiert nach J. Habermas, a.a.O., S. 41.

78 J. Habermas, a.a.O., S. 39/40.

79 J. Habermas, a.a.O., S. 58.

80 J. Habermas, a.a.O., S. 81.

81 J. Habermas, a.a.O., S. 86.

82 J.-P. Sartre, *Marxismus und Existentialismus. Versuch einer Methodik*, Reinbek 1964.

83 Ebd., S. 72-74.

84 Ebd., S. 141.

85 Ebd., S. 143.

86 Ebd., S. 48. – Es gibt allerdings auch eine andere Richtung marxistischer Literaturbetrachtung, die Sartre hier nicht erwähnt: sie geht aus von Leo Trotzkis Überlegungen zur Literatur. Trotzki widerspracht heftig den sich ausbreitenden marxistischen Literaturkritikern, die Sartre am Beispiel von Georg Lukács kritisiert. Trotzki faßt den gleichen Tatbestand wie Sartre in ähnliche Worte: »Und wenn wir [. . .] an die ›Göttliche Komödie‹ als eine Quelle künstlerischer Empfindungen herangehen, so geschieht das nicht deshalb, weil Dante ein florentinischer Kleinbürger des 13. Jahrhunderts war, sondern viel eher trotz dieses Umstandes.« (*Über schöne Literatur und die Politik der RKP*, Rede vom 10. Mai 1924. In: *Parteilichkeit der Literatur oder Parteiliteratur? Materialien zu einer undogmatischen marxistischen Ästhetik*. Hrsg. von H. Ch. Buch, Reinbek 1972, S. 127.) Wenn es Trotzki gelang, die dogmatische Haltung des reglementierenden Literaturfunktionärs, wie wir sie schon früh in der Sowjetunion, aber auch in Deutschland (Franz Mehring) finden, zu überwinden und ihr entgegenzutreten, so wohl deshalb, weil er selbst mehr Literat als Politiker war, wie Hans Mayer feststellt. (Hans Mayer, *Außenseiter*, Frankfurt/M. 1975, S. 422-448.) Dem Literaten Trotzki gelang es, die schon bei

Marx angelegte reglementierende Einordnung künstlerischer Äußerungen zu überwinden und damit einen Schritt über Marx hinauszugehen – dies in der Annahme, ganz im Sinne von Marx zu handeln. Das ist auch heute noch die Annahme marxistischer Philosophen, die den Bereich der Ästhetik für den Marxismus zurückgewinnen wollen und sich gegen die Verkümmerungen des »Vulgärmarxismus« wenden, wie es etwa der tschechische Philosoph Karel Kosík tut. (Karel Kosík, *Die Dialektik des Konkreten. Eine Studie zur Problematik des Menschen und der Welt*, Frankfurt/M. 1967.)

87 J.-P. Sartre, a.a.O., S. 114.

88 J.-P. Sartre, a.a.O., S. 104/5.

89 J.-P. Sartre, a.a.O., S. 54/5.

90 J.-P. Sartre. *L'Idiot de la famille. Gustave Flaubert de 1821 à 1857*, 2 Bde., Paris 1971. (Weitere Bände sind geplant.)

91 S. La Roche, *Geschichte des Fräuleins von Sternheim.* Hg. v. Kuno Ridderhoff, Berlin 1907.

92 K. Ridderhoff, *Vorwort*, a.a.O.

93 Ch. Touaillon, *Der deutsche Frauenroman des 18. Jahrhunderts*, Wien/Leipzig 1919.

94 W. Milch, *Sophie La Roche*, Frankfurt/M. 1935, S. 20.

95 Ebd., S. 27.

96 R. Minder, *Glaube, Skepsis und Rationalismus. Dargestellt aufgrund der autobiographischen Schriften von Karl Philipp Moritz*, Frankfurt/M. 1974.

97 N. Miller, *Der empfindsame Erzähler. Untersuchungen an Romananfängen des 18. Jahrhunderts*, München 1968. – Die Entstehung des modernen Romans in Europa hat Miller hier an zahlreichen Beispielen untersucht.

98 J. W. Goethe, *Dichtung und Wahrheit*, Gesamtausgabe Bd. 24, 3. Teil, 13. Buch. München 1962, S. 122/3.

99 W. Iser, *Der implizite Leser. Kommunikationsformen des Romans von Bunyan bis Beckett*, München 1972.

100 J. W. Goethe, *Dichtung und Wahrheit*, a.a.O., 4. Teil, 18. Buch, S. 257.

101 Das ließe sich am Beispiel von Paul Celan und Immanuel Weißglas studieren, die beide gleichaltrig aus ähnlichen Verhältnissen in Czernowitz stammten, eine ähnliche Entwicklung nahmen, eng miteinander befreundet waren. Die Ähnlichkeit geht bis in die Motive und Metrik ihrer Gedichte, zumindest der frühen. Weißglas scheint der originellere, wenigstens am Anfang. Und doch sind die Texte Celans die bedeutenderen, die weite Anerkennung gefunden haben, bedeutender jedenfalls als die von Weißglas. Celan ist der begabtere Autor. Siehe dazu: Stiehler, *Die Zeit der Todesfuge. Zu den Anfängen Paul Celans*. In: *Akzente. Zeitschrift für Literatur*, H. 1, 1972, S. 10-40.

102 S. Freud, *Dostojewski und die Vatertötung*. In: *Bildende Kunst und Literatur*, a.a.O., S. 271.

103 Ebd., S. 273.

104 W. Benjamin, *Goethes Wahlverwandtschaften*. In: *Illuminationen*, a.a.O., S. 111.

105 Ebd., S. 112.

106 Ebd., S. 112.

107 Siehe dazu: Erich Auerbach, *Dante als Dichter der irdischen Welt*, Berlin 1969, S. 76., über die »mystische Geliebte«.

108 J. Habermas, *Vorbereitende Bemerkungen zu einer Theorie der kommunikativen Kompetenz*. In: J. Habermas/N. Luhmann, *Theorie der Gesellschaft oder*

Sozialtechnologie, Frankfurt/M. 1971, S. 101-141.

109 R. Grimminger, *Abriß einer Theorie der literarischen Kommunikation*. In: *Linguistik und Didaktik*, H. 12, 1972, S. 277-293. Und H. 13, 1973. S. 1-15.

110 J. R. Searle, *The Logical Status of Fictional Discourse*. In: *New Literary History*, Vol. VI, No 2, 1975, S. 320 ff.

111 Ebd., S. 327. (Übersetzung vom Verf.)

112 W. Iser, *Der implizite Leser. Vorwort*, a.a.O., S. 10/11.

113 K. Bühler, *Die Axiomatik der Sprachwissenschaften*. Frankfurt/M. 1969, S. 94. – K. Bühler, *Sprachtheorie*, Stuttgart 1965, 2. Auflage, S. 24-48.

114 P. Kern, *Bemerkungen zum Problem der Textklassifikation*. In: *Forschungs-berichte des Instituts für deutsche Sprache in Mannheim 3*, 1969, S. 3-23.

115 Ebd., S.9.

116 J. Mukařovský, *Ästhetische Funktion, Norm und ästhetischer Wert als soziale Fakten*. In: *Kapitel aus der Ästhetik*, Frankfurt/M. 1970, S. 7-112. – *Der Standort der ästhetischen Funktion unter den übrigen Funktionen*, ebd., S. 113-137. – *Die poetische Benennung und die ästhetische Funktion der Sprache*, in: *Kapitel aus der Poetik*. Frankfurt/M. 1967, S. 44-54. – Siehe auch: H. Belke, *Literarische Gebrauchsformen*, Düsseldorf 1973.

117 J. Mukařovský, *Kapitel aus der Poetik*, a.a.O., S. 48.

118 Ebd., S. 49.

119 R. Jakobson, *Linguistik und Poetik*. In: *Literaturwissenschaft und Linguistik*, Band II/1, Hg. von J. Ihwe, Frankfurt/M. 1971, S. 142-178.

120 Ebd., S. 178.

121 Dies wäre ausführlicher zu erörtern. Ein Beispiel sei mit einem Hinweis auf Walter Killys *Elemente der Lyrik* gegeben. Killy faßt dort im letzten Kapitel unter der Überschrift »Kürze« den wichtigen Gesichtspunkt der Lyrik, der – unserer Meinung nach – ihre Nähe zum inneren Sprechen bezeichnet. Kürze meint diese Nähe zur »Reduktion« der inneren Sprache, also zur Reduktion des Wortschatzes bei gleichzeitiger Ausweitung des Bedeutungsgehalts der verbleibenden Wörter. Killy zitiert Caesar Ripa mit dem Satz: »C'est à dire, en peu de mots ie comprends toutes choses«, also: in wenigen Worten erfasse ich alle Dinge. Auch für die Übersetzung des inneren Sprechens ins äußere bringt Killy ein schönes Beispiel, ein Gedicht-Fragment Hölderlins, das noch eher Konzept als Ausarbeitung ist, also eine Zwischenstufe zwischen Innen und Außen darstellt. (W. Killy, *Elemente der Lyrik*, München 1972, S. 165-167.)

122 Auch das, was wir hier, den Bezeichnungen der Dramaturgie folgend, Monolog nennen, ist in dem Sinne kein Monolog, daß es nicht an einen Partner, einen realen oder imaginären, gerichtet wäre. Auch das monologische Sprechen des Chors richtet sich an Partner: an das zuhörende Publikum, aber vor allem an die Götter, zu deren Ehren der Kultus abgehalten wurde.

123 Jean Piaget, *Nachahmung, Spiel und Traum. Die Entwicklung der Symbol-funktion beim Kinde*. Mit einer Einführung von Hans Aebli, Stuttgart 1969, S. 218.

124 Ebd., S. 219.

125 Ebd., S. 222.

126 Ebd., S. 222/3.

127 Ebd., S. 239.

128 Ebd., S. 248.

129 Ebd., S. 243.

130 Ebd., S. 210/1.

131 Ebd., S. 343.

132 Ebd., S. 268.

133 Ebd., S. 270.

134 Vgl. Erich Auerbach, *Dante als Dichter der irdischen Welt*, a.a.O., S. 75 ff. – Siehe auch R. Jakobson: »Der Vorrang der poetischen Funktion vor der referentiellen löscht nicht den Bedeutungscharakter aus, sondern macht ihn doppeldeutig. Die doppeldeutige Nachricht findet ihre Entsprechung in einem gespaltenen Sender und Empfänger, sowie in einer gespaltenen Bedeutung; dies ist in der Einleitung zu Märchen der verschiedensten Völker zu finden, z. B. in dem normalen Beginn eines Majorca-Erzählers: Es war und war nicht.« (*Linguistik und Poetik*, a.a.O., S. 170)

135 Vgl. W. Iser, *Die Appellstruktur der Texte. Unbestimmtheit als Wirkungsbedingung literarischer Prosa*. In: Rainer Warning (Hg.), *Rezeptionsästhetik. Theorie und Praxis*, München 1975, S. 229-252. – Und: W. Iser, *Die Figur der Negativität in Becketts Prosa*. In: *Das Werk von Samuel Beckett. Berliner Colloquium*. Hg. von Hans Mayer und Uwe Johnson, Frankfurt/M. 1975, S. 54-71.

136 H. R. Jauß, *Negativität und Identifikation. Versuch zur Theorie der ästhetischen Erfahrung*, a.a.O.

137 S. K. Langer, *Philosophie auf neuen Wegen*, Frankfurt/M. 1965, S. 27.

138 J. Anderegg, *Fiktion und Kommunikation. Ein Beitrag zur Theorie der Prosa*, Göttingen 1973, S. 107/8.

139 P. Bourdieu, *Zur Soziologie der symbolischen Formen*, a.a.O., S. 159 ff.

140 Ebd. S. 169.

141 W. Iser, *Die Figur der Negativität in Becketts Prosa*, a.a.O., S. 69.

142 W. Iser, *Der implizite Leser*, a.a.O., S. 226.

143 I. Kant, *Kritik der reinen Vernunft*, Stuttgart 1966, S. 864. – Siehe dazu den Einwurf von Jacob Taubes im Anschluß an Isers Referat beim Berliner Colloquium: *Das Werk von Samuel Beckett*, a.a.O., S. 70/1.

144 Th. Mann, *Versuch über Tschechow*. In: *Reden und Aufsätze*, Frankfurt/M. 1974, S. 843-869.

145 Ebd., S. 869.

146 J. Habermas, *Bewußtmachende oder rettende Kritik – die Aktualität Walter Benjamins*. In: *Zur Aktualität Walter Benjamins*, Frankfurt/M. 1972, S. 195/6.

147 W. Benjamin, *Das Kunstwerk im Zeitalter seiner technischen Reproduzierbarkeit*. In: *Illuminationen*, a.a.O., S. 156-158.

148 Siehe dazu: K. Voßler, *Der Roman bei den Romanen*. – A. Schirokauer, *Bedeutungswandel des Romans*. Beide in: V. Klotz (Hg.), *Zur Poetik des Romans*, Darmstadt 1965, S. 1-31.

149 W. Benjamin, *Das Kunstwerk im Zeitalter seiner technischen Reproduzierbarkeit*, a.a.O., S. 148-184.

150 W. Benjamin, *Der Erzähler*. In: *Illuminationen*, a.a.O., S. 409-436.

151 Ebd., S. 413/4.

152 G. Lukács, *Die Theorie des Romans*, Neuwied 1965, 3. Auflage.

153 W. Benjamin, *Der Erzähler*, a.a.O., S. 426.

154 Ebd., S. 414.

155 Siehe z. B.: M. Beaujean, *Der Trivialroman in der zweiten Hälfte des 18. Jahrhunderts*, Bonn 1969, 2. Auflage, bes. S. 19-31.

156 A. Hauser, *Sozialgeschichte der Kunst und Literatur*, München 1969, S. 765 ff.

157 A. Jolles, *Einfache Formen. Legende – Sage – Mythe – Rätsel – Spruch – Kasus – Memorabile – Märchen – Witz*, Tübingen 1972, 4. Auflage.

158 D. Prokop, *Soziologie des Films*, Neuwied 1970.

159 M. Horkheimer, *Notizen 1950 bis 1969*, und *Dämmerung. Notizen in Deutschland*. Hg. v. Werner Brede, Einleitung von Alfred Schmidt, Frankfurt/M. 1974, S. 22/23.

160 Wie dieser Sachverhalt auch in der Ökonomie selbst verheerende Folgen bringt, weil nicht der Gebrauchswert, den die Ware für den Käufer hat, Richtlinie der Produktion ist, sondern die Möglichkeit, die Ware massenhaft zu verkaufen, gleichgültig, welchen Nutzen sie für den Käufer hat, das hat Jan Kotik aufgezeigt. (J. Kotik, *Konsum oder Verbrauch. Versuch über Gebrauchswert und Bedürfnisse*, Hamburg 1974.)

161 D. Prokop, a.a.O., S. 253.

162 Nur wenn die Empfehlung Bertolt Brechts aus dem Jahre 1930 verwirklicht werden könnte, würde die jetzige Situation in Funk, Film und Fernsehen sich grundlegend ändern. Dem stehen freilich nicht nur technische Schwierigkeiten entgegen, sondern auch politische, auch gesellschaftliche. Brecht 1930: »Der Rundfunk ist aus einem Distributionsapparat in einen Kommunikationsapparat zu verwandeln. Der Rundfunk wäre der denkbar großartigste Kommunikationsapparat des öffentlichen Lebens, ein ungeheures Kanalsystem, das heißt, er wäre es, wenn er es verstünde, nicht nur auszusenden, sondern auch zu empfangen, also den Zuhörer nicht nur hören, sondern auch sprechen zu machen und ihn nicht zu isolieren, sondern ihn in Beziehung zu setzen. Der Rundfunk müßte demnach aus dem Lieferantentum herausgehen und den Hörer als Lieferanten organisieren . . . Sollten Sie dies für utopisch halten, so bitte ich Sie, darüber nachzudenken, warum es utopisch ist.« B. Brecht, *Schriften zur Literatur und Kunst*, Bd. 1, Berlin 1966, S. 140-142.

163 J. Piaget, *Erkenntnistheorie der Wissenschaften vom Menschen*, Berlin 1972, S. 135.

164 Siehe dazu: N. Goodman, *Sprachen der Kunst. Ein Ansatz zu einer Symboltheorie*, Frankfurt/M. 1973. »Realismus ist nicht eine Sache irgendeiner konstanten oder absoluten Beziehung zwischen einem Bild und seinem Objekt, sondern eine Sache der Beziehung zwischen dem im Bild verwendeten Repräsentationssystem und dem System, das gerade die Norm ist. Meistens wird natürlich das traditionelle System als Norm genommen; und das ›buchstäbliche‹ oder realistische oder naturalistische System der Repräsentation ist einfach das gebräuchliche. Realistische Repräsentation beruht, kurz gesagt, nicht auf Imitation oder Illusion oder Information, sondern auf Indoktrination.« (S. 49)

165 W. Benjamin, *Das Kunstwerk im Zeitalter seiner technischen Reproduzierbarkeit*, a.a.O., S. 172.

166 Piaget/Inhelder, a.a.O., S. 76.

167 Piaget/Inhelder, a.a.O., S. 75 ff.

168 Piaget/Inhelder, a.a.O., S. 82.

169 Piaget/Inhelder, a.a.O., S. 84.

170 Piaget/Inhelder, a.a.O., S. 91.

171 G. Schmidtchen, *Lesekultur in Deutschland 1974. Soziologische Analyse des Buchmarkts für den Börsenverein des deutschen Buchhandels*. In: *Börsenblatt für den deutschen Buchhandel, Frankfurter Ausgabe*, Nr. 39, 17. Mai 1974, S. 709-896.

172 Ebd., S. 728.

173 Zitiert nach: *Zu einer Typologie des Lesers*. In: *Lesen – Ein Handbuch. Lesestoff, Leser und Leseverhalten, Lesewirkungen, Leseerziehung, Lesekultur*. Hg. v. A. C. Baumgärtner, Hamburg 1973, S. 217/218.

174 Nicht ganz unerheblich scheint uns auch die Frage, ob nicht mancher

Literaturkritiker zum Typus des emotional-phantastischen Lesers gehört.

175 Zu den Begriffen »Verstehen« und »Erklären« siehe: N. Mecklenburg/H. Müller, *Erkenntnisinteresse und Literaturwissenschaft,* Stuttgart 1974, S. 82-84. – Auch wir sehen die dialektische Abhängigkeit von Verstehen und Erklären und deren Vermittlung in einem dritten Moment: in der Interpretation. Mecklenburg/ Müller sprechen allerdings von »Kritik« und füllen diese obendrein dezidiert inhaltlich als Ideologiekritik oder psychoanalytische Kritik.

176 R. Jakobson, *Linguistik und Poetik,* a.a.O., S. 144/5.

177 J. Habermas, Erkenntnis und Interesse, a.a.O., S. 300 ff.

178 Ebd., S. 321.

179 Ebd., S. 320/321.

180 Ebd., S. 317.

181 Ebd., S. 318.

Bibliothek Suhrkamp

431 Raymond Queneau, Zazie in der Metro
433 William Butler Yeats, Die geheime Rose
434 Juan Rulfo, Pedro Páramo
435 André Breton, L'Amour fou
436 Marie Luise Kaschnitz, Gedichte
437 Jerzy Szaniawski, Der weiße Rabe
438 Ludwig Hohl, Nuancen und Details
439 Mario Vargas Llosa, Die kleinen Hunde
440 Thomas Bernhard, Der Präsident
441 Hermann Hesse – Thomas Mann, Briefwechsel
442 Hugo Ball, Flametti
443 Adolfo Bioy-Casares, Morels Erfindung
444 Hermann Hesse, Wanderung
445 Ödön von Horváth, Don Juan kommt aus dem Krieg
446 Flann O'Brien, Der dritte Polizist
447 Giuseppe Tomasi di Lampedusa, Der Leopard
448 Robert Musil, Törleß
449 Elias Canetti, Der Überlebende
450 Robert Walser, Geschwister Tanner
451 Alfred Döblin, Berlin Alexanderplatz
452 Gertrude Stein, Paris Frankreich
453 Johannes R. Becher, Gedichte
454 Federico García Lorca, Bluthochzeit/Yerma
455 Ilja Ehrenburg, Julio Jurenito
456 Boris Pasternak, Kontra-Oktave
457 Juan Carlos Onetti, Die Werft
458 Anna Seghers, Die schönsten Sagen vom Räuber Woynok
464 Franz Kafka, Der Heizer
465 Wolfgang Hildesheimer, Masante
466 Evelyn Waugh, Wiedersehen mit Brideshead
467 Gershom Scholem, Walter Benjamin
468 Rainer Maria Rilke, Duineser Elegien
470 Alain, Die Pflicht glücklich zu sein
471 Wolfgang Schadewaldt, Der Gott von Delphi und die Humanitätsidee
472 Hermann Hesse, Legenden
473 H. C. Artmann, Liebesgedichte
474 Paul Valery, Zur Theorie der Dichtkunst
476 Erhart Kästner, Aufstand der Dinge
477 Stanisław Lem, Der futurologische Kongreß
478 Theodor Haecker, Tag- und Nachtbücher
479 Peter Szondi, Satz und Gegensatz

480 Tania Blixen, Babettes Gastmahl
481 Friedo Lampe, Septembergewitter
482 Heinrich Zimmer, Kunstform und Yoga
483 Hermann Hesse, Musik
486 Marie Luise Kaschnitz, Orte
487 Hans Georg Gadamer, Vernunft im Zeitalter der Wissenschaft
488 Yukio Mishima, Nach dem Bankett
489 Thomas Bernhard, Amras
490 Robert Walser, Der Gehülfe
491 Patricia Highsmith, Als die Flotte im Hafen lag
492 Julien Green, Der Geisterseher
493 Stefan Zweig, Die Monotonisierung der Welt
494 Samuel Beckett, That Time/Damals
495 Thomas Bernhard, Die Berühmten
496 Günter Eich, Marionettenspiele
497 August Strindberg, Am offenen Meer
498 Joseph Roth, Die Legende vom heiligen Trinker
499 Hermann Lenz, Dame und Scharfrichter
500 Wolfgang Koeppen, Jugend
501 Andrej Belyj, Petersburg
504 Juan Rulfo, Der Llano in Flammen
505 Carlos Fuentes, Zwei Novellen
506 Augusto Roa Bastos, Menschensohn
508 Alejo Carpentier, Barockkonzert
509 Elisabeth Borchers, Gedichte
510 Jurek Becker, Jakob der Lügner
512 James Joyce, Die Toten/The Dead
513 August Strindberg, Fräulein Julie
514 Sigmund Freud, Eine Kindheitserinnerung des Leonardo da Vinci
515 Robert Walser, Jakob von Gunten
517 Luigi Pirandello, Mattia Pascal
519 Rainer Maria Rilke, Gedichte an die Nacht
520 Else Lasker-Schüler, Mein Herz
521 Marcel Schwob, 22 Lebensläufe
522 Mircea Eliade, Die Pelerine
523 Hans Erich Nossack, Der Untergang
524 Jerzy Andrzejewski, Jetzt kommt über dich das Ende
525 Günter Eich, Aus dem Chinesischen
526 Gustaf Gründgens, Wirklichkeit des Theaters
528 René Schickele, Die Flaschenpost
534 Ingeborg Bachmann, Malina
536 Zbigniew Herbert, Ein Barbar in einem Garten
537 Rainer Maria Rilke, Ewald Tragy
553 Strindberg, Traumspiel
554 Carl Seelig, Wanderungen mit Robert Walser

edition suhrkamp

769 Jahoda/Lazarsfeld/Zeisel, Die Arbeitslosen von Marienthal
770 Herbert Marcuse, Zeit-Messungen
771 Brecht im Gespräch. Herausgegeben von Werner Hecht
772 Th. W. Adorno, Gesellschaftstheorie u. Kulturkritik
773 Kurt Eisner, Sozialismus als Aktion
775 Horn, Luhmann, Narr, Rammstedt, Röttgers, Gewaltverhältnisse und die Ohnmacht der Kritik
776 Reichert/Senn, Materialien zu Joyce »Ein Porträt des Künstlers«
777 Caspar David Friedrich und die deutsche Nachwelt. Herausgegeben von Werner Hofman
778 Klaus Fritzsche, Politische Romantik und Gegenrevolution
779 Literatur und Literaturtheorie. Hrsg. von Peter U. Hohendahl und Patricia Herminghouse
780 Piero Sraffa, Warenproduktion mittels Waren
782 Helmut Brackert, Bauernkrieg und Literatur
784 Friedensanalysen 1
787 Gesellschaft, Beiträge zur Marxschen Theorie 5
790 Gustav W. Heinemann, Präsidiale Reden
791 Beate Klöckner, Anna oder leben heißt streben
792 Rainer Malkowski, Was für ein Morgen
793 Von deutscher Republik. Hrsg. von Jost Hermand
794 Döbert R./Nunner-Winkler, G., Adoleszenzkrise und Identitätsbildung
795 Dieter Kühn, Goldberg-Variationen
797 Brecht Jahrbuch 1975
798 Gespräche mit Ernst Bloch. Herausgegeben von Rainer Traub und Harald Wieser
799 Volker Braun, Es genügt nicht die einfache Wahrheit
800 Karl Marx, Die Ethnologischen Exzerpthefte
801 Wlodzimierz Brus, Sozialistisches Eigentum und politisches System
802 Johannes Gröll, Erziehung im gesellschaftlichen Reproduktionsprozeß
803 Rainer Werner Fassbinder, Stücke 3
804 James K. Lyon, Bertolt Brecht und Rudyard Kipling
806 Gesellschaft, Beiträge zur Marxschen Theorie 6
807 Gilles Deleuze/Félix Guattari, Kafka. Für eine kleine Literatur
808 Ulrike Prokop, Weiblicher Lebenszusammenhang
809 G. Heinsohn / B. M. C. Knieper, Spielpädagogik
811 Ror Wolf, Auf der Suche nach Doktor Q.
812 Oskar Negt, Keine Demokratie ohne Sozialismus
815 Giselher Rüpke, Schwangerschaftsabbruch und Grundgesetz
816 Rainer Zoll, Der Doppelcharakter der Gewerkschaften
817 Bertolt Brecht, Drei Lehrstücke: Badener Lehrstück, Rundköpfe, Ausnahme

und Regel

818 Gustav Landauer, Erkenntnis und Befreiung

820 Wolfgang Abendroth, Ein Leben in der Arbeiterbewegung

821 Otto Kirchheimer, Von der Weimarer Demokratie zum Faschismus

822 Verfassung, Verfassungsgerichtsbarkeit, Politik. Herausgegeben von Mehdi Tohidipur

823 Rossana Rossanda / Lucio Magri u. a., Der lange Marsch durch die Krise

824 Altvater/Basso/Mattick/Offe u. a., Rahmenbedingungen und Schranken staatlichen Handelns

825 Diskussion der ›Theorie der Avantgarde‹. Herausgegeben von W. Martin Lüdke

827 Gesellschaft, Beiträge zur Marxschen Theorie 7

828 Rolf Knieper, Weltmarkt, Wirtschaftsrecht und Nationalstaat

830 Manuela du Bois-Reymond, Verkehrsformen zwischen Elternhaus und Schule

832 Herbert Claas, Die politische Ästhetik Bertolt Brechts vom Baal zum Caesar

833 Peter Weiss, Dramen I

834 Friedensanalysen 2

835-838 Bertolt Brecht, Gedichte in 4 Bänden

840 Aus der Zeit der Verzweiflung. Beiträge von Becker/Bovenschen/Brackert u. a.

841 Fernando H. Cardoso/Enzo Faletto, Abhängigkeit und Entwicklung in Lateinamerika

842 Alexander Herzen, Die gescheiterte Revolution

845 Ror Wolf, Die Gefährlichkeit der großen Ebene

847 Friedensanalysen 3

848 Dieter Wellershoff, Die Auflösung des Kunstbegriffs

849 Samuel Beckett, Glückliche Tage

850 Basil Bernstein, Beiträge zu einer Theorie

851 Hobsbawm/Napolitano, Auf dem Weg zum ›historischen Kompromiß‹

852 Über Max Frisch II

853 Brecht-Jahrbuch 1976

854 Julius Fučík, Reportage unter dem Strang geschrieben

856 Dieter Senghaas, Weltwirtschaftsordnung und Entwicklung

858 Silvio Blatter, Genormte Tage, verschüttete Zeit

861 Blanke/Offe/Ronge u.a., Bürgerlicher Staat und politische Legitimation. Herausgegeben von Rolf Ebbighausen

863 Gesellschaft, Beiträge zur Marxschen Theorie 8/9

864 Über Wolfgang Koeppen. Herausgegeben von Ulrich Greiner

868 Brede/Dietrich/Kohaupt, Politische Ökonomie des Bodens

871 Friedensanalysen 4

873 Produktion, Arbeit, Sozialisation. Herausgegeben von Th. Leithäuser und W. R. Heinz

874 Max Frisch/Hartmut von Hentig, Zwei Reden zum Friedenspreis des Deutschen Buchhandels 1976

885 Hans Dieter Zimmermann, Vom Nutzen der Literatur

887 Über Hans Mayer, Herausgegeben von Inge Jens

Alphabetisches Verzeichnis der edition suhrkamp

Abendroth, Sozialgesch. d. europ. Arbeiterbewegung 106

Abendroth, Ein Leben 820

Achternbusch, L'Etat c'est moi 551

Adam, Südafrika 343

Adorno, Drei Studien zu Hegel 38

Adorno, Eingriffe 10

adorno, Kritik 469

Adorno, Jargon d. Eigentlichkeit 91

Adorno, Moments musicaux 54

Adorno, Ohne Leitbild 201

Adorno, Stichworte 347

Adorno, Zur Metakritik der Erkenntnistheorie 590

Adorno, Gesellschaftstheorie u. Kultur 772

Aggression und Anpassung 282

Alff, Der Begriff Faschismus 456

Alff, Materialien zum Konfinuitätsproblem 714

Althusser, Für Marx 737

Altvater/Basso/Mattick/Offe u. a., Rahmenbedingungen 824

Andersch, Die Blindheit des Kunstwerks 133

Antworten auf H. Marcuse 263

Architektur als Ideologie 243

Architektur u. Kapitalverwertung 638

Über H. C. Artmann 541

Arzt u. Patient in der Industriegesellschaft, hrsg. v. O. Döhner 643

Aspekte der Marxschen Theorie I 632

Aspekte der Marxschen Theorie II 633

Augstein, Meinungen 214

Aus der Zeit der Verzweiflung 840

Autonomie der Kunst 592

Autorenkollektiv Textinterpretation . . ., Projektarbeit als Lernprozeß 675

Baran/Sweezy, Monopolkapital [in Amerika] 636

Barthes, Mythen des Alltags 92

Barthes, Kritik und Wahrheit 218

Basaglia, F., Die abweichende Mehrheit 537

Basaglia, F. (Hrsg.), Die negierte Institution 655

Basaglia, F. (Hrsg.), Was ist Psychiatrie? 708

Basso, L., Gesellschaftsformation u. Staatsform 720

Baudelaire, Tableaux Parisiens 34

Becker, E. / Jungblut, Strategien der Bildungsproduktion 556

Becker, H., Bildungsforschung 483

Becker, J., Felder 61

Becker, J., Ränder 351

Becker, J., Umgebungen 722

Über Jürgen Becker 552

Beckett, Aus einem aufgegeb. Werk 145

Beckett, Fin de partie / Endspiel 96

Materialien zum ›Endspiel‹ 286

Beckett, Das letzte Band 389

Beckett, Warten auf Godot 3

Beckett, Glückliche Tage 849

Beiträge zur marxist. Erkenntnistheorie 349

Benjamin, Das Kunstwerk 28

Benjamin, Über Kinder 391

Benjamin, Kritik der Gewalt 103

Benjamin, Städtebilder 17

Benjamin, Versuche über Brecht 172

Berger, Untersuchungsmethode u. soziale Wirklichkeit 712

Bergman, Wilde Erdbeeren 79

Bernhard, Amras 142

Bernhard, Fest für Boris 440

Bernhard, Prosa 213

Bernhard, Ungenach 279

Bernhard, Watten 353

Über Thomas Bernhard 401

Bernstein, Beiträge zu einer Theorie 850

Bertaux, Hölderlin u. d. Französ. Revol. 344

Berufsbildungsreform, hrsg. v. C. Offe 761

Blatter, Genormte Tage 858

Blanke u. a., Bürgerlicher Staat 861

Bloch, Avicenna 22

Bloch, Ästhetik des Vor-Scheins I 726

Bloch, Ästhetik des Vor-Scheins II 732

Bloch, Das antizipierende Bewußtsein 585

Bloch, Christian Thomasius 193

Bloch, Durch die Wüste 74

Bloch, Über Hegel 413

Bloch, Pädagogica 455

Bloch, Tübinger Einleitung in die Philosophie I 11

Bloch, Tübinger Einleitung in die Philosophie II 58

Bloch, Über Karl Marx 291

Bloch, Vom Hasard zur Katastrophe 534

Bloch, Widerstand und Friede 257

Block, Ausgewählte Aufsätze 71

Blumenberg, Kopernikan. Wende 138

Böhme, Soz.- u. Wirtschaftsgesch. 253

Bock, Geschichte des ›linken Radikalismus‹ in Deutschland 645

Boer, Lodewijk de, The Family 760

Böckelmann, Theorie der Massenkommunikation 658

du Bois-Reymond, B. Söll, Neuköllner Schulbuch, 2 Bände 681

du Bois-Reymond, M., Strategien kompensator. Erziehung 507

du Bois-Reymond, Verkehrsformen 830

Bond, Gerettet / Hochzeit d. Papstes 461

Brackert, Bauernkrieg 782

Brandt u. a., Zur Frauenfrage im Kapitalismus 581

Brandys, Granada 167

Braun, Gedichte 397

Braun, Es genügt nicht die einfache Wahrheit 799

Brecht, Antigone / Materialien 134

Brecht, Arturo Ui 144

Brecht, Ausgewählte Gedichte 86

Brecht, Baal 170

Brecht, Baal der asoziale 248

Brecht, Brotladen 339

Brecht, Das Verhör des Lukullus 740

Brecht, Der gute Mensch v. Sezuan 73

Materialien zu ›Der gute Mensch . . .‹ 247

Brecht, Der Tui-Roman 603

Brecht, Die Dreigroschenoper 229

Brecht, Die heilige Johanna der Schlachthöfe 113

Brecht, Die heilige Johanna / Fragmente und Varianten 427

Brecht, Die Maßnahme 415

Brecht, Die Tage der Commune 169

Brecht, Furcht u. Elend d. 3. Reiches 392

Brecht, Gedichte u. Lieder aus Stücken 9

Brecht, Herr Puntila 105

Brecht, Im Dickicht der Städte 246

Brecht, Jasager – Neinsager 171

Brecht, Die Geschäfte des Julius Cäsar 332

Brecht, Kaukasischer Kreidekreis 31

Materialien zum ›Kreidekreis‹ 155

Brecht, Kuhle Wampe 362

Brecht, Leben des Galilei 1

Materialien zu ›Leben des Galilei‹ 44

Brecht, Leben Eduards II. 245

Brecht, Stadt Mahagonny 21

Brecht, Mann ist Mann 259

Brecht, Mutter Courage 49

Materialien zu ›Mutter Courage‹ 50

Materialien zu ›Die Mutter‹ 305

Brecht, Die Mutter (Regiebuch) 517

Brecht, Über Realismus 485

Brecht, Über d. Beruf d. Schauspielers 384

Brecht, Schweyk im zweiten Weltkrieg 132

Materialien zu ›Schweyk im zweit. Weltkrieg‹ 604

Brecht, Die Gesichter der Simone Machard 369

Brecht, Über Politik und Kunst 442

Brecht, Über experiment. Theater 377

Brecht, Trommeln in der Nacht 490

Brecht, Über Lyrik 70

Brecht, Gedichte in 4 Bänden 835-38

Brecht-Jahrbuch 1974 758

Brecht-Jahrbuch 1975 797

Brecht-Jahrbuch 1976 873

Brecht, Drei Lehrstücke 817

Brecht im Gespräch, hrsg. von Werner Hecht 771

Brechts Modell der Lehrstücke, hrsg. von Rainer Steinweg

Brede u. a., Determinanten d. Wohnungsversorgung 745

Brede u. a., Politische Ökonomie d. Bodens 868

Bredekamp, Kunst als Medium sozialer Konflikte 763

Materialien zu H. Brochs ›Die Schlafwandler‹ 571

Brooks, Paradoxie im Gedicht 124

Brus, Funktionsprobleme d. sozialist. Wirtschaft 472

Brus, W., Sozialistisches Eigentum 801

Bubner, Dialektik u. Wissenschaft 597

Bürger, Die franzö. Frühaufklärung 525

Bürger, Theorie der Avantgarde 727

Bulthaup, Zur gesellschaftl. Funktion der Naturwissenschaften 670

Burke, Dichtung als symbol. Handlung 153

Burke, Rhetorik in Hitlers ›Mein Kampf‹ 231

Busch, Die multinationalen Konzerne 741

Cardoso/Faletto, Abhängigkeit 841

Caspar D. Friedrich u. d. dt. Nachwelt, hrsg. v. W. Hofmann 777

Celan, Ausgewählte Gedichte 262

Über Paul Celan 495

Chasseguet-Smirgel (Hrsg), Psychoanalyse der weiblichen Sexualität 697

Chomsky, Aus Staatsraison 736

Claas, Die politische Ästhetik 832

Clemenz, Gesellschaftl. Ursprünge des Faschismus 550

Cooper, Psychiatrie u. Anti-Psychiatrie 497

Córdova/Michelena, Lateinamerika 311

Creeley, Gedichte 227

Dallemagne, Die Grenzen der Wirtschaftspolitik 730

Damus, Entscheidungsstrukturen in der DDR-Wirtschaft 649

Deleuze/Guattari, Kafka 807

Determinanten der westdeutschen Restauration 1945-1949 575

Deutsche und Juden 196

Dobb, Organis. Kapitalismus 166

Döbert, R./Nunner-Winkler, G,. Adoleszenzkrise und Identitätsbildung 794

Dorst, Eiszeit 610

Dorst, Toller 294
Über Tankred Dorst (Werkbuch) 713
Drechsel u. a., Massenzeichenware 501
Doras, Ganze Tage in den Bäumen 80
Duras, Hiroshima mon amour 26
Eckensberger, Sozialisationsbedingungen d. öffentl. Erziehung 466
Eich, Abgelegene Gehöfte 288
Eich, Botschaften des Regens 48
Eich, Mädchen aus Viterbo 60
Eich, Setúbal / Lazertis 5
Eich, Marionettenspiele / Unter Wasser 89
Über Günter Eich 402
Eichenbaum, Theorie u. Gesch. d. Literatur 119
Eisner, Sozialismus als Aktion 773
Eliot, Die Cocktail Party 98
Eliot, Der Familientag 152
Eliot, Mord im Dom 8
Eliot, Was ist ein Klassiker? 33
Entstalinisierung in der Sowjetunion 609
Enzensberger, Blindenschrift 217
Enzensberger, Deutschland 203
Enzensberger, Einzelheiten I 63
Enzensberger, Einzelheiten II 87
Enzensberger, Landessprache 304
Enzensberger, Das Verhör von Habana 553
Enzensberger, Palaver 696
Enzensberger, Der Weg ins Freie 759
Über H. M. Enzensberger 403
Erkenntnistheorie, marxist. Beiträge 349
Eschenburg, Über Autorität 129
Euchner, Egoismus und Gemeinwohl 614
Expressionismusdebatte, hrsg. von H. J. Schmitt 646
Fassbinder, Antiteater 443
Fassbinder, Antiteater 2 560
Fassbinder, Stücke 3 803
Fleischer, Marxismus und Geschichte 323
Materialien zu M. F. Fleißer 594
Foucault, Psychologie u. Geisteskrankheit 272
Frauenarbeit – Frauenbefreiung, hrsg. v. A. Schwarzer 637
Frauenfrage im Kapitalismus 581
Frerichs/Kraiker, Konstitutionsbedingungen 685
Friedensanalysen 1 784
Friedensanalysen 2 834
Friedensanalysen 3 847
Friedensanalysen 4 871
Frisch, Ausgewählte Prosa 36
Frisch, Biedermann u. d. Brandstifter 41
Frisch, Die chinesische Mauer 65
Frisch, Don Juan oder Die Liebe zur Geometrie 4

Frisch, Frühe Stücke. Santa Cruz / Nun singen sie wieder 154
Frisch, Graf Öderland 32
Frisch, Öffentlichkeit 209
Frisch, Zürich – Transit 161
Frisch/Hentig, Zwei Reden 874
Über Max Frisch 404
Über Max Frisch II 852
Fritzsche, Politische Romantik 778
Fromm, Sozialpsychologie 425
Fučík, Reportage unter dem Strang geschrieben 854
Fuegi/Grimm/Hermand (Hrsg.), Brecht-Jahrbuch 1974 758
Gastarbeiter 539
Gefesselte Jugend / Fürsorgeerziehung 514
Geiss, Geschichte u. Geschichtswissenschaft 569
Germanistik 204
Gesellschaft, Beiträge zur Marxschen Theorie I 695
Gesellschaft, Beiträge zur Marxschen Theorie II 731
Gesellschaft, Beiträge zur Marxschen Theorie III 739
Gesellschaft, Beiträge zur Marxschen Theorie IV 764
Gesellschaft, Beiträge zur Marxschen Theorie V 787
Gesellschaft, Beiträge zur Marxschen Theorie VI 806
Gesellschaft, Beiträge zur Marxschen Theorie VII 827
Gesellschaft, Beiträge zur Marxschen Theorie VIII/IX 863
Gesellschaftsstrukturen, hrsg. v. O. Negt u. K. Meschkat 589
Gespräche mit Ernst Bloch, Hrsg. von Rainer Traub und Harald Wieser 798
Goeschel/Heyer/Schmidbauer, Soziologie der Polizei I 380
Goffman, Asyle 678
Goldscheid/Schumpeter, Finanzkrise 698
Grass, Hochwasser 40
Gröll, Erziehung 802
Guattari, Psychotherapie 768
Guérin, Anarchismus 240
Haavikko, Jahre 115
Habermas, Logik d. Sozialwissenschft. 481
Habermas, Protestbewegung u. Hochschulreform 354
Habermas, Technik u. Wissenschaft als Ideologie 287
Habermas, Legitimationsprobleme im Spätkapitalismus 623
Hacks, Das Poetische 544
Hacks, Stücke nach Stücken 122

Hacks, Zwei Bearbeitungen 47
Handke, Die Innenwelt 307
Handke, Kaspar 322
Handke, Publikumsbeschimpfung 177
Handke, Wind und Meer 431
Handke, Ritt über den Bodensee 509
Über Peter Handke 518
Hannover, Rosa Luxemburg 233
Hartig/Kurz, Sprache als soz. Kontrolle 543
Haug, Kritik d. Warenästhetik 513
Haug, Bestimmte Negation 607
Haug, Warenästhetik. Beiträge zur Diskussion 657
Hecht, Sieben Studien über Brecht 570
Hegel im Kontext 510
Hegels Philosophie 441
Heinemann, Präsidiale Reden 790
Heinsohn/Knieper, Theorie d. Familienrechts 747
Heinsohn/Knieper, Spielpädagogik 809
Heller, E., Nietzsche 67
Heller, E., Studien zur modernen Literatur 42
Hennicke (Hrsg.), Probleme d. Sozialismus i. d. Übergangsgesellschaften 640
Hennig, Thesen z. dt. Sozial- u. Wirtschaftsgeschichte 662
Henrich, Hegel im Kontext 510
Herbert, Ein Barbar 2 365
Herbert, Gedichte 88
Hermand, J., Von deutscher Republik 793
Herzen, Die gescheiterte Revolution 842
Hesse, Geheimnisse 52
Hesse, Tractat vom Steppenwolf 84
Hildesheimer, Das Opfer Helena / Monolog 118
Hildesheimer, Interpretationen zu Joyce u. Büchner 297
Hildesheimer, Mozart / Beckett 190
Hildesheimer, Nachtstück 23
Hildesheimer, Herrn Walsers Raben 77
Über Wolfgang Hildesheimer 488
Hirsch, Wiss.-techn. Fortschritt i. d. BRD 437
Hirsch/Leibfried, Wissenschafts- u. Bildungspolitik 480
Hirsch, Staatsapparat u. Reprod. des Kapitals 704
Hobsbawm, Industrie und Empire I 315
Hobsbawm, Industrie und Empire II 316
Hobsbawm, Auf dem Weg zum ›historischen‹ Kompromiß 851
Hochmann, Thesen zu einer Gemeindepsychiatrie 618
Hoffmann-Axthelm, Theorie der künstler. Arbeit 682
Hoffmann, HV. 6Hrsg.), Perspektiven kommunaler Kulturpolitik 718

Hofmann, Universität, Ideologie u. Gesellschaft 261
Hondrich, Theorie der Herrschaft 599
Horn, Dressur oder Erziehung 199
Horn u. a., Gewaltverhältnisse u. d. Ohnmacht d. Kritik 775
Horn (Hrsg.), Gruppendynamik u. ›subjekt. Faktor‹ 538
Hortleder, Gesellschaftsbild d. Ingenieurs 394
Hortleder, Ingenieure in der Industriegesellschaft 663
Horvat, B., Die jugoslaw. Gesellschaft 561
(Horváth) Materialien zu Ödön v. H. 436
Materialien zu H., ›Geschichten aus dem Wienerwald‹ 533
Materialien zu H., ›Glaube Liebe Hoffnung‹ 671
Materialien zu H., ›Kasimir und Karoline‹ 611
Über Ödön v. Horváth 584
Hrabal, Tanzstunden 126
Hrabal, Zuglauf überwacht 256
(Huchel) Über Peter Huchel 647
Huffschmid, Politik des Kapitals 313
Imperialismus und strukturelle Gewalt, hrsg. von D. Senghaas 563
Information über Psychoanalyse 648
Internat. Beziehungen, Probleme der 593
Jaeggi, Literatur und Politik 522
Jahoda u. a., Die Arbeitslosen v. Marienthal 769
Jakobson, Kindersprache 330
Jauß, Literaturgeschichte 418
Johnson, Das dritte Buch über Achim 100
Johnson, Karsch 59
Über Uwe Johnson 405
(Joyce, J.) Materialien zu J., ›Dubliner‹ 357
Joyce, St., Dubliner Tagebuch 216
Jugendkriminalität 325
Kalivoda, Marxismus 373
Kapitalismus, Peripherer, hrsg. von D. Senghaas 652
Kasack, Das unbekannte Ziel 35
Kaschnitz, Beschreibung eines Dorfes 188
Kino, Theorie des 557
Kipphardt, Hund des Generals 14
Kipphardt, Joel Brand 139
Kipphardt, In Sachen Oppenheimer 64
Kipphardt, Die Soldaten 273
Kipphardt, Stücke I 659
Kipphardt, Stücke II 677
Kirche und Klassenbindung, hrsg. v. Y. Spiegel 709
Kirchheimer, Politik und Verfassung 95
Kirchheimer, Funktionen des Staates u. d. Verfassung 548
Kirchheimer, Von der Weimarer Demokratie 821

Klöckner, Anna 791
Kluge/Negt, Öffentlichkeit und Erfahrung 639
Kluge, Lernprozesse mit tödlichem Ausgang 665
Kluge, Gelegenheitsarbeit einer Sklavin 733
Knieper, Weltmarkt 828
Kommune i. d. Staatsorganisation 680
Über Wolfgang Koeppen 864
Kraiker/Frerichs, Konstitutionsbedingungen 685
Kritische Friedenserziehung 661
Kritische Friedensforschung 478
Kroetz, Drei Stücke 473
Kroetz, Oberösterreich u. a. 707
Kroetz, Vier Stücke 586
Krolow, Ausgewählte Gedichte 24
Krolow, Landschaften für mich 146
Krolow, Schattengefecht 78
Über Karl Krolow 527
Kropotkin, Ideale und Wirklichkeit 762
Kühn, Ausflüge im Fesselballon 656
Kühn, Goldberg-Variationen 795
Kühn, Grenzen des Widerstands 531
Kühn, Unternehmen Rammbock 683
Kühnl/Rilling/Sager, Die NPD 318
Kulturpolitik, Kommunale 718
Kunst, Autonomie der 592
Laermann, u.a., Reise und Utopie 766
Laing, Phänomenologie der Erfahrung 314
Laing/Cooper, Vernunft und Gewalt 574
Laing/Phillipson/Lee, Interpers. Wahrnehmung 499
Landauer, Erkenntnis und Befreiung 818
Lefebvre, H., Marxismus heute 99
Lefebvre, H., Dialekt. Materialismus 160
Lefebvre, H., Metaphilosophie 734
Lehrlingsprotokolle 511
Lehrstück Lukács, hrsg. v. I. Matzur 554
Leithäuser/Heinz, Produktion, Arbeit, Sozialisation 873
Lempert, Berufliche Bildung 699
Lenhardt, Berufliche Weiterbildung 744
Lévi-Strauss, Ende d. Totemismus 128
Liberman, Methoden d. Wirtschaftslenkung im Sozialismus 688
Linhartová, Geschichten 141
Literaturunterricht, Reform 672
Lippe, Bürgerliche Subjektivität 749
Literatur und Literaturtheorie, hrsg. von Hohendahl u. P. Herminghouse 779
Lorenz, Sozialgeschichte der Sowjetunion 1 654
Lorenzer, Kritik d. psychoanalyt. Symbolbegriffs 393
Lorenzer, Gegenstand der Psychoanalyse 572
Lotman, Struktur d. künstler. Textes 582

Lukács, Heller, Márkus u. a., Individuum und Praxis 545
Lyon, Bertolt Brecht und Rudyard Kipling 804
Majakowskij, Wie macht man Verse? 62
Malkowski, Was für ein Morgen 792
Mandel, Marxist. Wirtschaftstheorie, 2 Bände 595/96
Mandel, Der Spätkapitalismus 521
Marcuse, Versuch über die Befreiung 329
Marcuse, H., Konterrevolution u. Revolte 591
Marcuse, Kultur u. Gesellschaft I 101
Marcuse, Kultur u. Gesellschaft II 135
Marcuse, Theorie der Gesellschaft 300
Marcuse, Zeit-Messungen 770
Marx, Die Ethnologischen Exzerpthefte 800
Marxist. Rechtstheorie, Probleme der 729
Marxsche Theorie, Aspekte, I 632
Marxsche Theorie, Aspekte, II 633
Massing, Polit. Soziologie 724
Mattick, Spontaneität und Organisation 735
Mattick, Beiträge zur Kritik des Geldes 723
Matzner, J. (Hrsg.), Lehrstück Lukács 554
Mayer, H., Anmerkungen zu Brecht 143
Mayer, H., Anmerkungen zu Wagner 189
Mayer, H., Das Geschehen u. d. Schweigen 342
Mayer, H., Repräsentant u. Märtyrer 463
Mayer, H., Über Peter Huchel 647
Über Hans Mayer 887
Meier, Begriff ›Demokratie‹ 387
Meschkat/Negt, Gesellschaftsstrukturen 589
Michel, Sprachlose Intelligenz 270
Michels, Polit. Widerstand in den USA 719
Mitbestimmung, Kritik der 358
Mitscherlich, Krankheit als Konflikt I 164
Mitscherlich, Krankheit als Konflikt II 237
Mitscherlich, Unwirtlichkeit unserer Städte 123
Mittelstraß, J. (Hrsg.) Methodologische Probleme 742
Monopol und Staat, hrsg. v. R. Ebbinghausen 674
Moral und Gesellschaft 290
Moser, Repress. Krim.psychiatrie 419
Moser/Künzel, Gespräche mit Eingeschlossenen 375
Most, Kapital und Arbeit 587
Münchner Räterepublik 178
Mukařovský, Ästhetik 428
Mukařovský, Poetik 230
Napoleoni, Ökonom. Theorien 244
Napoleoni, Ricardo und Marx, hrsg. von Cristina Pennavaja 702
Negt/Kluge, Öffentlichkeit u. Erfahrung 639
Negt/Meschkat, Gesellschaftsstrukturen 589

Negt, Keine Demokratie 812

Neues Hörspiel O-Ton, hrsg. von K. Schöning 705

Neumann-Schönwetter, Psychosexuelle Entwicklung 627

Nossack, Das Mal u. a. Erzählungen 97

Nossack, Das Testament 117

Nossack, Der Neugierige 45

Nossack, Der Untergang 19

Nossack, Pseudoautobiograph. Glossen 445

Über Hans Erich Nossack 406

Nyssen (Hrsg.), Polytechnik in der BRD? 573

Obaldia, Wind in den Zweigen 159

v. Oertzen, Die soz. Funktion des staatsrechtl. Positivismus 660

Oevermann, Sprache und soz. Herkunft 519

Offe, Strukturprobleme d. kapitalist. Staates 549

Offe, Berufsbildungsreform 761

Olson, Gedichte 112

Ostaijen, Grotesken 202

Parker, Meine Sprache bin ich 728

Peripherer Kapitalismus, hrsg. von D. Senghaas 652

Perspektiven der kommunalen Kulturpolitik, hrsg. v. H. Hoffmann 718

Piton, Anders leben 767

Pozzoli, Rosa Luxemburg 710

Preuß, Legalität und Pluralismus 626

Price, Ein langes glückl. Leben 120

Probleme d. intern. Beziehungen 593

Probleme d. marxist. Rechtstheorie 729

Probleme d. Sozialismus u. der Übergangsgesellschaften 640

Probleme einer materialist. Staatstheorie, hrsg. v. J. Hirsch 617

Projektarbeit als Lernprozeß 675

Prokop, Massenkultur u. Spontaneität 679

Prokop U., Weiblicher Lebenszusammenhang 808

Pross, Bildungschancen v. Mädchen 319

Prüß, Kernforschungspolitik i. d. BRD 715

Psychiatrie, Was ist . . . 708

Psychoanalyse als Sozialwissensch. 454

Psychoanalyse, Information über 648

Psychoanalyse d. weibl. Sexualität 697

Queneau, Mein Freund Pierrot 76

Rajewsky, Arbeitskampfrecht 361

Reform d. Literaturunterrichts, hrsg. v. H. Brackert / W. Raitz 672

Reichert/Senn, Materialien zu Joyce ›Ein Porträt d. Künstlers‹ 776

Restauration, Determinanten d. westdt. R. 575

Ritsert (Hrsg.), Zur Wissenschaftslogik 754

Ritter, Hegel u. d. Französ. Revolution 114

Ritter-Röhr, D. (Hrsg.) Der Arzt, sein Patient und die Gesellschaft 746

Rocker, Aus d. Memoiren eines dt. Anarchisten 711

Rolshausen, Wissenschaft 703

Rossanda, Über Dialektik v. Kontinuität u. Bruch 687

Rossanda/Magri, Der lange Marsch 823

Rottleuthner (Hrsg.), Probleme d. marxist. Rechtstheorie 729

Runge, Bottroper Protokolle 271

Runge, Frauen 359

Runge, Reise nach Rostock 479

Rüpke, Schwangerschaftsabbruch 815

Russell, Probleme d. Philosophie 207

Russell, Wege zur Freiheit 447

Sachs, Das Leiden Israels 51

Sandkühler, Praxis u. Geschichtsbewußtsein 529

Sarraute, Schweigen / Lüge 299

Schäfer/Edelstein/Becker, Probleme d. Schule (Beispiel Odenwaldschule) 496

Schäfer/Nedelmann, CDU-Staat 370

Schedler, Kindertheater 520

Scheugl/Schmidt jr., Eine Subgeschichte d. Films, 2 Bände 471

Schklowskij, Schriften zum Film 174

Schklowskij, Zoo 130

Schlaffer, Der Bürger als Held 624

Schlaffer, Studien zum ästhetischen Historismus 756

Schmidt, Ordnungsfaktor 487

Schmitt, Expressionismus-Debatte 646

Schneider/Kuda, Arbeiterräte 296

Schnurre, Kassiber / Neue Gedichte 94

Scholem, Judentum 414

Schram, Die perman. Revolution i. China 151

Schütze, Rekonstrukt. d. Freiheit 298

Schule und Staat im 18. u. 19. Jh., hrsg. v. K. Hartmann, F. Nyssen, H. Waldeyer 694

Schwarzer (Hrsg.), Frauenarbeit – Frauenbefreiung 637

Sechehaye, Tagebuch einer Schizophrenen 613

Segmente der Unterhaltungsindustrie 651

Senghaas, Rüstung und Materialismus 498

Senghaas, Weltwirtschaftsordnung 856

Setzer, Wahlsystem in england 664

Shaw, Caesar und Cleopatra 102

Shaw, Der Katechismus d. Umstürzlers 75

Söll/du Bois-Reymond, Neuköllner Schulbuch, 2 Bände 681

Sohn-Rethel, Geistige u. körperl. Arbeit 555

Sohn-Rethel, Ökonomie u. Klassenstruktur d. dt. Faschismus 630

Sozialistische Realismuskonzeptionen 701

Spazier/Bopp, Grenzübergänge. Psychotherapie 738

Spiegel (Hrsg.), Kirche u. Klassenbindung 709

Sraffa, Warenproduktion 780

Sternberger, Bürger 224

Straschek, Handbuch wider das Kino 446

Streik, Theorie und Praxis 385

Strindberg, Ein Traumspiel 25

Struck, Klassenliebe 629

Sweezy, Theorie d. kapitalist. Entwicklung 433

Sweezy/Huberman, Sozialismus in Kuba 426

Szondi, Über eine freie Universität 620

Szondi, Hölderlin-Studien 379

Szondi, Theorie d. mod. Dramas 27

Tardieu, Imaginäres Museum 131

Technologie und Kapital 598

Teige, Liquidierung der ›Kunst‹ 278

Tibi, Militär u. Sozialismus i. d. Dritten Welt 631

Tiedemann, Studien z. Philosophie Walter Benjamins 644

›Theorie der Avantgarde‹ hrsg. v. W. Martin Lüdke 825

Tohidipur (Hrsg.), Verfassung 822

Toleranz, Kritik der reinen 181

Toulmin, Voraussicht u. Verstehen 292

Tumler, Nachprüfung eines Abschieds 57

Tynjanov, Literar. Kunstmittel 197

Ueding, Glanzvolles Elend. Versuch über Kitsch u. Kolportage 622

Unterhaltungsindustrie, Segmente der 651

Uspenskij, Poetik der Komposition 673

Vossler, Revolution von 1848 210

Vyskočil, Knochen 211

Walser, Abstecher / Zimmerschlacht 205

Walser, Heimatkunde 269

Walser, Der Schwarze Schwan 90

Walser, Die Gallistl'sche Krankheit 689

Walser, Eiche und Angora 16

Walser, Ein Flugzeug über d. Haus 30

Walser, Kinderspiel 400

Walser, Leseerfahrungen 109

Walser, Lügengeschichten 81

Walser, Überlebensgroß Herr Krott 55

Walser, Wie u. wovon handelt Literatur 642

Über Martin Walser 407

Was ist Psychiatrie?, hrsg. v. F. Basaglia 708

Weber, Über d. Ungleichheit d. Bildungschancen in der BRD 601

Wehler, Geschichte als Histor. Sozialwissenschaft 650

Weiss, Abschied von den Eltern 85

Weiss, Dramen I 833

Weiss, Fluchtpunkt 125

Weiss, Gesang v. Lusitanischen Popanz 700

Weiss, Gespräch d. drei Gehenden 7

Materialien zu ›Marat/Sade‹ 232

Weiss, Rapporte 2 444

Weiss, Schatten des Körpers 53

Über Peter Weiss 408

Wellek, Konfrontationen 82

Wellershoff, Die Auflösung des Kunstbegriffs 848

Wellmer, Gesellschaftstheorie 335

Wesker, Die Freunde 420

Wesker, Die Küche 542

Wesker, Trilogie 215

Winckler, Studie z. gesellsch. Funktion faschist. Sprache 417

Winckler, Kulturwarenproduktion / Aufsätze z. Literatur- u. Sprachsoziologie 628

Wirth, Kapitalismustheorie in der DDR 562

Witte (Hrsg.), Theorie des Kinos 557

Wittgenstein, Tractatus 12

Wolf, Danke schön 331

Wolf, Fortsetzung des Berichts 378

Wolf, mein Famili 512

Wolf, Pilzer und Pelzer 234

Wolf, Auf der Suche nach Doktor Q. 811

Wolf, Die Gefährlichkeit 845

Über Ror Wolf 559

Wolff/Moore/Marcuse, Kritik d. reinen Toleranz 181

Zimmermann, Vom Nutzen der Literatur 885

Zoll, Der Doppelcharakter der Gewerkschaften 816

1331299